護、傳承與利用

闽南漳州历史文化名村研究

李艺玲 著

闽南师范大学学术著作出版专项经费资助

经济管理出版社
ECONOMY & MANAGEMENT PUBLISHING HOUSE

图书在版编目（CIP）数据

保护、传承与利用：闽南漳州历史文化名村研究 / 李艺玲著 . —北京：经济管理出版社，2022.12

ISBN 978-7-5096-8875-5

Ⅰ. ①保… Ⅱ. ①李… Ⅲ. ①村落—文化遗产—保护—研究—漳州 Ⅳ. ①K925.75

中国版本图书馆 CIP 数据核字（2022）第 248877 号

组稿编辑：陈艺莹
责任编辑：王光艳
责任印制：黄章平
责任校对：陈艺莹

出版发行：经济管理出版社
（北京市海淀区北蜂窝 8 号中雅大厦 A 座 11 层 100038）
网　　址：www.E-mp.com.cn
电　　话：（010）51915602
印　　刷：河北华商印刷有限公司
经　　销：新华书店
开　　本：710 mm × 1000 mm/16
印　　张：17
字　　数：220 千字
版　　次：2023 年 1 月第 1 版　2023 年 1 月第 1 次印刷
书　　号：ISBN 978-7-5096-8875-5
定　　价：98.00 元

序 PREFACE

我国作为四大文明古国之一，有着浓厚的历史文化积淀，璀璨夺目的历史光辉，始终照耀着华夏大地。悠久的历史为我们留下了多元的文化和文明的社会，同时也留下了遍布祖国各地的历史遗存、人文胜迹，历史文化名村就是最具代表性的历史遗产之一。这些历史名村承载着各个历史时期不同民族、不同区域、不同文化的形成与发展，是悠悠中华文化的集中体现，彰显了我国优秀文化历代传承的精神，是当代宝贵的文化遗产和精神财富，我们应该对此倍加珍惜。

漳州市是国务院批准的第二批国家级历史文化名城，历史悠久、人文鼎盛，素有“海滨邹鲁”之称，古迹遗存众多。漳州市历史文化名村大多都有着非常深厚的历史文化积淀，同时这些村落的分布规律与形态特征都鲜明地反映了当时的地形地貌、社会经济结构等，更重要的是许多历史名村都大量保存着漳州不同历史时期下不同风格的民俗建筑、生活习惯和文化背景。这些经过千年岁月洗礼的村落为后人描述着漳州历史的沿革与演变，是“漳州乡愁”的重要组成部分，具有重大的研究价值。

然而遗憾的是，尽管国内外有关历史文化名村著述众多，却还没有一部专著对漳州历史名村的保护与利用进行全景式的探讨。李艺玲教授的《保护、传承与利用：闽南漳州历史文化名村研究》填补了这一学术空白，并尝试对漳州历史文化名村进行通论研究，提出了一系列适应当前历史名村发展的保护传承与利用的思路、策略、方法，对漳州历史名村乃至国内其他类似名村的保护与利用提供了有益借鉴。本书至少在以下几方面给我留下了深刻印象。

（1）理论引领，时代赋能。本书系统梳理了国内外历史文化名村保护传承和利用理论体系，同时立足于中国特色社会主义新时代，顺应文化强国建设、生态文明建设、乡村振兴等新形势，使漳州历史文化名村保护利用有了坚实的理论依据，并具有丰富内涵的时代意义。

（2）典型示范，案例带动。本书选取法国普罗万、日本合掌村、安徽宏村、湖南张谷英村、漳州埭美等国内外名村保护传承与利用经典案例，深入探讨名村复兴的成功之路，为漳州历史文化名村保护与利用提供参考和借鉴。

（3）深化评估，精准到位。本书通过对漳州历史文化名村的地理、历史、文化特色、保护现状等方面进行分析，提出漳州历史文化名村类型划分的依据与方法，并对其保护价值与保护状况进行评估，确保精准施策。

（4）思路新颖，策略务实。本书提出漳州历史文化名村保护传承与利用应按照“保护—发展—管理”三位一体的发展思路，以文脉传承系列保护、文化价值特色保护、整体性全面保护、原真性科学保护、可持续发展动态保护为重点内容，从多部门协作的治理机制、多层次的管控模式、“多规”衔接的控制方式、多元主体的建设实施、多角度的支撑巩固等入手，构建了完整的历史文化名村保护传承与利用体系。

漳州历史文化名村的保护，不只是对独特的古建筑、优美的自然风景、巧妙的村落布局的保护，也是对我国从农耕文明传承至今的村落文化的保护，全社会都有责任关注历史文化名村的保护利用工作。在城镇建设快速发展的今日，如何处理保护与利用之间存在的矛盾与问题，实现两者的和谐发展，是学术研究中需要重点关注和解决的问题。李艺玲教授作为一位长期执着于漳州历史文化研究的全国模范教师，在本书中提出了自己的独到见解，其字里行间饱含着强烈的历史使命感和社会责任感。真诚希望更多有识之士，积极参与到历史文化名村保护这一功在当代、利在千秋的伟大事业中来，致力于打造“望得见山、看得见水、记得住乡愁”的美丽村落！

（闽南师范大学党委副书记、文学院教授、博士生导师）

目　录 CONTENTS

第一章 历史文化名村概论

中国是一个具有五千年历史的文明古国，历史悠久，幅员辽阔，拥有灿烂的历史文化遗产，文化自成体系延续至今，是四大文明古国中唯一文明没中断的国家。历史文化遗产是一个国家、一个民族经过长期积累、发展，逐渐形成的对传统社会物质文明和精神文明的反映，是人类历史发展的见证和独特的文化载体。我国的历史文化遗产蕴含着中华民族特有的想象力、生活方式、精神价值和文化传统，体现着中华民族辉煌的历史和我国古代人们非凡的生命力、创造力，是一个民族历史文化成就的重要标志。

由村落构成的庞大自然社会形态，是传统中国社会结构的主体和劳动人民展现生存与发展智慧的空间，是展示和演绎各地村落文化遗产中十分集中，彰显唯一性、真实性、完整性的场所。这些历史文化名村凝结着历史的记忆，是农耕文明的精髓和中华民族的根基，是我国乡村历史、文化、自然遗产的“活化石”和“博物馆”，也是中华民族传统文化的重要载体和精神家园。

做好历史文化名村保护工作对建设美丽中国、建设文化强国、传承中华传统文化、增强民族自豪感和心灵归属感、提升国家文化软实力和国际影响竞争力，具有重要的现实价值和深远的历史意义。历史文化名村需要留住活态风情。古村古树古建筑是乡愁，好山好水的美丽生态是乡愁，独具地域特色的风貌是乡愁，传统的城乡文化、风土人情也是乡愁。守住了它们，就是守住了乡愁，守住了乡愁，也就传承了中华民族五千年的传统文化。

第一节　历史文化名村相关概念界定

本书的研究对象是历史文化名村，与名村相关的还有历史文化名城、历史文化名镇、传统村落、历史街区等，这些概念之间还是有区别的，本书开篇对这些相关常用的概念进行说明。

一、历史文化名城

1982 年 2 月，我国为了保护那些曾经是古代政治、经济、文化中心或近代革命运动和重大历史事件发生地的重要城市及其文物古迹免受破坏，“历史文化名城”的概念被正式提出。根据《中华人民共和国文物保护法》，“历史文化名城”是指保存文物特别丰富，具有重大历史文化价值和革命意义的城市。从行政区划看，历史文化名城并非一定是“市”，也可能是“县”或“区”。

国务院 2008 年 4 月公布的《历史文化名城名镇名村保护条例》中提出了申报国家历史文化名城的五个条件。

第一，保存文物特别丰富。

第二，历史建筑集中成片。

第三，保留着传统格局和历史风貌。

第四，历史上曾经作为政治、经济、文化、交通中心或军事要地，或者发生过重要历史事件，或者其传统产业、历史上建设的重大工程对本地区的发展产生过重要影响，或者能集中反映本地区建筑的文化特色、民族特色。

第五，申报历史文化名城的，在所申报的历史文化名城保护范围内还应当有 2 个以上的历史文化街区。

国家历史文化名城按照特点主要分为七类。

（1）历史古都型。以都城时代的历史遗存物、古都的风貌为特点的城市。

（2）传统风貌型。保留了一个或几个历史时期积淀的完整建筑群的城市。

（3）一般史迹型。分散在全城各处的文物古迹为历史传统主要体现方式的城市。

（4）风景名胜型。建筑与山水环境的叠加而显示出鲜明个性特征的城市。

（5）地域特色型。地域特色或独自的个性特征、民族风情、地方文化构成城市风貌主体的城市。

（6）近代史迹型。反映历史上某一事件或某个阶段的建筑物或建筑群为其显著特色的城市。

（7）特殊职能型。某种职能在历史上占有极突出的地位的城市。

国务院于 1982 年、1986 年和 1994 年先后公布了三批国家历史文化名城，共 99 座。此后，分别于 2001 年增补 2 座、2004 年增补 1 座、2005 年增补 1 座、2007 年增补 7 座、2009 年增补 1 座、2010 年增补 1 座、2011 年增补 6 座、2012 年增补 2 座、2013 年增补 4 座、2014 年增补 2 座、2015 年增补 3 座、2016 年增补 3 座、2017 年增补 2 座、2018 年增补 1 座、2020 年增补 1 座、2021 年增补 3 座。截至 2022 年 1 月 1 日，总计 139 座国家历史文化名城。

二、历史文化名镇

历史文化名镇的概念出自2002年修订的《中华人民共和国文物保护法》，它有四个特点：①具有丰富的历史文物；②具有重大历史价值或纪念意义的保护文物；③能够完整地反映既定历史时期的传统风貌或民族特色；④行政区划为镇。

为了更好地研究与理解历史文化名镇，需要区别“历史文化名镇”和“古镇”之间的概念。古镇在历史文化保护上概念比较模糊，2012年，吕勤和黄敏在《国内古镇旅游研究综述》中将古镇定义为：在特定历史时期的文化或自然背景下形成的历史风貌保存完整、历史文化遗产存量丰富、民俗文化或民族特色浓郁的村镇。[①] 进入21世纪后，古镇作为旅游的主要目的地之一，开始广为人知、受人瞩目，掀起了一股旅游的“古镇热”。因此，现如今许多具有一定历史遗迹的小村镇均冠以“古镇”之称，然而它们大多数均不是历史文化名镇，只是一种具有旅游宣传作用的称呼，目的是为了吸引“古镇游”的游客们。近年来，更有甚者假借当地的历史文化来打造、新建“古镇”，涌现了许多真假不辨的“古镇”，开发一些本不是当地民俗的活动或节目以吸引眼球。政府正式公布的“历史文化名镇”与媒体上常用的“古镇”有着本质区别，这里的“古镇”既有经过国家评选及公布的历史文化名镇的属性，又包含了旅游小镇的特质。另外，历史文化名镇的保护与发展是需要研究的重点内容。一方面，关于历史文化名镇的保护应当以名镇保护规划为基础，其中主要内容包括名镇的历史沿革、区域特色、交通现状、历史文化建筑与风貌的保护情况分析等。对于历史文化名镇自身资源的历史价值或艺术价值，如何确定和保护，也是至关重要的。另一方面，在我国，历史文化

① 吕勤，黄敏．国内古镇旅游研究综述 [J]. 北京第二外国语学院学报，2012（1）.

名镇保护规划一般由当地政府委托设计单位进行编制，一些意义特殊的名镇甚至会直接由省或市级单位直接委托编制。

到目前为止，住房和城乡建设部（2008 年 3 月前为建设部）、国家文物局共评选七批 312 个国家级历史文化名镇，分别是：

第一批：2003 年 10 月公布，共 10 个；

第二批：2005 年 9 月公布，共 34 个；

第三批：2007 年 5 月公布，共 41 个；

第四批：2008 年 10 月公布，共 58 个；

第五批：2010 年 7 月公布，共 38 个；

第六批：2014 年 3 月公布，共 71 个；

第七批：2019 年 1 月公布，共 60 个。

三、传统村落

传统村落，通常指建村年代较早，有一定的自然资源，在长期相对封闭的环境里，以村民为主体自然形成的聚落，承载着大量的物质、文化遗存，至今仍为人们服务的村落。传统村落的价值包括：

一是历史价值。传统村落是我国农耕文明生活生产方式的重要象征，它记录了各族人民在历史发展进程中的族群聚居模式变化以及相对稳定的社会生活形态，同时也是我国农耕文明历史发展最为清晰和实际存在的“记录者”。传统村落中的每一个空间建筑、每一种文化风俗，都有厚重的历史文化印记。由此可见，我国所有的传统村落都是社会文明发展的重要构成部分，象征着中华传统文化的历史根源。

二是文化价值。传统村落集合了长久历史发展中在这一独立空间内诞生与传承的诸多文化内涵及表现形式，其真实地记录了当地的历史演变进程与地域风土人情，承载着中华民族珍贵的生活智慧、民族特色和文化艺术，是我国农村生动且鲜活的文化遗产代表。此外，传统村落也是我国至关重要、不可再生的宝贵文化资源，它蕴藏着丰富的科学、艺术、文化内涵，是中华民族优秀传统文化的有效基石，其既具有单体价值也富含整体价值，对传统文化的现代化传承与发展有着重要的参考借鉴价值。在乡村振兴战略背景下保护和开发我国传统村落，是建设现代村落文明和促进新时期社会精神文明发展的有效推动力。

三是经济价值。中国作为全球农业大国，农业生产是我国经济发展的基础支撑，乡村振兴战略发展在一定程度上离不开农耕文明的引导与支持，并且现代农业发展仍需不断从传统农业文化中汲取农业生产建设的智慧与经验。其中，传统村落在助力传统农业循环经济发展方面起到了关键性作用，许多农业生产者可以在传统村落附近开展耕作劳动，并且在当地适宜的气候条件、土壤条件、水质条件以及传统耕作技艺的有机结合下，有效培育出大量极具地方性特色的农业产品，进而形成一种成效显著的乡村经济发展模式，以提高当地经济发展水平。

四是旅游价值。传统村落集传统文化、空间布局、建筑设计和地域性特色为一体，实现了与自然生态和谐共存，并且具有丰富、独特的旅游文化资源。我国大部分传统村落都具有依山傍水、宁静悠远的环境特色，周边的花草树木、青山绿水等自然元素都是传统村落居住环境的美好点缀，使之成为理想、舒适的居住地。乡村振兴战略的发展，让传统村落成为助力旅游产业开发的重要资源，其独特的建筑艺术风格、传统文化内涵、农业副产品以及秀丽的田园风光、有趣的民俗活动，可以吸引到大量的游客前来旅游，从而促使当地的旅游产业得到飞速发展，同时有助于促进农民收入的快速增长。①

改革开放四十余年来，我国工业化、城镇化得到快速发展，在经济社会发展水平迅速提高的同时，也产生了部分乡村地区凋敝和传统村落

① 刘益明．乡村振兴战略下传统村落保护研究 [J]. 核农学报，2021（9）.

空心、空巢乃至消亡的现象。

2012 年，住房和城乡建设部等部门联合推出了“传统村落”评选制度，从建村年代、传统建筑保存程度、空间格局完整程度和非物质文化遗产活跃程度四大领域进行评定。截至 2020 年，共评选五批 6819 个传统村落，分别是：

第一批：2012 年 12 月公布，共 646 个；

第二批：2013 年 8 月公布，共 915 个；

第三批：2014 年 11 月公布，共 994 个；

第四批：2016 年 12 月公布，共 1598 个；

第五批：2019 年 6 月公布，共 2666 个。

四、历史文化名村

历史文化名村是指那些保存文物特别丰富且具有重大历史价值或纪念意义的，能较完整地反映一定历史时期传统风貌和地方民族特色的村；其核心资源包括文物历史建筑、历史街巷、历史环境要素、非物质文化遗产等历史文化资源，具有重要的文化地位与文化价值。相比于传统村落，历史文化名村的文化资源保护级别更高，保护要求更加严格。

根据 2003 年建设部和国家文物局发布的《中国历史文化名镇（村）评选办法》，历史文化名村的确立需要符合以下三个条件。

（1）原状保存程度。村内历史传统建筑群、建筑物及其建筑细部乃至周边环境基本上原貌保存较好；或因年代久远，原建筑群、建筑物及其周边环境虽曾倒塌损坏，但已按原貌修复；或原建筑群及其周边环境虽部分倒塌破坏，但“骨架”尚存，部分建筑细部亦保存完好，依据保存实物的结构、构造和样式可以整体修复原貌。

（2）现状具有一定规模。镇的总现存历史传统建筑的建筑面积必须在 2500 平方米以上。

（3）已编制了科学合理的村镇总体规划；设置了有效的管理机构，配备了专业人员，有专门的保护资金。

在符合以上三个条件的基础上村落还需具备一定的历史价值与风貌特色，具体应至少符合下列条件之一：

（1）在一定历史时期内对推动全国或某一地区的社会经济发展起过重要作用，具有全国或地区范围的影响；或系当地水路交通中心，成为闻名遐迩的客流、货流、物流集散地。

（2）在一定历史时期内建设过重大工程，并对保障当地人民生命财产安全、保护和改善生态环境有过显著效益且延续至今。

（3）在革命历史上发生过重大事件，或曾为革命政权机关驻地而闻名于世；历史上发生过抗击外来侵略或经历过改变战局的重大战役，以及曾为著名战役军事指挥机关驻地。

（4）能体现我国传统的选址和规划布局经典理论，或反映经典营造法式和精湛的建造技艺；或能集中反映某一地区特色和风情、民族特色传统建造技术。

（5）建筑遗产、文物古迹和传统文化比较集中，能较完整地反映某一历史时期的传统风貌、地方特色、民族风情，具有较高的历史、文化、艺术和科学价值。

截至2018年，住房和城乡建设部、国家文物局共评选七批487个国家级历史文化名村，分别是：

第一批：2003年10月公布，共12个；

第二批：2005年9月公布，共24个；

第三批：2007年5月公布，共36个；

第四批：2008年10月公布，共36个；

第五批：2010年7月公布，共61个；

第六批：2014年3月公布，共107个；

第七批：2018 年 12 月公布，共 211 个。

五、历史文化街区

历史文化街区，是指经省、自治区、直辖市人民政府核定公布的保存文物特别丰富、历史建筑集中成片、能够较完整和真实地体现传统格局和历史风貌，并具有一定规模的区域。

历史文化街区一般以拥有高品质的文化遗产为核心特质，街区的空间格局、特色建筑及遗存的文化资源本身具有极高的历史文化研究价值。同时，历史文化街区是一个成片的地区，有大量居民在其间生活，是活态的文化遗产，有其特有的社区文化，不能只保护那些历史建筑的躯壳，还应该保存它承载的文化，保护非物质形态的内容，保存文化多样性。这就要维护社区传统，改善生活环境，促进地区经济活力。从街区格局、空间尺度及资源现状来看，历史文化街区一般具有以下四个特征。

（一）规模宏大的建筑遗产群落

相比于线性的街道，历史文化街区一般规模较大，通常以古城片区的形式存在，其中保存有大量的特色建筑，代表着其所在区域的传统建筑文化精华，历史研究价值和文化保护价值较高。由珍贵的建筑遗产群落构建的大尺度空间，形成区别于现代城市新区的相对独立的特色风貌区。

（二）清晰完整的历史城区肌理

历史文化街区通常以“城”的概念存在，其空间格局一般在相对较长的历史时期内未经大的变动，街区内拥有保存相对完好的城墙、街道以及庙宇、宫殿、衙门、监狱等城市公共建筑，有着历经千百年形成的城市肌理。

（三）延续不断的地域文化脉络

历史文化街区内的生活文化与生活场景保存着传统地域特色，并由于本地居民的世代延续，传统的生活文化在其间得以不间断地传承与延续，民间生活所蕴含的各类非物质文化遗产具有典型的区域代表性，并与物质遗产空间共同构成街区文化保护的主体。

（四）历史悠久的区域发展中心

历史文化街区所构建的古城，一般在历史上就是重要的区域中心，承载着带动区域发展的重要功能，在政治、经济、文化、军事、宗教、建筑、艺术等方面拥有不可替代的区域地位，是研究某一区域发展历程的历史活标本。

2015 年 4 月，国家住房和城乡建设部、国家文物局对外公布第一批中国历史文化街区，北京市皇城历史文化街区等 30 个街区入选。福建共有四个历史文化街区入选，其分别是：福州市三坊七巷历史文化街区、泉州市中山路历史文化街区、厦门市鼓浪屿历史文化街区、漳州市台湾路—香港路历史文化街区。

第二节　研究背景及意义

一、研究背景

对漳州历史文化名村的保护与利用，既有从国家层面进行的研究，也有从地方层面进行的研究。下面拟从法律、文化、经济和地域等方面进行全面分析。

（一）保护利用的法律背景

自改革开放以来，党和政府十分重视文化遗产保护和利用，先后出台了一系列的法律。在文物保护方面，《中华人民共和国文物保护法》（简称《文物保护法》）于 1982 年颁布实施；2002 年、2017 年，《文物保护法》先后修订颁行，这为文化遗产的保护与利用提供了重要的法律依据。而且，国家在历史文化名村的保护方面也颁布了相应的法规。2008年，《历史文化名城名镇名村保护条例》颁布实施。福建省也出台了相关的政策与法规，保护本省的文化遗产，如《福建省文物保护管理条例》（2009年修订）等。值得注意的是，历史文化名村的保护不仅涉及物质文化遗产，而且涉及非物质文化遗产。2011年，我国颁布了《中华人民共和国非物质文化遗产法》（简称《非物质文化遗产法》），2021年，中共中央办公厅、国务院办公厅印发《关于进一步加强非物质文化遗产保护工作的意见》，这为保护历史文化名村的非物质文化遗产提供了法律依据。在强调保护文化遗产的同时，党和政府也积极倡导"合理利用"文化遗产，处理好保护与发展的关系。不仅发布了《文物保护法》《历史文化名城名镇名村保护条例》《非物质文化遗产保护法》这些有关于合理利用文化遗产的文件，而且也出台了利用文化遗产方面相关的政策。2018年修订的《中华人民共和国旅游法》对合理利用文化遗产进行旅游也有相应的规定。因此，上述这些法律为有效保护和利用历史文化名村提供了法规依据。

从党的十八大以来一系列的治国理政新理论、新思想、新观念来看，"文化建设""文化自信"描绘了中国特色社会主义现代化强国的文化理想与文化目标，凸显了新时代中国特色社会主义的价值观念与文化根基。如果说文化建设、文化自信是当前党和国家治国理政的指导思想，则法律法规层面的文化保护与利用是文化建设与文化自信的具体政策与举措，从而使文化建设与文化自信有了更强有力的法律保障。

历史文化名村的传承与保护，是新时代党的文化建设与文化自信的一个重要方面和重要内容，因而加强历史文化名村的保护与利用，从静态传承与活态开发两个方面来激活历史文化名村的文化内涵与文化价值，不仅是贯彻落实党在新时代一系列方针政策的需要，也是中国特色主义文化建设与文化自信的重要内容。值得注意的是，这些有关文化遗产保护的法律法规并不只是强调保护，还在法律法规层面强化“保护与开发利用并举”的法律意识与观念，即文化遗产既要保护，也要有用文化资源的市场价值创造经济价值的意识。同时，为了充分开发利用文化遗产，国家还专门出台相关的政策与法规予以支持，包括金融支持政策、税收优惠政策、财政支持政策等，如文化和旅游部发布的《“十四五”文化产业发展规划》就明确了国家在金融、财政与税收方面，对于发展文化产业的减免与补贴措施。历史文化名村属于重要历史文化遗产，《历史文化名城名镇名村保护条例》与《历史文化名镇名村保护规划规范》既明确了保护的法律责任与技术标准，也提出了开发利用文化资源创造经济价值以促进地方经济发展的利用责任与法律意识。因此，加强历史文化名村的保护与利用是法律层面的两种责任、两种意识。

（二）保护利用的文化背景

为传承与保护传统文化，党自十六大以来就对我国文化建设与文化发展做出了许多重要的改革。党的十六大把文化体制改革作为深化国家体制改革的重要一环，第一次明确提出了“文化市场化与产业化”的文化产业理论，并将文化产业作为国家战略性支柱产业予以支持；党的十七大又提出了要积极发展公益文化事业，大力发展文化产业，激发全民族文化创造力，更加自觉主动地促进文化发展繁荣。

自党的十八大以来，传统文化全方位融入中国发展进程中，习近平总书记多次就坚定文化自信、加强历史文化保护传承作出强调，如文化是一个国家、一个民族的灵魂；文化兴国运兴，文化强民族强；没有高度的文化自信，没有文化的繁荣昌盛，就没有中华民族伟大复兴；文化自信，是更基础、更广泛、更深厚的自信。在五千多年文明发展中孕育的中华优秀传统文化，积淀着中华民族最深层的精神追求，代表着中华民族独特的精神标识。传承中华文化，绝不是简单复古，也不是盲目排外，而是古为今用、洋为中用、辩证取舍、推陈出新，摒弃消极因素，继承积极思想。党的十九届五中全会提出到2035年建成文化强国的远景目标，并指出要从提高社会文明程度、提升公共文化服务水平、健全现代文化产业体系三个方面入手，繁荣发展文化事业和文化产业，提高国家文化软实力。

党在新时代的文化建设始终坚持两个维度：文化事业的全面繁荣与文化产业的快速发展。文化产业的发展把文化作为一种资源要素，经过创造获得市场化的经济价值，并在现代化本身的生产生活中获得民族文化活化传承的方式与渠道。为了贯彻落实党的文化产业方针政策，我国自21世纪以来出台了一系列发展文化产业的方针政策，即《文化产业振兴规划》《文化部关于支持和促进文化产业发展的若干意见》《财政部 海关总署 国家税务总局关于文化体制改革试点中支持文化产业发展若干税收政策问题的通知》《文化部关于鼓励、支持和引导非公有制经济发展文化产业的意见》《文化和旅游部关于推动国家级文化产业园区高质量发展的意见》等。与此同时，福建省也出台了相应的政策与措施，即《关于加快文化产业发展的意见》《关于进一步推动福建省文化产业发展若干政策》《福建省文化产业发展专项资金管理办法》等，在党的十九大报告中更是将构建“现代文化产业体系”以及“培育新型文化业态”等，放在文化产业供给侧结构性改革的中心环节，作为当前文化强国建设的主要任务。这些不仅说明我国已经把发展文化产业上升到国家战略，而且为历史文化名村的保护利用提供了政策支撑与财政支持，对于地方政府大力发展文化旅游产业与文化创意产业，无疑提供了物质保障与政策优惠。①

（三）开发利用的经济背景

自21世纪以来，我国经过40多年的改革开放之后，GDP总量已经

① 许青．湖南国家级历史文化名镇开发利用研究[D]．长沙：湖南师范大学，2019.

跃居世界第二位，取得了举世瞩目的经济成就。党的十九大报告提出实施乡村振兴战略，要坚持农业农村优先发展，按照产业兴旺、生态宜居、乡风文明、治理有效、生活富裕的总要求，建立健全城乡融合发展体制机制和政策体系，加快推进农业农村现代化。中国特色的社会主义现代化既包含城市的现代化，也包括农村的现代化，换而言之，农业农村现代化是社会主义现代化的有机组成部分，没有农业农村的现代化，也就没有整个国家的现代化，实现社会主义现代化最广泛、最深厚的基础在农村。实施乡村振兴战略，是建设现代化经济体系的重要基础，为实现社会主义现代化提供保障。

然而，随着我国城镇化的迅速发展，农村人口持续向城镇迁移，不少历史文化名村呈现空心化发展趋向，文脉传承遇到挑战。由于地方对乡村振兴建设的曲解，错误的观念引导乡村建设工作的改旧换新，拆旧建新导致历史文化名村风貌渐失。从旅游开发的角度而言，由于历史文化名村的开发和利用价值很大，当地政府盲目规划开发，出现千村一面的现象，缺乏地方特色。

因此，在新型城镇化快速发展的背景下，在乡村振兴的政策驱动下，加强历史文化名村保护，避免因错误的理念、短视的眼光等原因破坏历史文化名村，充分发挥历史文化名村传承历史文化、发展乡村旅游、促进农村地区可持续发展的重要作用，尤为重要和紧迫。

（四）保护利用的地域背景

福建文化源远流长，多元性的突出特征兼容并蓄、特色鲜明的文化氛围浓郁，是丰富的文化艺术宝库。地处福建南部的漳州迄今已有 1300 多年历史，是国家历史文化名城，也是闽南文化主要发祥地之一，文化底蕴深厚。全市分布着数量众多的历史文化村镇及建筑遗产，这些村镇具有独特的地域特色和丰富的文化内涵，体现了我国古代村镇的营建智慧以及历史发展过程中的文化层积，具有重要的历史价值、文化艺术价值和科学价值，是研究历史村镇营建手法、历史发展过程、建筑艺术特色等的实物依据。

当前，漳州历史文化名村也面临着保护与利用之间的矛盾和困境，出现了一些突出问题。

一是历史文化名村的保护方法不能因地制宜。有的对历史文化名村采取拆旧建新的办法，许多建筑被整体推倒重建，有的机械模仿古建筑大搞“博物馆”式开发，将遗产保护与社会发展、自然环境、居民生活人为割裂。

二是过度的旅游开发。历史文化名村的保护和开发只注重它的经济价值，对历史文化名村进行不合理的旅游开发，忽略了保护的重要性，村落的原真性和完整性慢慢地消失。

三是村落衰败。大量的农民工进城务工导致历史文化名村空心化、老龄化严重，虽然村落百姓们收入提高了，但是历史文化名村功能陈旧，发展缓慢甚至日益衰败，传统文化也难以得到传承及延续。

四是缺乏对乡村振兴战略的正确理解，没能坚持因地制宜的规划原则。有些村落独特的文化不能被深入挖掘和保存，导致历史文化名村保护发展形式单一，缺乏应有的特色，千村一面的现象时常出现在我们的视野中。①

漳州历史文化名村的保护和利用一定要破解这些困境，真正做到保留并传承历史文化资源，而不是纯为利益的商业性开发。如何协调和处理漳州历史文化名村保护与利用之间的关系，成为亟待解决的问题。

二、研究意义

本书以漳州市历史文化名村为例，充分发掘历史文化资源，延续文

① 罗帅鹏.基于有机更新理论的传统村落保护与发展研究：以宝丰县马街村为例[D].开封：河南大学，2020.

脉特色，恢复历史传统的特色空间环境，这对未来国内其他历史文化名村的开发复兴有较大的参考价值，本书研究成果具有广泛性、针对性和专业性，并具有较大的实践参考作用。

（一）理论意义

历史文化名村作为一个重要的文化遗产类型，相关研究对文化遗产保护具有重要意义。历史文化名村包含了具有重要历史价值的建筑、文物、街区、空间场所等物质性遗产，同时也包含了与特定空间相辅相成的非物质性遗产（文化、习俗等）。研究历史文化名村，目的是在传统村落的物质性遗产和非物质性遗产的保护与发展中寻找“应该怎样保护，如何合理利用”的理论与方法。[①] 本书通过对漳州历史文化名村进行实地调研与资料分析，探讨其保护与利用的策略方法，从而进一步完善我国有关历史文化名村保护、利用及发展路径的理论研究，是我国历史文化名村保护利用理论的有益补充。

（二）经济意义

历史文化名村的保护传承与利用研究，将会推动历史文化名村旅游市场的飞快发展，促进第一、第二、第三产业及相关产业的发展，从而促进当地经济，对中国当下历史文化名村的建设有重大经济意义。同时，在尊重历史、尊重传统、尊重村民生活需求以及传统人文延续的基础上，将历史文化名村的价值利益最大化，也为历史文化名城的保护与开发提供了有效的基础保障。[②]

（三）文化意义

历史文化名村是中华民族文化价值的高度体现，随着经济的发展及人们生活观念的改变，很多人选择城市生活，导致悠久的非物质文化后

① 刘万柳．湖南传统村落的保护与利用研究——以岳阳张谷英村为例 [D]. 长沙：湖南农业大学，2017.

② 戴书涵．金华市传统村落保护与发展路径研究 [D]. 西安：西安电子科技大学，2020.

继无人。城镇化建设、旅游业发展高速推进的同时，也带来了对古村传统文化的破坏，致使大量历史建筑遭受不同程度的损坏，历史记忆濒临消失。本书通过相关研究，寻找切实可行的规划和保护手段，将濒临消失的物质和非物质文化遗产进行收集整理，可使这些历史遗产得到保护和传承，对国家文化遗产的保护有重大意义。[①]

（四）现实意义

对漳州历史文化名村背景和自身优势进行分析，有利于提高人们对其的认知度，有利于对历史文化的挖掘、保护和继承。探索漳州历史文化名村的保护与可持续发展道路，有利于带动当地村民就业增收，更好地保护当地的古建筑和民间文化艺术，对于发展漳州历史文化名村旅游业，推进美丽乡村建设具有重要的现实意义，并成为漳州发展文化旅游产业的重要节点。同时，漳州历史文化名村的个案分析，对国内其他历史文化名村的保护以及旅游资源的利用有一定的参考价值，具有重要借鉴意义。[②]

---

① 王宇 . 历史文化名镇名村保护与开发策略研究——以福州市阳岐村为例 [D]. 沈阳：沈阳建筑大学，2020.

② 陈政，王欢欢，吴晓宇 . 论传统村落的保护价值及路径——以山东章丘朱家峪为个案 [J]. 大众文艺：学术版，2016（12）.

第二章 历史文化名村研究回顾与展望

第一节 国外历史文化名村研究综述

一、国际历史村镇保护历程

国外历史文化遗产的保护开始比较早，跨越的时间也比较长。欧美等发达国家的经济发展水平较高，对文化遗产的保护具有广泛的社会基础，其自 19 世纪中叶就已开始探索。在这一百多年的坎坷历程中，随着对遗产价值的认知，文化遗产的保护理论与方法经历了一个逐渐提升与完善的过程，也达成了许多的国际共识。对历史村镇和建筑遗产的保护经历了一个从单体建筑保护到建筑群、建筑周边环境保护进而逐步扩大到对历史地区、城镇景观的整体性保护的发展过程，并逐渐出现了历史街区、古村落、历史城镇等。可以分为三个阶段。

第一阶段以单体纪念物（Monument）的保护为主，时间在 15 世纪至 20 世纪 30 年代。文化遗产保护思潮最早始于文艺复兴时期。在早期，文化遗产研究的对象是历史纪念物，以单体建筑为主，参与保护的人员有建筑师、艺术家、作家。这一时期建筑和其他遗迹受到保护的原因是它们与国家历史上的伟大人物有关。[①] 也就是说，受到重视的建筑和遗迹是与精英人物相关的带有浓郁个人色彩的纪念物（Monument）。这一时期，法国率先颁布了世界上第一部关于建筑遗产保护的法律——《历史性建筑法案》（1840），随后又颁布了《纪念物保护法》（1887）、《历史纪念物法》（1913）等；英国颁布了《古迹保护法》（1882）；日本制定了《古社寺保存法》（1897）。这些法律法规开启了依法保护古建筑的序幕。在这种情况下，虽然单体的历史建筑得到了良好的保护，但是忽略了周边环境会使其与文脉脱离。

第二阶段是以古村落和历史城镇为主对历史区域的保护阶段，时间从20世纪30年代一直延续至今。工业革命以及世界大战使整个社会和文化环境遭到了不容小觑的破坏，而世界大战后的一些综合开发计划，如道路修建，也威胁着历史文化遗产的生存。为了不使传统文化流失，人们逐渐认识到要保留历史遗产的风貌，不能单单停留在对建筑本体的保护，还要延伸至建筑周边环境、建筑群甚至是街区、村镇的景观风貌。

第三阶段是个性研究阶段。当对历史街区和城镇的保护成为国际共识之后，各国的学者纷纷选取个例，从不同的角度展开了对历史街区和历史村镇的个性化研究。Pendlebury（1999）以历史城镇格兰杰镇为研究对象，提出了对古镇的格局和古建筑的保护方法和研究重点。[②]Steven Tiesdell（1996）选取了英国曼彻斯特的Castlefield街区，认为Castlefield以其丰富的历史建筑、工业遗产和运河河道吸引了投资，改变了街区的面貌，使其从一个废弃的工业区恢复了活力，变成知名的旅游地，并从中分析探寻了旅游业和文化产业对振兴城市历史街区的作用。[③] 西村幸夫

① 聂真．历史街区保护与更新的类型学方法应用研究 [D]. 重庆：西南交通大学，2008.

② 骆纯．云南山地型历史文化村镇空间形态研究 [D]. 昆明：昆明理工大学，2017.

③ 董一平，侯斌超．铁路建筑的保护与地区再生：以英国曼彻斯特两座历史火车站为例 [J]. 城市建筑，2011（8）.

（2007）选取了小樽、足利、津川町等历史城镇，介绍了街屋社区营造运动，认为历史城镇的保护主体需要由专家和地方团体共同构成。[①] 从这些研究中可以看出，当前对历史村镇和街区，不应仅停留在保护阶段，更重要的是通过合理的手段恢复其活力，以发展带动保护。

自 20 世纪 30 年代以来，联合国以及国际相关协会都先后出台了很多与遗产保护有关的公约、宪章等文件。这些宪章、公约等都对历史村镇的保护起到了规范和指导的作用，推动了世界历史文化遗产的保护进程。下面罗列一些典型的公约、宪章等。

（一）《雅典宪章》（1933 年）

1933 年 8 月，国际现代建筑协会（CIAM）在希腊雅典召开会议，通过了《雅典宪章》这一里程碑性的文件。《雅典宪章》强调指出，对有历史价值的建筑和街区，均应妥善保存，不可加以破坏。《雅典宪章》确立了对单体建筑物遗产的保护原则和修复理念，提出了立法保护历史古迹的重要性和建立相关国际保护组织的必要性等。此外更重要的是，它指出了"应注意对历史古迹周边地区的保护"。

《雅典宪章》在国际文化遗产保护的过程中具有里程碑式的意义，它不仅表明这一时期保护历史建筑、历史遗迹已经在世界范围内成为共识，而且开始关注建筑的周边环境，对此后的文化遗产保护事业起到了很大的作用，并让历史村镇的保护进入人们的视野。从《雅典宪章》开始，各个国家纷纷将历史村镇的保护写入各项法规。

（二）《国际古迹保护与修复宪章》（1964 年）

《国际古迹保护与修复宪章》又称《威尼斯宪章》，其是迄今为止遗产保护领域内最重要的文件，它把古代遗迹看作是人类"共同的遗产"，认为"保护它们是我们共同的责任……我们必须不走样地把它们的信息

① 西村幸夫 . 再造魅力故乡：日本传统街区重生故事 [M]. 北京：清华大学出版社，2007.

传下去”。明确历史文物建筑概念的同时，要求必须利用一切科学技术保护与修复文物建筑。强调修复是一种高度专门化的技术，必须尊重原始资料和确凿的文献。其目的是完全保护和再现历史文物建筑的审美和价值，还强调对历史文物建筑的一切保护、修复和发掘工作都要有准确的记录、插图和照片。

《威尼斯宪章》还首次明确地提出了乡村环境的保护问题：“不仅包括单个建筑物，而且包括能够从中找到一种独特的文明、一种有意义的发展或一个历史事件见证的城市或乡村环境。”

（三）《保护世界文化遗产和自然遗产公约》（1972 年）

联合国教科文组织 1972 年通过的《保护世界文化遗产和自然遗产公约》，规定了文化遗产和自然遗产的内容；1979 年又确立了《世界遗产名录》，提到了对脆弱的易受破坏的人类住区的保护：构成某一传统风格的建筑物、建筑方针或人类住区的典型例证，这些建筑物或住区本身是脆弱的，或在不可逆转的社会文化、经济变动影响下已变得易于损坏。此后，联合国教科文组织陆续将三十几处村（Village）和镇（Town）列入世界文化遗产名录。

（四）《关于历史性小城镇保护的国际研讨会的决议》（1975 年）

1975 年，国际古迹遗址理事会（ICOMOS）通过《关于历史性小城镇保护的国际研讨会的决议》，正式提出了保护历史小城镇的概念，还提出地方保护规划必须达到能够满足保持和提高历史城镇特殊价值的需要。

（五）《关于历史地区的保护及其当代作用的建议》（1976 年）

1976 年，联合国教科文组织在肯尼亚首都内罗毕通过《关于历史地区的保护及其当代作用的建议》，指出被保护的历史地区包括史前遗址、历史城镇、老城区、老村庄、老村落以及相似的古迹群，并拓展了保护的内涵，即鉴定、防护、保存、修缮、再生，维持历史或传统地区及环境，并使它们重新获得活力。文件提出历史环境是人类日常生活环境的一部分；是过去存在的表现；能将文化宗教、社会活动的丰富性和多样性最准确如实地传给后人。保护、保存历史环境与现代生活的统一，是城市规划、国土开发方面的基本要素。

（六）《马丘比丘宪章》（1977 年）

1977 年，建筑师及城市规划师国际会议在秘鲁通过《马丘比丘宪章》，提出了不仅要保存和维护好城市的历史遗迹和古迹，而且还要继承一般的文化传统，强调要努力创造综合的、多功能的环境，保护、恢复和重新使用现有历史遗址和古建筑必须同建设过程结合起来，以保证这些文物具有经济意义并继续具有生命力。

（七）《保护具有文化意义地方的宪章》（1979 年）

1979 年，澳大利亚政府在巴拉提出的《保护具有文化意义地方的宪章》（简称《巴拉宪章》），是澳大利亚的遗产保护规章文件，由于提出了遗产保护的新视角，遗产被三个新概念重新阐释，即“场所”“构件”“文化意义”：将保护对象称为“场所”，认为“场所”必须具有文物的性质；把被保护的实物称为“构件”；把具有美学、历史、科学或社会价值的某种特殊的形态或印记称为“文化意义”，认为保护的根本目的是保护历史遗产的“文化意义”。

（八）《关于小聚落再生的 Tiaxcala 宣言》（1982 年）

1982 年提出的《关于小聚落再生的 Tiaxcala 宣言》，认为乡村聚落和小城镇的建筑遗产及环境是不可再生的资源，建议小聚落保护要注重地方材料和传统工艺的使用。

（九）《保护历史城镇与城区宪章》（1987 年）

1987 年，国际古迹遗址理事会（ICOMOS）通过《保护历史城镇与城区宪章》又称《华盛顿宪章》，认为历史城镇保护应包括历史特征、物质和精神财富，并提出具体保护的五项内容：①地段和街道的格局、空间形式；②建筑物和绿化、开放空间之间的关系；③历史建筑的内外面貌，包括体量、形式、风格、材料、色彩及装饰灯；④城镇或城区与周围环境的关系，包括自然和人工环境的关系；⑤城镇或城区在历史上的功能作用。

（十）《我们共同的未来》（1987年）

《我们共同的未来》是世界环境与发展委员会发布的一份关于人类未来的著名报告，于1987年4月正式出版。该报告以翔实的资料，对当今世界面临的生存和发展问题进行了系统研究，分三个篇章展开。“共同的关切”强调全人类要以积极的态度面对未来，主张走向可持续发展的理念；“共同的挑战”详细分析了人类发展面临的共同挑战，包括人口、粮食生产、物种与生态系统、能源、工业、城市问题等各个方面；“共同的努力”强调人类要通过共同的努力解决发展的问题，要求实现公共资源更合理有效的管理，处理好和平、安全、发展与环境的关系问题，最后倡导人们集体行动起来，让这些努力付诸具体的立法改革。

《我们共同的未来》采纳和强调了“可持续发展”的观念——“既满足当代人的需要，又不损害后代的利益”，并自此逐渐形成全球共识。

（十一）《关于乡土建筑遗产的宪章》（1999年）

1999年10月，国际古迹遗址理事会第十二届全体大会在墨西哥召开，并通过了《关于乡土建筑遗产的宪章》，提出了“乡土建筑”的一些指标，认为乡土建筑几乎不可能通过单体建筑来表现，最好是各个地区经由维持和保存有典型特征的建筑群和村落来保护乡土性。正确的评价和成功地保护乡土建筑遗产要依靠社区的参与和支持，依靠持续不断的使用和维护，政府和主管机关必须确认所有的社区有保持其生活传统的权利，并通过一切可以利用的法律、行政和经济手段来保护这种生活传统并将其传给后代。

（十二）《世界文化多样性宣言》（2001年）

2001年，联合国教科文组织第31届大会在巴黎通过《世界文化多样性宣言》，提出要制定保护和开发利用自然遗产和文化遗产，特别是口述和无形文化遗产的政策和战略，反对文化物品和文化服务方面的非法买卖；尊重和保护传统知识，特别是土著人民的传统知识；承认环境保护和自然资源管理方面的传统知识的作用；发挥现代科学与民间传统知识的协同作用。

（十三）《保护非物质文化遗产公约》（2003 年）

2003 年，联合国教科文组织通过《保护非物质文化遗产公约》，将非物质文化遗产定义为“被各社区、群体，有时是个人，视为其文化遗产组成部分的各种社会实践、观念表演、表现形式、知识、技能以及相关的工具、实物、手工艺品和文化场所”。规定非物质文化遗产包括的内容有：①口头传说和表现形式，包括作为非物质文化遗产媒介的语言；②表演艺术；③社会实践、仪式、节庆活动；④有关自然界和宇宙的知识和实践；⑤传统手工艺。

（十四）《西安宣言——保护历史建筑、古遗址和历史地区的环境》（2005 年）

2005 年，国际古迹遗址理事会通过《西安宣言——保护历史建筑、古遗址和历史地区的环境》宣告环境是遗产完整价值不可缺少的组成部分，把文物保护提高到了文化保护的境界，认为：历史区域的重要性和独特性在于它们在社会、精神、历史、艺术、审美等层面或其他文化层面存在的价值，也在于它们与物质的、视觉的、精神的以及其他文化层面的背景环境之间所产生的重要联系。

（十五）《魁北克宣言》（2008 年）

2008 年，《魁北克宣言》更将场所精神提到新的高度，提出捍卫有形和无形遗产，从而确保全球永续与社会发展。这说明随着时代的发展，人们对文物周边历史环境的重视日益加重。文物所反映出的价值不仅仅体现在本体上，更表现在其赖以生存的物质环境和文物环境中。

（十六）《瓦莱塔原则》（2011 年）

2011 年 11 月，国际古迹遗址理事会于世界遗产城市马耳他首都瓦莱塔通过《瓦莱塔原则》。在全球化和城市化的背景下，如何维护历史城镇不可复制的独特价值，是保护和管理面临的新挑战。《瓦莱塔原则》旨在建立动态维护管理的新维度，提出了历史城镇动态保护、管理和控制的一系列原则。

（1）基础性原则。提出具体的“质量原则”“文化多样性原则”，强调必须改善民生、尊重文化的多样性，推进可持续发展。

（2）关联性原则。基于历史城镇整体性和关联性的特征，强调物质、文化、经济与社会的连贯性、均衡性与匹配性。

（3）程度性原则。提出具体的“数量原则”“时间原则”，强化了在发展中的管控手段和维护力度。

（4）参与性原则。在认知评估、遗产维护、发展管理的全过程考虑所有利益相关方，采取专家征询机制和积极的对话协商模式，构建历史城镇动态维护的多元合作框架。

《瓦莱塔原则》是目前关于历史城镇保护重要的国际宪章，其动态维护的新理念，对于当代历史城镇保护与开发具有极大的启示价值和借鉴意义。自此，国际社会在历史村镇保护方面的认同与合作进入了更为广泛、深入的阶段。

二、国际历史村镇保护新趋势

（一）联合国教科文组织提出“历史城市景观”的概念——更重视历史景观整体保护

2011 年，联合国教科文组织通过了一项新的国际文书——《关于历史城市景观的建议书》，并将历史城市景观视为一种可持续的遗产保护、历史城镇管理的创新方式。历史城市景观（Historic Urban Landscape）是文化和自然价值及属性在历史上层层积淀而产生的城市区域，它超出了历史中心、建筑群和环境的范畴，涵盖了更广的城市空间和景观文脉，还包括遗产的无形层面和文化多样性与特性的方方面面。联合国教科文组织成员国针对自身的特有情况明确实施城市历史景观方法的关键步骤，大致包括以下六项行动计划。

（1）对城市的自然、文化和人类资源展开全面的调查和图录。

（2）通过参与性规划以及与利益相关方的磋商，就需要保护并传之后代的价值达成共识，鉴别、明确承载这些价值的特征。

（3）评估这些特征面对社会经济压力和气候变化影响的脆弱性。

（4）将城市遗产价值、特征及其脆弱性纳入更广泛的城市发展框架，框架应明确在规划、设计和实施发展项目中需要特别注意的遗产敏感区域。

（5）使遗产保护和发展行动成为优先事项。

（6）为每个确认的遗产保护和发展项目建立合适的合作伙伴关系和当地管理框架，为公共和私营部门不同主体间的各类活动制定协调机制。①

2013 年，第二届杭州世界文化遗产国际会议暨 2013 历史城市景观保护联盟年会中发表的《历史城市景观保护联盟杭州共识》提出，要注重保持城市个性和特色，在城市规划中重视整体保护。城市历史景观具有以下三个特征。

（1）整体保护。传统的城市更新思路对老城区的保护也倾注了心血，但关注点常集中在已经贴上“权威标签”的“历史建筑”“历史街区”上。建筑组群、历史街区或旧城往往被从整体中分离出来，城市历史文化遗存点的联系被切断，城市肌理破碎化。城市历史景观非常强调更新前的保护，这种保护不仅针对那些有重要历史价值的城市要素，而且任

① 罗・范・奥尔斯，韩锋，王溪 . 城市历史景观的概念及其与文化景观的联系 [J]. 中国园林，2012（5）.

何能代表城市持续性发展的景观要素均被纳入被保护的范畴，强调点、线、面的联系，完整性成为根本出发点。这种整体保护模式强化了传统社区的有机联系，为城市更新尤其是老城区更新后形成高效空间和强大的城市活力奠定了基础，是高质量城市建设的重要战略。

（2）多元素协调共生。城市历史景观认为城市是一个大的生态系统，只强调建筑等物质要素是不足以进行生态协调发展的。保护的要素既包括传统关注的建筑实体，也包括与之相关联的地形地貌、水文植物等自然环境；既包括土地、空间肌理和建筑形制等有形的物质文化建构，也包括生活习俗、历史传统、文化氛围等无形的文化礼制和区域价值概括。这些已经存在的要素和即将新建的要素要建立生态协调关系，共同存在于更新后的城市系统中，共同向着顺应系统动态的方向发展，共同维系着城市的原真性和完整性。

（3）动态发展。城市历史景观把自然生态系统、非物质社会、经济和文化系统整体纳入城市发展，谋求城市发展中可持续的人地关系。城市历史景观立足于发展，追寻的是保护和发展共存的模式，城市的整体保护和多元素的协调发展是为了给更新后的城市带来更长远的经济和社会效益，这种尊重城市历史和文化传承的更新方法是一种智慧型的城市更新模式。①

历史城镇、村落的形成往往与地形、地貌、水文、气候、地质等自然地理环境有关，同时也与经济水平、文化特征、社会结构、生活习俗等因素密切关联。历史村镇是一个有机体，它是一个活的系统，无法脱离于历史景观文脉环境，必须在更大的时空环境中思考历史层积（Layering）和城市文脉（Context），将当下的城镇、村落视作时间进程中在环境上叠加的层次，强调历史景观环境作为遗产组成，以及城镇和村

① 朱亚斓．城市历史景观角度下的我国城市更新途径 [J]. 城市管理与科技，2013（4）．

落作为活着的遗产的观点。这一概念将“保护对象、实施主体、保护目标、执行方式”全面拓展开来，为在一个可持续发展的大框架内以更综合的方式识别、评估、保护和管理历史村镇打下基础。

（二）2013年“世界文化大会”的《杭州宣言》——将文化置于城市可持续发展的核心

历史是文化的本底和组成，城市要发展，就离不开历史文化的支持。联合国教科文组织“文化：可持续发展之关键”国际会议于2013年5月在杭州召开，发布了《杭州宣言》，号召将文化置于未来可持续发展的核心地位。会议认为，文化作为一项知识资本和活力产业，通过对包容性社会文化经济发展、社会和谐、环境可持续性、和平与安全的特殊贡献，有望成为可持续发展的根本推动者、意义和能量的来源、创新的源泉，以及应对挑战、寻找适当解决方案的资源。因此，《杭州宣言》号召各国政府和政策制定者抓住这一特殊机遇，考虑以下做法，以期将文化置于未来可持续发展政策的核心地位。

1. 将文化纳入所有发展政策和计划中

鉴于文化和本地环境将对各方面的发展产生影响，并最终决定发展结果，文化方面的考虑应当列入2015年后联合国发展议程的第四项基本原则，与人权、平等和可持续性处于平等地位。文化应当系统性地纳入对可持续发展和福祉的定义，以及发展政策项目的概念、衡量标准及实际做法。

2. 推动文化发展和相互理解，促进和平与和解

在全球化的大背景下，面对身份认同挑战及其产生的紧张局势，跨文化对话乃至对文化多样性的认可和尊重将形成更为包容、稳定且适应力更强的社会。这些社会的发展主要依赖于教育、沟通和创意项目，以及国家相关理事会的支持，以期创造有利于宽容和相互理解的环境。

3. 确保所有人都能获得文化权利，从而推动包容性社会发展

确保文化权利、获取文化产品及服务、自由参与文化生活，以及自

由的艺术表达，这些都是构建包容型理性社会的关键所在。应当借助国家地区政策和法律框架，提升基于权利的措施及对文化语言多样性的尊重，包括考虑那些涉及少数民族、性别平衡，以及青少年和某些原住民所关注的问题。

4. 推动文化对于减贫及包容性经济发展的作用

文化作为一项知识资本和财富，能够满足个体社会需求并减少贫困。我们应当增强文化创造就业的能力，提高收入水平，并把重心放在妇女、未成年人和青年身上。要特别注重发展具有环境意识且包容负责的可持续旅游业及休闲产业，这些产业对本地社会经济发展具有推动作用，同时可促进跨文化交流，并能生成对物质及非物质遗产进行保护的资源。

5. 发展文化以促进环境可持续性

对具有历史重要性的城市和乡村及相关传统知识风俗的保护有助于减少社会的环境印迹，发展更为可持续的生产消费模式，并推动可持续的城市建筑设计方案。出于民生的考虑，应当通过对生物及文化多样性的进一步保护和更可持续的利用，以及对相关传统知识技能（特别应注意原住民的传统知识技能）及其他形式科学知识的保护来获取必要的环境物资和服务。

6. 通过文化提升对灾害的适应能力，并与气候变化作斗争

社会对灾害和气候变化的适应能力应当通过对历史环境包括文化景观的适当保护，以及对相关传统知识、价值观和实践，乃至其他科学知识的保护予以强化。对文化的考虑应纳入降低灾害风险、缓解气候变化及调整政策计划的努力中。

7. 珍惜文化、保护文化、将文化带给子孙后代

文化遗产是人类的福祉及子孙后代的关键资产。然而，在城市化、开发压力、全球化、争端和气候变化的共同作用下，这些遗产正在以惊人的速度不断消耗。应推动将文化遗产充分纳入开发和教育项目中，以

确保文化遗产及传承的价值观和文化表达的保护和进步。

8. 将文化作为实现城市可持续发展和管理的资源

富有活力的文化生活及较高质量的城市历史环境是构建可持续发展城市的关键所在。地方政府应保护和改善这些环境，并与自然环境相协调。城市建设中那些具有文化意识的政策应当通过提升个体和社会在公共生活中的代表性和参与度，同时改善弱势人群的状况来促进对多样性的尊重及价值观的传递和延续。另外，还应当推进文化创意产业、基于遗产的城市复兴项目和可持续旅游业的发展，这些强有力的经济领域将创造绿色就业岗位，刺激地区发展，同时鼓励创意。[①]

历史村镇的灵魂是城镇、村落传承至今的文化内涵，其不仅包含物质文化资源，还包括非物质文化资源。历史村镇的保护更新理念已从当初简单的物质保护和改造，转变为以文化为主导的村镇复兴策略，应当充分考虑文化作为一种价值体系、一种资源、一种实现真正意义上可持续发展的框架的作用。由此，保护和发展两者有了殊途同归的、重视双向融合的结合点。

（三）2021 年第 44 届世界遗产大会发表《福州宣言》——突出强调人类命运与共、全球合作的重要理念

第 44 届世界遗产大会于 2021 年 7 月 16 日至 31 日在福州举办，大会一致通过凝聚共识与行动的《福州宣言》，突出强调了人类命运与共、全球合作的重要理念，具有里程碑意义。

大会充分赞赏文化和自然遗产保护所取得的进展，认为其通过推动相互尊重文化特性、理解多样性文化表现形式，促进了不同文明的交流与国际理解，为世界和平与可持续发展做出了贡献。

重申须秉持人类命运与共的理念，加强在环境，经济，促进公正、

① 聂姹 . 将文化置于可持续发展的核心地位：《杭州宣言》凝聚可持续发展共识 [J]. 文化交流，2013（7）.

和平和建设包容性社会等可持续发展不同领域的全球合作，开展持续对话互动、专业交流、知识信息共享，构建伙伴关系网络，将其与文化和自然遗产保护有机融合，以实现《2030年可持续发展议程》。

呼吁国际社会更紧密合作，开展针对性研究和规划，推动实现遗产保护与可持续发展之间的平衡，同时秉持全人类共同价值，在全球多边主义框架内应对世界遗产面临的挑战，发现新机遇。

敦促学术界、民间社团和社区更广泛地参与，大力加强遗产保护与社会经济发展活动之间的联系，以落实2015年通过的《世界遗产可持续发展政策》提出的使世界遗产保护惠及所有人的目标。

文化遗产它不是一个国家、一个民族独有的，它是人类共同的遗产。促进和而不同、兼收并蓄的文明交流，尊重世界文明多样性，以文明交流超越文明隔阂、文明互鉴超越文明冲突、文明共存超越文明优越，已经成为国际社会的主流价值观和国际社会需要共同努力的目标。

历史名村不仅是人类的文明记忆，更是人类文明交流互鉴的重要载体，也是全人类共有的文化根脉和精神家园。国际合作对历史名村发展起着极大的促进作用，其不仅能使各国借鉴相关的国际经验，使乡村文化旅游的质量和规模更上一个台阶，也能使具有当地特色的民俗、美食、文化等传播到世界各地，成为世界了解本国文化的重要窗口，从而促进历史名村经济、社会可持续发展。

第二节　国内历史文化名村研究综述

一、国内历史文化名镇名村保护历程与相关法规

我国历史文化名镇名村的保护始于20世纪80年代。1986年，国务院在公布第二批国家级历史文化名城时，首次提出“地方各级历史文化

保护区”的概念，拉开我国历史文化名镇名村保护的序幕。随后，不少省份陆续开展了历史文化名镇的命名和保护工作，一些名镇名村内保存较为完整的传统民居建筑群，相继被列入全国重点文保单位加以保护。进入21世纪以来，2000年“皖南古村落”申报世界文化遗产的成功，2002年《中华人民共和国文物保护法》关于“历史文化村镇”保护的明确规定以及2003年中国首批历史文化名镇名村的公布，标志着我国历史文化村镇保护制度正式建立。2008年国务院颁布《历史文化名城名镇名村保护条例》，标志着历史文化名城名镇名村保护已经全面进入法制化轨道。目前，我国已公布七批共799个中国历史文化名镇名村，其中名镇312个、名村487个。回顾我国历史村镇保护历程，大致可分为以下几个阶段。

（一）“地方各级历史文化保护区”概念的提出

从1961年公布《文物保护管理暂行条例》到1982年开始建立历史文化名城保护制度，中国历史文化遗产保护一直是以文物保护为核心的单一体系。1982年，《中华人民共和国文物保护法》确立了历史文化名城保护制度，但并不涵盖具有重大价值的历史街区或村镇。1986年在《国务院批转城乡建设环境保护部、文化部关于请公布第二批国家历史文化名城名单报告的通知》中首次提到了对历史文化村镇的保护，指出“对一些文物古迹比较集中，或能较完整地体现出某一历史时期的传统风貌和民族地方特色的街区、建筑群、小镇、村寨等，也应予以保护”，可根据它们的历史、科学、艺术价值，核定公布为地方各级“历史文化保护区”。

（二）部分乡土建筑群作为“全国重点文物保护单位”保护

1985年我国成为联合国教科文组织《保护世界文化与自然遗产公约》的缔约国，并逐步健全了以文物保护单位、历史文化名城、历史文化村镇、街区等为保护内容的历史文化遗产保护体系。一些历史村镇的文物古迹丰富或传统建筑（群）保存较完整，已相继被列入全国重点文保单位加以保护。1988年，在国务院公布的第三批全国重点文物保护单位名单中，首次出现丁村民宅、东阳卢宅等乡土民居。漳州市内田螺坑土楼群、赵家堡与诒安堡、庄上村的庄上大楼都是全国重点文物保护单位。

（三）皖南古村落列入“世界文化遗产”名录

2000年，安徽省西递、宏村作为皖南古村落的杰出代表，被列入了《世界遗产名录》。这是首次把民居列入《世界遗产名录》，也为我国申报其他世界文化遗产项目积累了经验。随后，广东省“开平碉楼与村落”申报世界文化遗产工作从2000年启动，于2007年6月申遗成功。我国的历史村镇开始走向世界，并加入了国际合作保护的行列。

（四）“历史文化村镇”保护制度初步建立

2000年，国际古迹遗址理事会中国国家委员会颁布了《中国文物古迹保护准则》，提出文物古迹包括由国家公布的历史文化街区（村镇）。2002年《中华人民共和国文物保护法》中第一次明确提出了历史文化村镇的概念，即保存文物特别丰富并且有重大历史价值或者革命纪念意义的城镇、村庄，明确了历史文化街区、村镇是文物保护的对象。2003年5月国务院通过《中华人民共和国文物保护法实施条例》，指出“历史文化街区、村镇，由省、自治区、直辖市人民政府城乡规划行政主管部门会同文物行政主管部门报本级人民政府核定公布”。随后，原建设部和国家文物局开始了中国历史文化名镇（村）的评选活动，制定了《中国历史文化名镇（村）评选办法》和《中国历史文化名镇（村）评价指标体系（试行）》，并于2003年10月联合公布了第一批共22个中国历史文化名镇（村），这标志着我国历史文化村镇保护制度的正式建立，历史文化村镇的保护开始步入法制化轨道。

（五）“历史文化名城名镇名村”保护制度的全面完善

2005年的《国务院办公厅关于加强我国非物质文化遗产保护工作的

意见》和2007年颁布的《中华人民共和国城乡规划法》和修订的《文物保护法》，进一步明确了要加强历史文化名城名镇名村保护；2007年正式出台了《中国历史文化名镇名村评价指标体系》，为名镇（村）申报评选和实施动态监管提供了技术依据，并在中国历史文化名镇（村）评选时得到了实际应用；2008年国务院颁布《历史文化名城名镇名村保护条例》，标志着历史文化名城名镇名村保护已经全面进入法制化轨道，强调了整体保护理念，重视保护规划的作用，明确了地方政府在保护文化遗产和名城名镇名村中的责任；2012年出台了《历史文化名城名镇名村保护规划编制要求（试行）》，进一步提高了保护规划编制的科学性、规范性和可操作性；2014年12月29日施行的《历史文化名城名镇名村街区保护规划编制审批办法》也进一步完善了编制审批机制。

二、国内历史村镇保护和发展的新趋势

（一）从文物保护、名城保护到城乡统筹的名城名镇名村体系保护——中国文化遗产保护体系越来越完善

近30年来，我国历史文化名镇名村保护体系不断完善。一方面，概念和评定体系越来越成熟，历史文化村镇从最初作为地方各级“历史文化保护区”，到个别成为“全国重点文物保护单位”，再到“皖南古村落”列入“世界文化遗产”，最后形成“中国历史文化名镇名村”命名制度。另一方面，法规支持体系越来越完善，2002年《中华人民共和国文物保护法》中第一次明确提出了历史文化村镇的概念，2004年公布《中国历史文化名镇（村）评价指标体系（试行）》，2008年公布《历史文化名城名镇名村保护条例》以及2012年颁布《历史文化名城名镇名村保护规划编制要求（试行）》，历史文化村镇的保护从最初属于文物保护单位之内、排除于名城保护之外，逐步走向法制化轨道。中国历史文化名城名镇名村保护体系的形成标志着我国历史文化遗产保护由单一的文物保护、单

个的城市保护向着眼于城乡统筹的系统保护转变。

（二）中国传统村落评定机制的建立——多部门联合，保护与发展并重

为促进传统村落的保护和发展，住房和城乡建设部、文化部、财政部、国家文物局于 2012 年组织开展了全国第一次传统村落摸底调查，在各地初步评价推荐的基础上，经传统村落保护和发展专家委员会评审认定并公示，确定了第一批共 646 个具有重要保护价值的村落列入中国传统村落名录。同时，为指导地方做好相关工作，印发了《住房和城乡建设部 文化部 财政部关于加强传统村落保护发展工作的指导意见》，要求各地对已登记的传统村落进行补充调查，完善村落信息档案，根据《传统村落评价认定指标体系（试行）》，建立地方传统村落名录。各级传统村落必须编制保护发展规划，确定保护对象及其保护措施。2013 年 8 月公布第二批中国传统村落名录共 915 个村，2014 年 11 月公布第三批中国传统村落名录共 994 个村，2016 年 12 月公布第四批中国传统村落名录共 1598 个村，2019 年 6 月公布第五批中国传统村落名录共 2666 个村，全国先后五批评出 6819 个村入围国家级传统村落名录。总体呈现申报与入选数量逐年增多、参与联合公布部门增多、保护与发展两方面工作共同考虑的趋势。

（三）生态文明、乡村振兴的新要求——历史文化名村是“望山见水记乡愁”的重要空间载体

生态文明是人类文明发展的一个新阶段，即工业文明之后的文明形态；生态文明是以人与自然、人与人、人与社会和谐共生、良性循环、全面发展、持续繁荣为基本宗旨的社会形态。对于我国来说，建设生态文明，是落实科学发展观、构建和谐社会的前提与基础，是实现“全面、协调、可持续发展”的必然要求。党的十八大报告又将“生态文明”提升到更高的战略层面，提出了“建设美丽中国，实现中华民族永续发展”

的新理念，从快速发展经济、注重资源开发到“必须树立尊重自然、顺应自然、保护自然的生态文明理念”，再到可感、可知、可评价的“美丽中国”，建设的重点也逐步回归到生态建设和历史文化保护的工作上。2013年中央城镇化工作会议提出的新型城镇化，核心是人的城镇化，提出“让居民望得见山，看得见水，记得住乡愁”，就是要使城镇依托现有山水脉络等独特风光，融入大自然，体现尊重自然、顺应自然、天人合一的理念。“望得见山，看得见水”，体现的是一种绿色情怀，是对生态文明和环境保护的高度重视；“记得住乡愁”，又是从精神文化层面提出对城乡生态文明进行保护，城市的乡愁又在山水自然、文化传承中延续。历史城镇、传统古村落保留着大量的历史文化资源，延续着自然的山水环境，承载着传统的文化习俗与社会关系，是历史文化信息的真实载体，是不可再生的历史文化遗产，具有独特的历史文化价值，其已成为最能体现“望山见水记乡愁”的空间地域。

党的十九大报告提出实施乡村振兴战略，并将其作为新时代贯彻新发展理念、建设现代化经济体系的战略措施。强调坚持优先发展农业农村，秉承五项基本要求（产业兴旺、生态宜居、乡风文明、治理有效、生活富裕），构建科学的体制机制及政策体系以促进城乡融合，从而加速农业农村现代化进程，是解决当前农村社会发展不均衡、缓解农村发展主要矛盾的有效措施，为乡村持续健康发展描绘了崭新的蓝图。2017年年底召开的中央农村工作会议确定了乡村振兴的“三步走”目标任务，即到2020年基本形成乡村振兴的制度框架与政策体系；到2035年基本实现农业农村现代化，乡村振兴取得决定性进展；到2050年全面实现农业强、农村美、农民富，乡村全面振兴最终实现。乡村振兴战略的实施，为历史文化名村保护工作指明了方向。

1. 乡村振兴是历史文化名村保护发展的重要契机

随着社会经济的发展，工业化和城镇化进程不断加快，中国的城市化率从 1990 年 26.44% 上升至 2020 年的 63.89%，提高了 37.45%。2020 年城镇居民人均可支配收入 43834 元，农村居民人均可支配收入 17131 元，城镇居民人均可支配收入是农村的 2.56 倍。[①] 巨大的城乡差异，使历史名村的人们急于开辟新的生产方式和生活方式，开始向大城市看齐，盲目模仿城市的建筑形态和景观设计，使村落的传统风貌、历史环境以及所承载的文化内涵发生“基因突变”。此外，历史名村的青壮年转向城市寻求新的“出路”，历史名村出现“空心化”。

党的十九大提出实施乡村振兴战略，这不仅为乡村发展指明了方向，也确定了全新的城乡关系。过去“城乡一体化”的提法已变成“城乡融合”，乡村从过去被动接受反哺转变为实现振兴的主体。历史名村既保留了历史沿革、建筑环境、建筑风貌，又具有独特民俗民风，那些具有一定历史、文化、社会、艺术、情感、生态、经济价值的历史名村，是广大人民智慧的延续和民风民俗、文化的传承，赋予了农村深厚独特的历史文化内涵；生态绿色是历史名村最为突出的特征，绝大部分历史名村，呈现了生态绿色、环境优美、空气清新、古朴雅静，是人们“诗意栖居”的理想之地、乡村旅游休闲度假康养的归宿之所。以绿色发展引领乡村振兴，是一场涉及生产生活等方方面面的深刻革命，即让良好绿色生态成为乡村振兴的支撑点，真正把绿水青山变成金山银山，实现人与自然和谐共生发展的新局面。

2. 保护发展历史名村是乡村振兴的必然要求

乡村振兴包含产业振兴、文化振兴、生态振兴、人才振兴、组织振兴等核心要素。历史名村集乡村历史、文化、自然遗产为一体，蕴藏着丰富的历史文化信息和自然生态景观资源，其精髓既是农耕文明的“活化石”和“博物馆”，又是传统文化和民族精神的重要载体，更是中华民

① 余永定，杨博涵．中国城市化和产业升级的协同发展 [J]. 经济学动态，2021（10）.

族创造的人与自然融合的“共同作品”和东方文化的“精神家园”。当前，历史名村的保护与发展研究已成为一项重要的综合课题，它涵盖着乡村经济、政治、社会、生态、文化等多个领域。在推进乡村振兴战略的背景下，着重保护发展历史名村已势在必行，开发、利用、挖掘空间也更为广阔。实现乡村振兴，必然离不开保护和发展历史名村，坚持以保护促发展，以发展助保护，加强历史名村合理开发利用，更多地惠及广大人民群众，更大地助推乡村振兴。[①]

因此，历史文化名村的保护与建设在顺应“美丽中国”“生态文明”“乡村振兴”的新形势、新理念下，科学发展，通过自然景观资源和历史文化资源的有效整合，将历史文化名村建设成为一张凸显地域文化特色的魅力名片，成为一项“让居民望得见山、看得见水、记得住乡愁”的民心工程。

第三节　历史文化名村保护与利用相关理论

近年来，历史文化名村保护传承与利用研究成为一个方兴未艾的领域。历史文化名村作为多学科共同研究的对象，有很多从不同角度、不同层面揭示名村保护与发展规律的学说和研究方法，如社会学理论、可持续发展理论、文化景观理论、有机更新理论等。本节广泛汲取这些理论营养，精选了文化生态学、遗产活化、系列遗产三种新颖实用的历史文化名村研究理论，使名村保护有章可循、有据可依，为历史文化名村保护传承与利用提供具有指导作用的理论依据和实践借鉴。

① 矣艳晖．乡村振兴视角下传统村落保护发展研究 [J]. 全国流通经济，2019（13）.

一、文化生态学理论

（一）文化生态学的内涵

文化生态学是一门将生态学的理论思想和研究方法运用到文化学当中的新兴交叉学科，是由美国文化人类学家 J.H. 斯图尔德在 20 世纪 50 年代提出的。人类文化的形成是与自然生态系统相适应的结果，山脉、河流等自然条件，不同民族所选择的居住环境，不同时期的社会观念等，都给文化的产生和发展提供了独有的、不可复制的场合与情景，同时文化也同样作用于它的自然环境，它们之间相互影响、相互作用、互为因果。

文化生态学从生态学视角将文化作为一个系统来审视，其主要观点有：一是主张从人群、自然环境、社会要素、文化特色等几种互相作用的变量中探索文化形成和成长的规律，用以寻求不同族群地域文化的独特形态和模式；二是主张文化不是经济活动的直接产物，它们之间存在着各种各样复杂的变量；三是探索文化成长中的科技、经济、社会体制和价值观念等各种变量之间的复杂关系及其对人的影响。

探索文化生态是为了达成人与自然、人与社会、人与人之间的和谐共存，因而文化生态不仅应该关注文化与自然环境的关系，也应该强调各子文化之间以及文化与社会环境之间相互制约、相互影响的关系。这就要求注重生态系统各要素之间的链接，也就是生态链、活态链，强调生态因素之间的交互作用高于对某一局部的保护，整合性地保护整个文化生态场，使文化生态内部的能量循环得以顺畅进行。

（二）文化生态学为历史名村的保护与利用提供了全新视野

文化生态学作为一门较为完善的学科，对历史名村的保护与复兴提供了新的视野。

首先，当前的保护工作中对文化存在很多片面的认识，单纯将文化视为物质文化，文化生态学将各种复杂的文化因素结合起来，依据各因素之间的相互关系、相互作用来解释文化的产生、发展，对人们整体认识村落文化、谋求可持续发展有着重要作用。

其次，原住民的流失阻挡了历史名村的血液流通，文化生态学认为人和环境的互动形成了文化，这里的“人”就是指原住民。当其中某一因素产生变化，它原本的生态系统就会被打破，那文化也就失去了赖以生存的土壤，没有了原住民的村落实际就是一座“文化空城”，要留住村落的文化就必须要留住原住民。

最后，文化生态学使人们认识到历史名村是一个集合自然、社会、经济、人文等多种特性复杂的、动态的生态系统，因此当前对历史名村的保护利用将突破过去以经济利益为主导的传统价值观，而强调以文化为基础和导向，并寻求通过经济、社会、生态的可持续发展，回归“天人合一”的生态环境，使整个村落文化处于和谐动态的发展过程中。

（三）基于文化生态学的历史名村保护与利用思路

一是保护文化主体的多样性、多元化。多样性是指文化生态圈内不同文化群落的差异、自然环境差异以及生态过程的多样化。文化主体既包括建筑、街巷、选址布局等物质文化，也包括社会交往关系、风俗习惯等非物质文化，所以保护也主要从这几方面来进行。街巷是传统村落中主要的空间形式，集交往、娱乐、交通等多功能于一体，具有尺度宜人的空间，适合于步行，可以拉近人们的关系，在这种空间下形成的邻里关系也是非常亲近的。村落不同于其他的历史城镇，它随着时代的发展，格局、建筑风格也在不停的变化，存在着旧有的建筑与现在建筑并存的情况。另外，村落的建筑风格、装饰雕刻受自然和社会环境的影响，有地域性的特点。文化生态学理论提出，不同的自然环境产生不同的文化，而相似的自然环境则会产生相似的文化，比如安徽徽派建筑、川西吊脚楼、福建土楼，呈现出不同的建筑空间风格，都是当时文化与环境互动而形成的产物。物质文化是传统村落的文化载体，而非物质文化是村落文化的精神表达，反映于人们的举手投足、一言一行中，包括口头传承、传统的表演艺术、民俗活动等。因此，村落文化保护，不但要保护物质文化遗产，也要保护非物质文化遗产。

二是保护文化环境的多样性。文化生态学理论提出文化与环境存在互动关系，互为影响，所以要保持文化的多样性，就必须保护它所依赖环境的多样性。这里的环境主要分为自然环境和人文环境。传统村落的选址一方面考虑的是可以便捷地获取生存所需要的物质资料，另一方面希望优美的环境能够使人们幸福安康，体现了天人合一的风水观念。因此，自然环境不但影响传统村落的形态和风貌，同时对人们的思想观念有根深蒂固的影响。人文环境是指生产方式、价值观念、社会组织制度、宗教信仰等思想社会层面的环境，传统村落受传统文化中哲学思想等各种因素的影响，强调以家庭为核心、血缘为纽带的社会组织制度，有深厚的历史文化和内涵。所以说，不同的文化环境孕育着不同的传统村落。想要保护历史名村的多样性，就要保护它所依赖的文化环境的多样性。

三是寻求传统文化与现代生活的共生。在历史发展的长河中，不同区域的文明在碰撞时往往产生惊人的创造力，现代文化与传统村落文化的碰撞已经势不可当，当“传统”与“现代”被叠压在一个空间，就会产生发展与保护的矛盾。如果历史名村一直处于封闭的状态，人们没有需求，就会逐渐失去活力。现代文化的传播要用辩证的思想去看待，只要协调好各种变量如科学技术、价值观念等因素之间的关系，就可以给历史名村注入一股新的活力。

文化是一个不断发展且不断融合的动态过程，对于现代文化的进入，应该以一种包容的姿态。村落文化是一种活态的且随着时代的变化逐渐发展的文化，现代文化对它的改变也是一种历史的痕迹。应把原住民的生活需求作为村落保护的第一出发点，在尊重真实性原则的前提下，有机地融入现代生活和现代理念，最大限度实现历史与现代的共生。①

二、遗产活化理论

（一）遗产活化概念

遗产活化是在协调保护与开发的矛盾中逐渐形成的发展路径，最初源于对遗产商品化的思考，是遗产资源从无活性状态到有活性状态的转化过程。1979年的《巴拉宪章》中第一次正式提出这一概念，即为建筑遗产找到合适的用途，使该场所的文化价值得以最大限度的传承和再现，而对建筑重要结构的改变降到最低限度。随着时代发展，遗产活化利用的概念和方法也从建筑遗产的保护和利用扩展到对其他类型遗产的保护和利用中。

“活”是相对于“死”而言，是有生命的意思；“化”是转变成某种性质或状态。文化遗产有其原真性，即遗产本体意义上的原本与真实，它是一种客体的真实，而体验原真性则是从受众体验的角度来知晓、认识和体味文化遗产，并从中获得感受，提升个人修养，进而传承遗产的历史价值——这就是遗产的价值及其活化。遗产具有生态、文化、科研、审美、经济等多重价值，遗产只有在利用中才能实现其价值。文化遗产的活化重点是要使传统文化焕发活力，使优秀的传统文化为当代遗产保护和民生发展服务。

（二）遗产活化内容

遗产活化内容包括两个方面。

（1）对物质性文化遗产的本体活化。是指对本身就具有文化遗产的物体进行功能置换的再利用，使遗产以一种资源创新的形式展示出来，比较常见的手法就是修缮原来的历史建筑，或通过建造博物馆、陈列馆

① 李昕蒙．基于文化生态理论下的传统村落保护[J]. 文物鉴定与鉴赏，2021（21）.

的方式进行展示。

（2）对遗产相关活动参与者的活化。是指通过开展有效且有趣的项目活动，让参与者融入遗产环境中，通过身行力践的方式丰富自身的学识，在潜移默化中积累历史文化相关知识。从遗产活化对参与者影响的程度上看，加入体验性和娱乐性的活化活动对参与者的影响要远大于被动的信息接受。[①]

（三）历史文化名村遗产活化利用的策略

历史名村作为文化遗产的一部分，具有文化遗产的共性。因此，基于遗产活化利用视角来解决历史名村的文化保护和传承问题，是一种区别于静态保护的新理念，可以在保护的前提下，充分延续历史名村文化的现代社会功能，实现对村落文化资源的有效合理利用，这对于历史名村物质文化遗产和非物质文化遗产实现更好的保护和传承具有重要的价值和意义。

1. 保护传统文化，合理活化利用

历史名村中蕴含宝贵的历史信息与人文价值，是中华民族历史与文化的厚重积淀。历史名村文化所具有的独特魅力与人文价值具有不可复制的特点，一旦遭到破坏，便不可再现。因此，在对历史名村进行保护时，要秉承遗产活化利用的原则，从大局出发，从两方面着手工作：一是要做好历史名村文化的保护工作，对于村落文化中的建筑布局、传统建筑、民风民俗、节庆礼仪等具有区域特色的传统文化，都要做好保护与恢复，尽最大可能做到还原其本真效果；二是从遗产活化利用的角度，在做好村落文化保护工作的基础上，最大限度地发掘其经济与社会价值，使其能够重新焕发活力，实现更大发展。特别是在对历史名村进行旅游开发时，务必要保持文化的本真性，还原真实的历史场景，避免因过分

① 陈宇．遗产活化视角下的考古遗址公园规划设计研究——以南昌汉代海昏侯国考古遗址公园为例 [D]. 北京：北京林业大学，2020.

追求经济效益而淡化、消融传统文化的精髓，要做好对村落文化的合理活化利用，充分发挥出传统文化的社会价值与文化价值。

2. 加大资金投入，理性开发利用

历史名村的保护工作需要大量的资金投入，这项工作不能只单纯依靠政府投入，还应该积极动员社会力量，多方合力，最终达到历史名村的保护与开发合理并重的效果。政府应该充分发挥其政策引导作用，多方筹集资金，按照相关的法律法规，做好历史名村的保护与开发，并对其进行合理有效的指导与监管。在对历史名村进行开发利用时，要保持清醒的头脑，坚持理性开发原则，在做好村落文化的保护与传承工作的基础上，突出历史名村的地域特色与人文价值，推动村落经济稳步、健康增长。

3. 提升村民觉悟，坚守文化本真

历史名村不仅是传统文化遗产的载体，也是村落居民生产生活的栖息地。传统文化从村落发源，在历史中成长，凝聚了古代先民的智慧与理念，是值得代代相传的宝贵财富。基于遗产活化利用的视角，历史名村的保护和传承工作离不开村落居民的参与配合，所以要提升村民觉悟，让村民对传统文化产生认同感与自豪感，尤其要最大限度地唤起年轻人的思想和情感共鸣，增强文化认同感，是保护工作的首要任务。村民意识到自己才是村落文化的主人，才能自觉自发地参与到历史名村的保护和传承工作中，深入挖掘名村的历史内涵、文化肌理和人文情怀，寻根问源、解读内涵、讲好故事、凝心聚力，在合理追求经济利益的同时，坚守住传统文化的本真，这样才是历史名村遗产活化利用的最好表现。[①]

① 徐明飞．基于遗产活化利用视角下的传统村落保护和传承 [J]. 文物鉴定与鉴赏，2019（15）.

三、系列遗产理论

（一）系列遗产概念及共识

1. 系列遗产的概念

“系列遗产”（Serial Properties）的概念是世界遗产体系近年来的创新点之一，是随着遗产保护理念的发展、遗产类型的丰富和遗产认知的提升而产生的。根据2011年开始实施的《〈世界遗产公约〉操作指南》中的对“系列遗产”的解释，系列遗产包括两个或两个以上逻辑联系清晰的组成部分，各组成部分应体现出文化、社会或功能性长期发展而来的相互联系，进而形成景观、生态、空间演变或栖居地上的关联性，每个组成部分都应对突出遗产整体的普遍价值有实质性的、科学的、可清晰界定和辨识的贡献，亦可包含非物质载体。系列遗产应充分考虑遗产整体的连贯和管理上的可行性，且该系列作为一个整体（而非各组成部分）必须具有突出的普遍价值。①

2. 系列遗产的共识

系列遗产并不是遗产节点的简单打包和数量叠加，我们应对其具有以下四点共识。

（1）系列遗产应真实完整地反映某种客观存在，而不是主观归纳简单叠加的概念。因为人类文明大都是以一种系列或系统方式存在并相互联系着。

（2）系列遗产的产生，是随着遗产保护理念发展而出现的一类遗产类型，体现了人类对遗产保护的更高水平。承认文化、生物多样性发展价值是系列遗产出现的前提。

---

① 闫觅，郭绘宇，李青淼．系列遗产视角下的秦皇岛港工业遗产保护研究[J]. 建筑与文化，2020（5）.

（3）系列遗产可以是系列文化遗产、系列自然遗产，也可以是系列文化景观遗产；可以是本国也可以是跨国系列遗产，它与其他遗产类型是交叉复合的，为我们提供了一种更为多样的构架体系。

（4）系列文化遗产的出现是文化遗产类型不断拓展的结果。大多的文化景观、历史城镇、遗产运河、遗产线路类型的遗产案例，也应该属于系列遗产范畴，并且上述四种特定遗产类型已不足以涵盖所有的多点分布、整体支撑价值的遗产案例。系列遗产各组成部分的相互联系已不再局限于面、线的范畴，甚至可以是跨区域的，在空间上呈离散状态，体现的是一种有形或无形的立体多维的系统架构。前四类遗产的各组成部分，其关联性相对明显而直观，而系列遗产类型许多时候将是抽象的、概念性的。①

（二）系列遗产理论对研究历史名村保护与利用的重要作用

系列遗产作为一种新的世界遗产类型，从其概念、内涵和特征来看，我国有很多遗产属于此种类型，如古瓷窑遗址、白酒酿造传统作坊、“海上丝绸之路”、明清城墙等。历史村镇也是一种典型的系列遗产。在使用功能上属于“活态系列遗产”，仍保持着的聚落形态，延续着生产、生活的功能；在空间分布上属于“簇群形、网络形系列遗产”，存在历史村镇体系的空间关联性。运用系列遗产理论研究历史名村保护与利用，是十分重要的。

首先，通过对文化遗产资源的系统性整合与开发利用，可以获取颇丰的经济效益，并带动相关产业发展，从而推动经济结构调整，促进区域经济协调发展。

其次，历史名村文化遗产类型多且分布区域广，以系列遗产理念为统筹，有利于对其进行整体性和综合性的保护。

---

① 章玉兰 . 系列遗产概念定位及其申报路径分析 [J]. 中国文化遗产，2017（3）.

最后，对历史名村系列遗产进行科学的开发与合理的利用所产生的经济效益，可以解决遗产管理中资金短板，这一难题的解决反过来又将促进遗产的有效保护。

（三）系列遗产视阀下历史名村保护与利用的思路

1. 统筹思想，树立整体意识

系列遗产是呈特殊形状区域内物质与非物质的文化遗产的族群，对它的保护与对一般的古遗址、古墓葬、古建筑等文化遗产的保护有所不同。系列遗产站的位置更高、视野更广，关注点也更为细致，所需要的不仅是对文化线路本体上的各重要遗址进行片面的保护，还必须关注互相的历史、文化的内在联系，并统筹其附属和沿线物质与非物质文化遗产进行综合性保护。历史名村各区域应该联合起来，以一种“集体声音”出现在公众视野内。在文化旅游开发中要树立起“大旅游”的观念，进行区域旅游合作，站在全局的高度将名村文化与旅游结合起来，把区域文化精华融入“大旅游”的各个要素中来，联合参与旅游开发及各种宣传活动，打造历史名村文化遗产统一品牌。

2. 统筹体制，建立协调机制

历史名村系列遗产的分布广、体量大，开发利用涉及多个行政单元和利益团体，应建立专门的领导机构，协调职责，落实项目实施，并建立多样化的辅助机构，联合组织，解决跨省、市、县的开发管理问题。保护与管理应避免单一决策，注重构建多方合作与参与机制；协调、管理和维护经营者利益，让经营者都有参与的动力；构建合作平台，利益相关者承担政策实施和监督的责任。

3. 统筹规划，确保顺利实施

制定统一的保护与利用规划，坚持宏观规划、科学论证、分步实施、逐步完善，做到两个统筹：一是统筹规划整个系列文化遗产的覆盖范围；二是统筹规划系列遗产路线上物质文化遗产和非物质文化遗产的保护与利用措施。制定针对性强的专项条例和旅游规划，确立省际甚至国家层面的战略目标和基本方针，划定遗产区域，确保区域性规划的有效实施。①

① 李亮，刘晓晓，鲁宇 . 四渡赤水长征文化遗产线性保护利用模式研究 [J]. 怀化学院学报，2019（7）.

第三章

国内外历史文化名村保护与利用典型案例

第一节　法国普罗万——古村活化，打造品牌

普罗万古镇区整体风貌

图片来源：Provins tourisme 官网。

一、普罗万概况

普罗万是法国中北部塞纳－马恩省的一个建于中世纪的古镇，位于巴黎以东约 80 公里处。古镇沿山而筑，山丘上的部分为上城，主要建筑是教堂、谷仓、钟楼等；山丘下的部分为下城，集中着民宅、商铺等。古镇周边环绕着高高的中世纪城墙，最高处是一座 12 世纪的要塞，建在当年古罗马要塞的废墟之上。

走在城内，几乎看不见现代化建筑的痕迹，街道、广场、教堂、石屋、民舍、小桥、铁栏……一切都保持着原貌。据市政府官员介绍，整个城镇的保护和修缮都有着严格的规定，居民仍在古镇中生活，尽管建筑物的内部设施已经现代化了，但外貌必须保持原状。无论是市政府还是房屋的所有者，都无权对古镇或古建筑进行任意改造，确需修缮，也要经建筑师协会派驻当地的代表批准。

历史上，普罗万是一个富有的令人非常羡慕的商业城镇。从整个欧洲来的各种各样的产品在那里交易。普罗万甚至铸造出了自己的货币，即普罗万便士，在整个法国被承认和接受。这个城镇在法国国王的封臣统治时期达到了声望的顶点。普罗万一直保持着最初的城市构造，是西欧商业中古城市的范例。从中世纪开始，它便完好地保存着，多数纪念碑的时间范围从 11 世纪到 15 世纪。与其他中世纪城市相比，普罗万是整个被列入世界遗产的城市，而不是某个文化中心。

2001 年，整个城区被纳入联合国教科文组织的“世界遗产名录”。其评定理由为：普罗万见证了 11 世纪至 13 世纪欧洲经济、贸易、文化和城市规划建设上的巨大影响，至今一直保持着城市的原始结构和真实风貌。它是建筑史上一个杰出的典范，代表着欧洲大陆经济文化交流的发端，具有丰富的文化内容和历史价值。在庆祝普罗万被列入世界遗产名录的官方仪式上，法国前总统希拉克曾饱含深情地说道：“我向普罗万的每一个居民致敬，因为在他们身上，担负着守护这座给法国带来伟大骄傲的城市的重任。我相信他们心中的强烈感情会促使其珍惜这座城市，并将与所有的来访者一起分享和爱护这一遗产。”①

二、保护与利用经验

（一）多尺度的遗产保护政策

1792 年，法国政府宣布文物建筑遗产收归国有，明确古建筑是国民的共同遗产，开创了政府保护古建筑的先河；1913 年颁布《历史古迹法》，划定了两类保护建筑，法国古建筑保护步入有法可依的时代；1943 年，通过了《文物建筑周边环境法》，规定不仅要保护历史建筑，还要保护其周边环境；1962 年，通过法律划定建筑遗产保护区；1975 年，发起了建筑遗产系统化保护运动；1983 年，又建立了风景和建筑遗产保护区，从单体建筑保护扩展为历史街区保护。这一系列举措，将法国古建筑保护推向一个又一个的新高度。

普罗万正是这一系列政策的受益者。法国的历史文化遗产保护由国家统一集中管理，设有中央集权机构以及完善的制度和法令。尤为难能可贵的是，在遗产保护的过程中，不排斥现代化。不论是首都巴黎，还是其他著名的世界遗产城镇都留存了法兰西历史风貌，同时新建筑与历史建筑和谐相处，彰显出浓烈的地方特色和民族风采。普罗万给游客最强烈的印象就是其保存的完整性，整个古城无论是城市规划，还是建筑风格，一直从中世纪保持至今。完整的中世纪场景为后来开展的活动策划提供了可能。②

① 法国名镇　普罗万 [EB/OL]. [2004-08-27].https://news.sina.com.cn/o/2004-08-27/05273506281s.shtml.

② 李明烨，汤爽爽 . 法国乡村复兴过程中文化战略的创新经验和启示 [J]. 国际城市规划，2018（6）.

（二）多主体的合作发展模式

在分权化背景下，法国的地方政府在乡村文化项目开发中扮演了“引导”而非“包办”的角色，“以人为本”的思想得到高度重视。在法国，不少乡村文化项目起源于艺术家或民众创意，但之后的项目培育、经营和管理离不开地方政府、民间协会以及专业公司或团体的合作。在政府层面上，分权法颁布之后，法国文化部将大部分文化政策的制定权下放至大区文化事务部，而市镇和市镇联合体在地方文化项目的编制和推动方面起主导作用。除政府外，协会是法国最常见的文化项目运作和管理主体。协会具有成立条件宽松、运作方式灵活、可获得政府扶持和资助等优点，因而适合作乡村文化项目的组织者。另外，专业公司或者团体因其在特定领域的专长也以合约形式参与乡村文化项目的运作。

正是由于地方政府、民间协会与专业公司的通力合作，确保了普罗万文化项目可持续运作。普罗万是中世纪法国最大的集贸市场。其中，起源于当地香槟酒集市的“中世纪节”是普罗万规模最大的文化节。该项目由市镇政府和“活着的历史”协会联合组织：前者负责项目总体策划、经费筹备、活动宣传等事宜；后者作为全国性的中世纪题材活动的专业协会，负责文化节的艺术编排、活动组织等。此外，普罗万还举行“骑士传说”和“城墙之鹰”等日常文化演出。这类项目一般由市镇政府下属的旅游部门委托给专业公司经营。普罗万的文化项目在地方政府、民间协会和专业公司的合作下实现了可持续发展，推动了产业转型。

（三）多渠道的资金融入机制

法国主要以提供财政拨款、赞助、税收减免等方式来推动文化保护与传承事业。一是设立文化信贷，对地方文物机构和文化团体给予固定补贴；二是成立文化抢救基金会，为文化遗产的个人所有者提供文化遗产修缮资金；三是鼓励基金会、企业和个人资助文化保护事业，规定资助文化事业的企业可享受3%左右的税收优惠。[①]其他欧洲国家也采用一系列措施，确保资金融入文化遗产保护。例如，意大利政府鼓励全国上下共同担负传统文化保护与传承的责任：政府每年划拨20亿欧元作为文化遗产保护经费；1994年启动文化遗产“领养人”计划，将一些博物馆、古迹、遗址等交由私人资本、非营利性组织或私人性质的基金会来进行管理；1996年颁布法律，将博彩业收入的8‰作为文物保护资金；2000年颁布《资助文化产业优惠法》，规定企业投入文化产业的资金不计入应缴税款的收入基数，以调动企业文化投资的积极性。[②]

（四）多样化的城镇品牌营销

如今普罗万每年吸引着上百万的游客，这得益于小镇优秀的品牌营销。每年结合节日庆典，小镇都会举办多次中世纪场景体验活动。当地居民身着中世纪服装，搭起毛毡帐篷，最大限度地还原中世纪生活场景：有的贩卖自制手工艺品，重现当时热闹的市集；有的寓教于乐，教授游客中世纪时如何制毛线、打铁、做乐器、射箭等技能；有的拿着传统乐器载歌载舞。除了居民，游客穿着传统服装参与会被免门票，于是来自各地的游客披着长袍、围着皮袄、挎着皮包，在体验中世纪历史气氛的同时，游客本身也是景色的塑造者和参与者。

以2019年11月的30天为例，普罗万的营销活动就有24个不同主题，能保证每天都有策划。这些项目涵盖范围很广，包括主打中世纪场景体验的“尼夫莱特派对”和“圣诞快乐·新年快乐”大型表演；艺术体验的“唐·乔瓦尼的芭蕾舞”和古典秋季音乐会；影视体验的话剧《西蒙妮》和电影《旋风》；阅读体验的范妮卡本文章交流会和小说《回国》解读以及光线摄影展、数码论坛、军事评论等。[③]

① 梁伟，李菡丹，王碧清．文化遗产保护的经验与启示[J]. 中华儿女，2017（15）.

② 崔榕，尹旦萍．国外及我国台湾地区传统文化传承的实践经验与启示[J]. 湖北行政学院学报，2016（4）：6.

③ 李昕，刘星．法国名镇普罗万发展和保护启示[J]. 城乡建设，2019（11）.

第二节　日本合掌村——绿色生态，宜居宜游

白川乡整体风貌

图片来源：白川乡官网。

一、合掌村概况[①]

日本岐阜县素有“森林与溪流之国”美称。合掌村就坐落在岐阜县白川乡的山麓里。这是清流和森林孕育着的钟灵毓秀之地，既是夏日绿谷清流的诗意世界，也是冬日绝美的浪漫体验。日本岐阜县白川乡的百余座合掌屋，错落有致地排列着，仿佛是一本本被打开却又倒扣着的硬皮书。1935 年，赴日调查传统住宅样式的德国学者布鲁诺·陶德见到这

① 资料来源：白川乡官方网站.

一幕，不禁赞誉它是“极端合理”“相当罕见的传统庶民建筑”，是“现实世界中的童话屋”。

“合掌造”房屋建造于江户至昭和时期，是村民为了抵御严冬，创造出的适合大家族居住的建筑形式。房屋建造均用自然生长的树木、茅草构造而成，不用一颗铁钉，更不用钢筋水泥，但牢固耐用。村民在建造房屋时，除了考虑家族的适住性外，还特地将屋顶建成60° 的急斜面来防御严冬暴雪和夏季雨水。直到现在，村里依然保留着古老的合作方式，谁家翻修房子，大家会一起帮忙，这种百人站在屋顶上劳作的场面壮观而温馨。

合掌村在1995年被列为世界文化遗产，世界遗产评定委员会这样评价合掌村：这里是合掌造房屋及其背后的严酷自然环境与传统的生活文化，以及至今仍然支撑着村民们的互助组织“结”的完美结合。

合掌村在文化遗产保护和传承上具有世界领先水平，沿袭并创造出一系列独特的乡土文化保护措施，现在村里的“合掌造”有113栋，其中109栋被指名保护。如今这里被称为“日本传统风味十足的美丽乡村”，吸引了世界各地的游客，白川乡的村民们把旅游和农业结合，平衡发展，达到了非常好的效果。

二、保护与利用经验

（一）政府引导，激发保护驱动力

1975年，白川乡合掌村地方政府向国家申请将“合掌造”作为重要传统遗产历史建筑进行保护，最终“合掌造”被指定为日本重要的“文化财”，并由国家拨款对其进行修缮。在政府的重视与引导下，村民将保护传统、保护村庄视为己任，积极参与各种乡村景观保护活动。为防止火灾，村民加入了消防团，积极参加消防演练，并分区分班进行日常巡查，村民的主人翁意识十分强烈，他们每月都会参加由村落自然环境保护会召开的会议，为村落发展献计献策，共同协商制定村落发展决策。此外，村民还通过网站建设、村史编写和宣传材料发放等多种方式积极向外宣传，使合掌村让越来越多的人知晓。

合掌村在对村民的行为进行约束的同时，也通过发展旅游业，为村民提供更多的就业岗位，提高村民的经济收入，并努力营造舒适的居住环境，如允许村民在遵守“不超过现有建筑面积一半以上”的原则的基础上新增建筑面积，使用汽车、空调等现代化设备改善家庭生活质量等。村民的利益诉求得到尊重和满足后，会更主动地参与乡村景观保护。至今，仍有 600 多名村民居住在村里，坚守着那里的宁静与质朴。

（二）立法保护，保留建筑原生态

为了更好地保护全村自然环境，更有效地开发利用景观资源，合掌村村民自发成立了白川乡合掌村集落自然保护协会，同时制定了《住民宪法》，并规定了合掌村内的建筑、土地及所有的自然资源不允许被“贩卖、出租、毁坏”的原则。① 协会制定的《景观保护基准》则针对全村在旅游景观开发中可能遇到的一些基础设施建设方面的问题做出了相关规定。例如，严禁使用硬质砖类铺装地面；新增的建筑、广告牌、设施等都必须以保护全村自然形态为前提而设，不能破坏全村的整体景观；所有的建筑兴建必须有详细的施工说明图，包括使用材料、色彩、外形和高度等，并将所有资料提交协会批准，经批准后方可动工。这样的规制既确保了村落的合理性开发利用，也为村落奠定了可持续发展的基础。此外，协会在协调村民之间的利益冲突、阐释政策、宣传教育等方面也发挥了重要的“自治”作用。可以说，该保护会在指导、推动村民参与村落保护方面起到至关重要的作用。

① 张姗．世界文化遗产日本百川乡合掌造聚落保存发展之道 [J]. 云南民族大学学报（哲学社会科学版），2012（1）.

（三）统一规划，彰显村落整体美

在建筑规则方面，白川乡合掌村落自然环境保护协会要求新兴建筑必须体现村落整体美的风格，配套建设商业街的所有店面装饰均因地制宜，充分利用当地的特色资源进行装饰布置。随着合掌村游客的增多，民宿经营项目也逐渐成为村民一个重要的收入来源。合掌村的民宿依旧遵循村落整体布局的原则，坚守着建筑外观不变的大前提，仅对室内做适当装潢。在协会的策划下，全村对一些空置的村屋进行了“合掌民家园”的景观规划与设计，将其打造成能展现当地古老农业生产和劳作的民俗博物馆。室内的布局与物件摆放都力图遵循历史原貌，同时房屋周围还种上了当地特有的花草植物，与房屋建筑相得益彰。自然与合掌村建筑的融合成为“合掌民家园”博物馆的一大特色，也成为展现村庄历史变迁的一大景观。

（四）挖掘资源，深入推进体验游

合掌村在开发传统文化资源的过程中，一直本着以当地乡土特色为中心的理念，充分挖掘当地的传统民俗节日资源，其做法可圈可点。“浊酒节”是当地著名的节日，主要以道路安全、保护乡村为主题，结合求神祈祷的仪式，在当地颇受关注。村民们以该节庆为契机，系统设计庆祝活动。在巨大的酒盅前开展隆重的祈祷仪式，结合乐器吹奏、传统服饰、歌舞游行、游戏寻宝等丰富多彩的形式，将节日的趣味性发挥到极致，吸引游客参与。除了传统的节庆典礼以外，合掌村将农副产业项目直接纳入旅游区的观赏点中，并把农副产品与体验式的旅游项目直接挂钩，使游客在观赏游览的同时能品尝当地新鲜时令的农产品，并将有机农产品带回家。这种方法不仅就地消化了农产品，降低了成本，也给村民带来了更多的经济效益。值得一提的是，白川乡与日本著名汽车制造公司丰田联合在白川乡的静谧乡间建造了一所大自然体验学校。自2005年4月对外开放以来，该校成为与周边中小学对接的以自然环境教育为主题的教育研究基地，每年假期吸引许多游学的游客。学校一年四季都安排了特色丰富的观赏和体验内容，学习各种自然环境知识，体验城市少有的乡村乐趣。此外，其他来自世界各地的游客也可以来这所学校住宿、听课、体验、实习。①

（五）引进人才，汇智聚力助发展

要想更好地发展白川乡，不仅需要当地居民的共同配合，也需要外来人才的集体智慧。2014 年，白川乡组建了一支“振兴区域合作”队，队伍成员是从全国各大城市招聘来的各行各业的人士。队伍对成员的招聘要求相对简单，如年龄在 20~40 岁，生活在大城市，有驾照会开车，会简单电脑操作，会使用网络发送信息，对振兴区域的工作感兴趣等。他们在白川乡居住一年以上，以外来人的视角观察和体验生活，发挥自己的专业知识，为当地的发展献计献策。这些外来人才的引入，确实为当地的发展注入了一股活力。比如，他们利用社交媒体，将合掌屋出租给人们举办读书会或研修活动；举办野外电影节“CINEMA CARAVAN in 白川乡”，吸引外地游客；改造当地住房，开办具有特色的咖啡屋等。目前，白川乡还在各大城市举办“白川乡之夜”的讲座兼交流活动，目的是在宣传白川乡的同时，吸引大城市人才加入振兴区域合作队。这种不拘一格引进人才的举措，为当地的长足发展注入了一股新鲜的活力。②

① 顾小玲 . 农村生态建筑与自然环境的保护与利用——以日本岐阜县白川乡合掌村为例 [J]. 建筑与文化，2013（3）.

② 杨玲 . 世界遗产白川乡的保护与发展策略 [R]. 产业与科技论坛，2020（11）.

第三节　安徽宏村——以文塑旅，以旅彰文

安徽宏村风貌

图片来源：黄山市文化旅游厅官网。

一、宏村概况

宏村，古称弘村，是古徽州历史遗存的一个神奇村落，位于黄山西南麓，距黟县县城 11 公里，距黄山风景区 30 公里，是古黟桃花源里一座奇特的牛形水系古村落。整个村落占地 30 余公顷。

南宋绍兴年间，宏村人独运匠心开仿生学之先河，建造出堪称“中国一绝”的人工水系村落，以雷岗山为牛头，村口的两株古树为牛角，傍泉眼挖掘月沼为“牛胃”，南湖为“牛肚”，九曲十弯的水圳为“牛肠”，民居建筑为“牛身”，四座古桥为牛脚，称作“山为牛头树为角，桥为四蹄屋为身”，形状惟妙惟肖，同时经过村内多朝商儒贤达的精心修建，整个村落就像一头悠闲的水牛静卧在青山绿水之中。[①]

南宋时期随着商品经济的不断发展以及程朱理学的逐渐兴起，作为程朱理学发祥地的徽州经济也得到巨大发展，宏村始祖们因而开始从政、

① 资料来源：黟县人民政府官网。

从商，积累了大量财富。由于深受中国传统文化的影响，为了光宗耀祖，他们将赚来的其中一部分财富回馈家乡，纷纷返回家乡购置房屋、新建桥梁等。全村现保存完好的明清古民居有140余幢。其中，有用来兴学的南湖书院，传统儒学在这里代代相传；有用来居住的承志堂，富丽堂皇，雕刻精美，象征着主人的地位与财富；有私家园林——德义堂，布局精巧，水园结合，是徽派古典园林的代表之作。这些建筑都是各自领域中徽派建筑的巅峰之作。①

除了这些精美的徽派建筑，宏村美丽的自然风光也是一绝。位于黄山脚下的宏村，依水而建，河湖交错，气候适宜，自然风光优美，宏村优美的景色加上古朴精妙的古建筑群，使其成为一道亮丽的风景线，被誉为“中国画里的乡村”，令人流连忘返，沉醉其中。这也是宏村区别于其他民居建筑布局的极大特色，成为当今世界历史文化遗产一大奇迹。宏村是穿越历史时空、解密几百年徽商兴衰的必去之地。

二、保护与利用经验

（一）细化政策法规，严格保护标准

法律法规是制约人们行为的最好武器，是保障古村落不受破坏与合理开发的最直接有效的途径。事实表明，宣传普及并严格遵守《中华人民共和国文物保护法》《中华人民共和国非物质文化遗产法》《保护世界文化和自然遗产公约》等法律制度正是宏村保护开发取得显著成效的重要一环。另外，考虑到各地古村落的复杂状况和地理区位特点，当地政府根据国家相关法律规定，对古村落保护进行细化和补充。例如，安徽省结合本省实际情况，修订了《安徽省皖南古民居保护条例》，黄山市立足皖南文化遗产特点和实际需要，制定了《黄山市历史文化遗产地保护

① 汤菲.浅谈古镇宏村的规划和建筑[J].绿色科技，2013（12）.

管理办法》；黟县为加强代表性古村落的保护和管理，因地制宜地制定了《黟县西递、宏村世界文化遗产保护管理办法》，进一步突出了法规政策的针对性，增强了法规政策的可操作性。[①]这些地方性法规提供了清晰的法规依据和执行标准，进一步规范和约束了相关主体的行为，这对宏村保护开发具有较强的现实指导意义，避免了宏村地貌遗迹遭到损毁和破坏。

（二）拓宽经费来源，加大资金投入

宏村建于南宋绍熙年间，至今800余年，文物古迹、河道水系等古建筑均有不同程度的损毁，修缮维护需要大量资金。县镇基层政府经济基础较为薄弱，拨付的经费远不能满足实际需求。为此，当地基层政府立足自身条件，建立起一套多元的资金筹措机制，确保政府资金投入到位。尽管地方财政供给能力较弱，但是仍然将宏村保护开发经费纳入财政专项预算，并严格规定专项预算经费不得挪作他用。同时，在资金的安排使用上，政府做到了统筹兼顾，在把握总体平衡的基础上实行略有差异的政策，对那些具有较高价值和具有地标性的传统建筑给予适当倾斜。积极招商引资，鼓励民间资本运作。破除传统观念的束缚，鼓励公益捐助。例如，充分利用村落现有文化资源，鼓励社会团体建立民间艺术馆、乡村博物馆，深挖文化内涵，提升文化品质，并运用文化信贷、产业资金等方式进行资金补贴，鼓励民间资本参与；推行宏村经营权租赁，推动招商引资工作，与中坤集团签约，采取市场化运行方式进行融资，解决了宏村保护开发的资金短缺问题。不仅如此，政府也在积极争取省级专项资金和中央财政资金拨付，并争取税收、信贷等方面的金融优惠政策，通过利用税收、信贷等经济手段，进一步提高了社会资本的聚集力和引导力。

① 舒铭华．登高望远再出发：写在西递、宏村成功申报世界文化遗产20周年之际[N]. 黄山日报，2020-11-30.

（三）强化监督管理，维护良好秩序

尽管宏村实行企业租赁的开发经营模式，市场在资源配置中发挥着决定性作用，但是政府并没有当“甩手掌柜”，而是认真履行监督管理职能，重视宏村保护开发的过程控制。比如，规范景区商业摊点，冻结景区内特种行业经营许可证审批，促进景区外围审批区商业市场的稳定繁荣。根据宏村村落空间布局和人口承载量，进行适当的干预，确保村民外迁和外来人口有序迁移，使常住人口比例保持在可控范围。同时，做好游客承载量的监控管理，严格把控游客接待量。加强生态环境监管，冻结审批景区内新建项目，避免生态资源破坏。生活垃圾分类收集并进行集中处理，有效处理因旅游而产生的环境污染。完善环卫基础设施，全面提升废弃物的收集、转运、处置能力。建立环境综合治理巡查督导机制，就环境整治情况实行挂牌督办，并视情况予以黄牌警告、“一票否决”。

（四）解决争议纠纷，构建和谐氛围

就产权属性来看，宏村除了祠堂、庙宇、书院等少量古民居已经收归国有并由政府进行统一管理外，绝大部分古民居仍然属于私有财产，村民个体对这些古民居拥有完整产权。因此，对宏村进行整体性的改造维护、开发经营之前，首先需要对建筑群及附属文物进行全面普查和清理，弄清产权归属，解决产权争议问题。在此基础上，政府就经营开发的重大事宜召开村民大会，征询绝大多数的村民意愿和建议，以免因财产权侵犯而引起矛盾纠纷。但是，中坤集团取得经营权进驻宏村，村民不是热烈欢迎而是集体抵制。面对随时可能激化的矛盾纠纷，基层政府并没有回避、退缩，而是勇于担起责任，积极协调沟通。一方面，成立议事协调小组，畅通村民表达意愿的渠道，并主动与村民进行面对面的交流，以获悉村民的真实意愿；另一方面，及时与中坤集团派驻代表进行协商，推动问题解决。基层政府的积极作为，有效地化解了彼此的矛盾和争议，为保护开发营造了和谐友好氛围。

（五）整合区域资源，丰富旅游业态

安徽省以黄山为名，而宏村与黄山紧密相连。近年来，宏村借助黄山风景区的旅游品牌，突破区域界限，将发展置于黄山风景区整体规划之中，加强与黄山联合推广，打造了“黄山—宏村”旅游品牌效应。同时，在区域旅游产业发展的基础上，积极发展其他产业，形成高度集聚又具有鲜明徽派特征的文化产业集群，释放区域文化的经济优势，继而促进区域产业持续协调发展。目前，包括宏村在内的整个徽州古村落旅游已经形成包括文化娱乐、旅游产品开发、影视戏剧、文博产业等产业形态，如《宏村·阿菊》与《徽韵》等大型实景演出剧的开发，不仅延伸了宏村古村落旅游的产业链条，也宣传了古徽州文化。[①] 同时，旅游商品的加工制造也迅速崛起，如依托徽雕开发的旅游工艺品和旅游纪念品已遍布市场。

第四节　湖南张谷英村——规划引领，整体保护

张谷英村整体风貌

图片来源：岳阳市人民政府官网。

① 任艳敏.基于网络文本分析的实景演出游客体验感知研究：以《宏村·阿菊》为例[J].合肥师范学院学报，2021（7）.

一、张谷英村概况[①]

张谷英村位于湖南省岳阳市以东的渭洞笔架山下，地处岳阳、平江、汨罗三个县市交汇处，是我国目前保存最完整的、体现聚族而居的明清时期的江南民居古建筑群。张谷英村因建筑规模之大、建筑风格之奇、建筑艺术之美，被誉为我国湘楚民居的“活化石”“天下第一村”“岳阳楼外楼”。

相传明代江西人张谷英沿幕阜山脉西行至渭洞，见这里层山环绕，自然环境优美，经过细致勘测后，选择了这块宅地，便大兴土木，繁衍生息，张谷英村由此而得名。

张谷英村始建于明朝洪武年间（1368~1398 年），总体布局依地形呈“干技式”结构，主堂与横堂皆以天井为中心组成单元，各个单元自成庭院，各个庭院贯为一体。目前保留了 1700 多座明清建筑，内拥有 206 个天井、60 多条巷道、1732 间房屋。比较完整的门庭有“上新层”“当大门”“潘家冲”三栋，规格不等而又相连的每栋门庭都由过厅、会面堂层、祖宗堂屋、后厅“四进”及其与厢房、耳房等形成的三个天井组成。这样一座规模宏大的连片大屋和村落环境与自然山水和谐与共，形成一个天衣无缝的整体，在全国古聚落中具有其独特的存在和保护价值。

整个张谷英村的居民都是张谷英的后代，现在这个村居住着 600 多户 2000 多人，这种汉族同姓，单一家族的村落，经历了 600 多年，仍然保持这样纯粹，在我们国家是不多见的。张谷英大屋族规严格，礼义治家，乐善好施，闻名远近。张谷英家训是张谷英家族生存和发展的过程中，不断地扬弃和超越的民族内部处方，是逐渐提高和完善的一种民族内部文化，张谷英正是在这种独特的文化氛围中健康地生存、发展和延

① 资料来源：张谷英村官网。

续的。

2001 年，张谷英村被评为全国重点文物保护单位；2003 年，被确认为首批中国历史文化名村；2012 年，入选为首批中国传统村落保护名录。张谷英村因其原生态的人居空间、古朴厚重的历史文化以及独特的建筑风貌，每年吸引了大量旅游者，已成为湘北地区重要的旅游景点之一。

二、保护与利用经验

（一）规划先行，丰富旅游体验

过去，张谷英村由于核心竞争力不够，在全国旅游景点特别是传统村落类型的景区景点中，往往不会被游客认可为独立的旅游目的地。因此，政府通过规划管理不断提升张谷英的核心竞争力，从而推动该村成为一个旅游目的地，并带动周边景区景点的发展。通过传统村落旅游规划，张谷英村开发了一条现代化的商业街，以满足古村游客娱、游、购等多方面的需求。该商业街选址上远离了张谷英村老屋建筑群，从而避免了张谷英村老屋建筑受到大规模商业开发的破坏，也使传统村落原真性避免了过度商业化影响，从而较好地保留了其原真性。为了恢复以往的生态环境，张谷英村通过规划创新，沿张谷英溪流引入了休闲观光绿化带项目。同时，为了给游客更好的服务体验，还加大了对其他基础设施的建设更新，如增加公共场所的建设以及增加景区分类垃圾桶的投放，游客中心也得到了很好的改观。张谷英村旅游景点开发经历了最初的单一景点无序游览，到有组织的线路观光游览的过程。现在的线路有当大门—祖先堂—接官厅—八骏图—青云楼—龙形山—西头岸，沿百步三桥经纺绩堂—议事厅，沿伴溪走廊至绣楼—礼堂—王家塅—铁铺，途经龟蛇溪水—上新屋—民俗馆，新增了大量景点，形成了包围式旅游线路，使游客获得了更加多样化的深度体验机会。近年来，张谷英村还大力挖掘非物质文化遗产资源的旅游价值，将古村传统农耕文化、孝友传家的宗亲文化等非物质文化遗产，与古村独特的物质文化遗产以及田园风光结合起来，最大限度地拓展、延伸其旅游价值，在打造明清文化古村落品牌形象的同时，也将非物质文化遗产进行了活化。①

（二）注重保护，留住历史根脉

2001 年，岳阳县人民政府组建了专门的保护与建设管理机构——张谷英民俗文化建设指挥部，隶属岳阳县文化局。2006 年改编为“张谷英管理处”，隶属岳阳县人民政府。至此，张谷英村的保护工作逐渐步入正轨。

自 2004 年张谷英村管理机构组织编制第一部保护规划即《张谷英村古建筑群保护规划（2004—2020）》（以下简称《古建筑群保护规划》）起，到 2018 年 6 月，张谷英村管理机构共组织编制了 6 部保护规划和相关方案，5 期古民居群修缮方案。此外，从 2004 年开始，先后聘请中国文化遗产研究院、湖南大学、岳阳市文物管理处等多家专业从事文物保护研究的单位，对张谷英村所有文物建筑、历史建筑进行测绘，逐一登记造册，建立“四有”档案，设立标志。

因此，《古建筑群保护规划》作为张谷英村管理机构组织编制的第一部规划，通过对文物建筑的自然病害程度、自然病害稳定性和人为干预程度三方面进行综合评估，提出了对其进行分级分批保护的措施。该方案将古村 7 大文物片区的各个组成部分进行了详细的现状评估，据此提出了不同的保护分级。从 2007 年开始，相继完成了当大门中轴院落、接官厅及八骏图、王家塅头门屋、青云楼、纺绩堂、畔溪走廊及议事厅、西头岸、聚龙湾西、绣楼等文物建筑的修缮工作。这些修缮工程还获得了相关主管部门、社会组织和媒体机构的普遍好评。如张谷英村古建筑群“接官厅、八骏图、王家塅头门屋”修善工程荣获湖南省十年（2006—2015 年）优秀文物保护工程一等奖。

① 张雨朦 . 张谷英古村落文化遗产保护研究 [J]. 现代园艺，2014（10）.

（三）疏堵结合，强化环境整治

岳阳县人民政府出台《张谷英村古建筑群周边民居改造及环境整治方案》，全面普查张谷英村建成区内的一般建筑，从建筑年代、质量、高度、风貌协调程度等方面对建筑进行了分类评价，进而对古村建成区内的312栋一般建筑提出了保留（156栋）、整饬（64栋）、拆除（92栋）三种整治模式。为了进一步加强古村禁违、拆违、治违工作，2013年3月岳阳县人民政府办公室以该方案为基础制订了《岳阳县张谷英古建筑群保护和村民建房管理暂行办法》，并会同规划、文广新、国土等多个职能部门出台了《张谷英景区村民建房联审联批联席会议纪要》，进一步强化具体审批要求和违法建设处置措施，对古村村民建房实现规范化管理。①

自2010年以来，张谷英村除了在建设控制地带内增加了几栋新建建筑（集中在长沙塅西侧附近），在核心保护区内新增了必要的基础和公共服务设施以外，并没有进行其他的新建和扩建活动，管控效果良好。为了满足村内居民建房需求，自2002年以来，在毗邻的张谷英镇规划了3处居民集中建房安置点，全面配套水、电、路等基础设施，既满足了村民改善居住条件的内在需求，又从根本上解决了村民建房对村落整体风貌造成破坏的难题。

（四）完善配套，打造宜居家园

近年来，张谷英村进行了较为全面的基础设施配套完善和提质改造工作。自2012年以来先后启动水环境综合治理项目，有效解决了古村景观用水、居民用水、农业灌溉用水和消防用水的问题。完成排水管网的铺设，实现了雨污分流。启动旅游公路梅城线升级改造工程，有效破解了制约景区发展的交通瓶颈。按照“室内线套管、室外线地埋、强弱电分离”的要求，对核心保护区古建筑群进行了电路网线改造，还陆续进

① 何峰，毛一民，章纪缘，等．张谷英村保护规划实施概况及效益评价[J]．建筑遗产，2019（2）．

行了古村内道路改造、烟火塘整治、渭溪河清淤、室内室外消防水管铺设和消火栓安装等工程。同时，积极完善旅游服务设施，包括游客服务中心改建、陈列设备、展示标识等内容。引入社会资金在张谷英村域外围的西南部建设引景区，完成了生态停车场、引景区道路、仿古商业街、路灯、景区门禁系统、游客服务中心和售票中心等旅游服务配套设施的建设。

（五）宣传引导，提升保护意识

在十余年的保护历程中，古村管理机构通过组建张谷英村古民居建筑群保护小组，召开党员组长会和户主会，组织形式多样的宣传活动（如宣传栏、广播、横幅、标语、公开信等），举办文物知识、安全消防知识培训班，宣讲《中华人民共和国文物保护法》《历史文化名城名镇名村保护条例》等相关法律法规，对文物建筑、历史建筑进行分类挂牌保护等举措，大大提高了村民的保护意识和主人翁意识。

正是因为保护意识深入人心，村民一方面大力支持和配合物质文化遗产的保护工作，并自筹资金累计达380余万元进行民居和相关设施的整治工作，另一方面也积极投身到非物质文化遗产的传承和展示中。依托各种文化活动和传统节日，张谷英管理处定期组织村中民望高、有学识、懂技艺的老人举办传统民俗文化培训班，让古村传统民俗和民间工艺能世代相传。每到春节、清明节、中元节，张氏家族都要组织祭祖活动。每到传统节日或旅游旺季，古村艺人或老人在大屋、厅堂或天井旁展示皮影戏、纺纱织布、绣花、打铁、传统豆制品制作、竹制品加工制作等表演，既能让游客感受到传统村落的魅力，领略古村传统的民俗文化，又能丰富村民的文化活动，增强村民的自豪感和归属感。

第四章 漳州市历史文化名村分类与特色

第一节　漳州历史文化名村概况

漳州系历史文化名城，早于一万年前就有先民在这片沃土上繁衍生息。秦始皇二十五年（公元前 222 年），列入秦中央版图，属闽中郡。汉代，以梁山（今地名）为界，分属南越、闽越，延至隋开皇十二年（公元 592 年）归于一统。唐垂拱二年（公元 686 年），陈元光将军请建漳州获准，始设漳州州治，后又改称漳州郡、漳州府等，迄今已有一千三百余年历史。

漳州文化底蕴深厚，民俗风情多姿，历代名人辈出。明代《东西洋考》作者陆燮、清初“闽海才子”黄道周，近现代文化名人、大师许地山、杨骚、林语堂等饮誉海内外。布袋木偶戏、芗剧等民间艺术丰富多彩。此外，书画、剪纸、灯谜艺术也有广泛的群众基础和精深造诣。

经过多年的努力，至 2019 年漳州已经建立健全了全类型的历史文化保护体系，包括世界文化遗产（1 处）、历史文化名城（1 个）、文化生态保护区（1 个）、历史文化名镇（4 个）、历史文化名村（22 个）、传统村落（81 个）、历史文化街区（5 处）、文物保护单位（1214 处）、非物质文化遗产项目（175 项）等多种类型。其中，国家级历史文化名村有 6 处，省级历史文化名村有 16 处（见表 4–1）。历史文化名村的空间分布状态总体呈现分散分布状态，整体以分散为主，局部集中于西北部山地与西南部地带。这些历史文化名村孕育了漳州独特的民风民俗、地方文化，是“漳州乡愁”的重要组成部分。

表 4–1　漳州历史文化名村名录

序号	保护名录	批次	名称
1	中国历史文化名村（6 个）	2003 年第一批	南靖县书洋镇田螺坑村
		2014 年第六批	龙海区东园镇埭尾村
			平和县霞寨镇钟腾村
		2019 年第七批	南靖县书洋镇石桥村
			南靖县书洋镇塔下村
			南靖县书洋镇河坑村
2	省级历史文化名村（16 个）	2007 年第三批	龙文区蓝田镇湘桥村
		2012 年第四批	华安县马坑乡和春村
			诏安县西潭乡山河村
		2016 年第五批	龙海区港尾镇城内社（村）
			漳浦县佛昙镇轧内村
			平和县秀峰乡福塘村
			南靖县奎洋镇上洋村
			长泰区岩溪镇珪后村
			长泰区枋洋镇林溪村
			诏安桥东西沈—西浒村
			诏安县金星乡湖内村
			云霄县火田镇西林村
			云霄县火田镇菜埔村
			云霄县莆美镇阳下村
		2019 年第六批	云霄县和平乡莆顶村
			诏安县深桥镇仕江村

资料来源：漳州市国家历史文化名城保护中心。

一、南靖县书洋镇田螺坑村[①]

田螺坑土楼群

图片来源：福建土楼（南靖）旅游区官网。

田螺坑隶属于书洋镇上坂行政村，距南靖县城60公里，村落东、北、西3面环有大狐崇山和大科崇山山脉，南面为大片梯田。村落由1座方楼（步云楼）、3座圆楼（和昌楼、振昌楼、瑞云楼）和1座椭圆形楼（文昌楼）组成，方楼步云楼居中其余4座环绕周围，依山势错落布局。虽然由于社会的发展多少改变了乡村的传统面貌，但是田螺坑土楼群的基本格局依然清晰。

元朝末年，田螺坑村落的黄氏祖先黄希贵带着儿子百三郎，从福建永定县奥杳出发，翻山越岭，选择迁居宝地。他们经过湖洋坑、下坂村、李屋、上坂寮，到了田螺坑。当时的田螺坑已有陈姓、江姓、杨姓、何姓人家居住，黄希贵看到他们和睦相处，辛勤耕耘，是人居好环境，决定在此定居。黄希贵及儿子百三郎即着手先搭盖草棚安居，靠养母鸭度生。黄氏

① 资料来源：《中国历史文化名村漳州市南靖县田螺坑村保护规划（2020—2035）》.

祖先在田螺坑生产生活过程中，认为田螺坑四周群山环抱，藏风聚气，一年四季日照时间长，是建阳宅的好地方。从地理位置上看，田螺坑地理位置处在八卦方位上的乾、坎、艮为三吉方。在上、中、下三元运势中，乾、艮行吉运时间最长。田螺坑为艮方，三吉方之一，所以现有所建楼宇的厅堂均为艮位，坐艮为其一大特点。又田螺坑，右水倒左，水出丁未口、辰、戍未为四大墓库，未为甲木和癸水之墓库、天作之合，自然形成安居的好地方。明洪武初年，田螺坑黄氏始祖百三郎，经风水先生指点，在百三郎搭建草棚住地的地方是一个宝地，同时为其宅基定分金坐向、牵线，打桩定楼形。修建一座高三层，单层 20 开间的方形土楼——和昌楼。和昌楼建成后，又在其下方田野上建一座宗祠——江夏堂，以示对黄氏先辈的怀念。黄氏传至十二世后相继兴建步云楼等土楼，直到 1996 年还在兴建文昌楼、建楼时间跨越 600 多年。黄氏家族的迅速发展，使其他外姓氏人家搬迁外移，目前田螺坑已统一黄氏家族。

田螺坑土楼群主体由方形的步云楼和圆形的振昌楼、瑞云楼、和昌楼以及椭圆形的文昌楼和其他夯土建筑组成。村落中，五座土楼依山势起伏、高低错落，疏密有致，居高俯瞰，像一朵朵盛开的梅花点缀在大地上，又像是飞碟从天而降；仰视田螺坑土楼群村落，像西藏的布达拉宫，构成人与自然环境和谐共存的美景。

五座土楼里中间的方形楼叫“步云楼”，也是田螺坑最早的土楼，始建于清嘉庆元年（1796 年），楼门坐东朝西南，楼基础材料用片石垒砌，楼内为砖木结构。楼外径 28 米，内径 11.4 米，楼高 3 层 11.4 米，逐层墙厚。楼内设有四部楼梯，分别设在四个角落，楼顶层有 4 个射击口。偌大一座楼只有一个大门出入，底层除了四角的房间开一个窗，其余的都不开窗。坚固的大门一关，土楼便成为坚不可摧的堡垒。为防火攻，门上设有漏水漏沙装置。如今，土楼早已不再是堡垒，但那些完备而精致的防御设施，仍使人拍案惊奇。进入大门就能发现楼内前低后高，建造者因地制宜，顺着地势高低将厅堂修建成阶梯状，从门厅到后厅共有三级台阶。拾级而上，既让人充分体会“步步高升”的快感，又寄托了“平步青云”的美好愿望。这幢楼内没有水井，因为地势太高，水井设在楼外，并且在井周围砌了一条水沟，供排水用。

右上方的圆形楼叫“和昌楼”，取意“和气昌盛”。据黄氏族人、退休教师黄庭芳先生考证，该楼最早应建于元末明初（1354~1368 年），为方形楼。1936 年 8 月与步云楼同时被土匪烧毁，1953 年在原址上重新修建时改为圆楼。楼门坐东北朝西南，楼基础材料用片石垒砌，楼内砖木结构，内院用鹅卵石铺地。

左上方的圆形楼叫“振昌楼”，取意“奋发昌盛”，始建于 1930 年。楼门坐东北朝西南，这座楼有个特点就是中厅与大门厅不对称，与大门不在同一直线上，而是偏于左侧。据说这是采纳“富不露白”的风水观念。

右下方的圆形楼叫“瑞云楼”，始建于 1936 年。瑞云寓指牡丹，有吉祥富贵之意。此楼坐落在五座楼的内隅，有藏风聚气之功，体现了含蓄吉顺的朴素观念。楼内坐东北朝西南，楼基础材料用片石垒砌，楼内砖木结构，内院用鹅卵石铺地。右下方的叫“文昌楼”，取意“文运昌盛”，是南靖土楼王国中唯一一座椭圆形民居。它始建于 1966 年，因建楼受地形限制，因地制宜建成椭圆形。

每年的正月十五、清明节、端午节、七月半、九月节、除夕，各家各户都要到江厦堂祭拜。2008 年申遗成功，黄氏族人在江夏堂祭拜祖先，场面蔚为壮观。田螺坑有一个提线木偶剧团，团员八、九人，均为当地村民，常年在书洋、梅林二镇村社各角落演出。客家山歌传承人为黄庭芳、王金才、黄金周。在田螺坑村落中，很多人都会唱客家山歌，农闲时节，村民们拉二胡、弹月琴、唱山歌自娱自乐，为静寂的山村增添几许生趣。

村落内现仍有较多村民居住，近年由于旅游产业的结合发展，利用民俗活动、展览、观摩、培训、专业型研讨等形式，通过大众传媒和互联网的宣传，加深了公众对田螺坑土楼的理解和认识，提高了田螺坑村落知名度，每年到村中旅游的游客也日渐增加，使原来由于人口流向城市的村落渐渐的人口回流，越来越多的年轻人返乡创业。由于政府的扶持，村内的土楼得到了维护修缮，土楼内仍保留村民的居住环境，部分与商业结合，不仅产业特色突出，而且维持了原住民的生活。

二、龙海区东园镇埭尾村

埭尾古厝群

图片来源：龙海区文体旅局提供。

埭美古村落位于福建省漳州市九龙江的入海口与支流南溪交界的三角洲上，是闽南最大、保存最完整的古代民居建筑群，是“闽系红砖”的代表之一。这是一个有着560多年历史的神秘古村落，全村四面环水，古榕遍村，古厝成群。虽然沈海高速公路漳州港出口处距此仅有两公里，但这里好似一处被世人遗忘的桃源。

步入村落，但见红砖铺成的村道早已凹凸不平，与很多旅游区的平整路面相比，显然这是古代的“原装”路，当地百姓为了保留历史痕迹不舍得破坏重修。古村落和其他乡村的零乱建筑不同，260多座屋子井然有序，纵向之间相隔 1 米多，横列间总有 10 来米宽的砖埕，四四方方的砖铺得红红艳艳、平平整整，令人叫绝。

古厝群傍水而建，呈轴对称排列，40 多座明清时代的古厝群整齐划一，保留完整，边门对着边门，中间仅隔一米多宽，当所有边门都打开时，一条由村头连到村尾的快捷通道就形成了。当地的老人说，遇到下雨天，不带雨伞跑遍全村也不会被雨淋湿，走的就是这条捷径。

据村民介绍，这里整村姓陈，是朱熹在漳州最重要的门人陈北溪的后代。陈家遗训规定，“哪家致富建房均由族里统一规划”。随着岁月的沧桑演变，古厝群依然屹立不倒，保存完整，这是闽南建筑史上的奇迹。如今，跟随着新农村建设的步伐，衍生了新村区，不过，村民们严守先人禁改建筑格局的陈家遗训，所建的新房子还是整齐划一，古老的 40 多座明清时代的古厝一律向北，现代的 200 多座 20 世纪 60 年代新厝一律向南。其规划之整齐，令人叹为观止。房子格局大小一模一样，初来乍到者根本就分不清哪家哪户，犹如走进了迷宫。

村里的一棵三百多年树龄的“跨河古榕”，由于整棵树跨越了河两岸，发大水的时候此榕树可起桥梁作用，所以当地百姓都称之为“功劳古榕”。

明朝抗倭那年，榕树还取代了炮楼的作用，村民们在树上搭棚放哨，监视倭寇的行踪，一有情况，就在树上打锣吹号，通知村民们做好抵抗的准备。至今，在埭美村还流传着这样一首闽南语歌谣：团仔人，上树丛；看见倭卢大声喊；男女老少都来拼，倭卢想定无生命。

埭美社有两座祠堂，前祠堂保存较为完整，其中祠堂大埕的四根旗杆，是埭美社人才辈出的史记；祠堂前还有一口池塘形似圆镜，故称“镜河”，是一个风水宝穴，祠堂正面对着“大鹿山”，此山形似“利剑”，镜河用来反射此剑发出的杀气，更奇特的是，每当干旱的时候，镜河河水从不会出现干涸。

后祠堂建于明朝时期，这也是一块风水宝地。据说此房得了个“蜘蛛穴”，夏天的时候，整座房子没有半只蚊子。夏天是蚊虫季节，晚上，这里的男性村民都到此“无蚊区”睡个安稳觉，而且还井然有序。祠堂有副对联云：鹿山献瑞勤读鱼可跃龙门，芝草呈祥乐耕民仍耀祖德。既勉励子孙勤读博取功名，同时也告诫后代安于本分，衷情田园也是光彩的事情。因此，村民们相互呵护，和谐相处，至今民风淳朴，人才辈出。

后祠堂左边有一张竹椅上面摆着一间木建小庙，里面供奉的是“观音大士”，这里面藏着一段神奇的故事。从前，天庭派“观音大士”下凡到青美（现在浮宫镇）保社佑民，“观音大士”听错了，将埭美当成了青美，到埭美时，被这个美丽的村庄吸引住了。故在天庭纠错时，向天庭请了命，要求一年镇守埭美，一年镇守青美，村里的“三朝清醮”就是由此而来。“三朝清醮”是埭美社最为热闹的一个民俗节日，每当节日来临之际，全村张灯结彩，炮竹连天，每家每户都杀猪宰羊来祭拜“观音大士”。

埭美社主庙为“天后宫”，是清朝初期李府将军出巡到埭美社，倡议重修的一间古庙，庙宇历史悠久。“天后宫”后面侧房内躺着一块被当作洗衣石而被磨光的石头，在放大镜的帮助下，一段沉没已久的历史浮出了水面。天后宫原来建在埭美村东面，坐北向南，崇祀多年，当地百姓不敢随意改造。后来幸逢李将军巡视，天后宫“天后”显灵，托梦李将军传话：“原来的建筑不合适，需要改造。”百姓们欢欣鼓舞，当即捐款捐物，重建“天后宫”……秀才陈天球听从大家的建议，把改建“天后宫”的事件及70多名捐款者记载于此碑石上。①

村前有“两道水”，一条是环绕村庄的内河，另一条是通往外界的南溪港。内河使埭尾成为名副其实的“闽南周庄”，整条河从上往下看，活似一条长龙紧紧围住了村庄，其中有一处似“万丁”的河段，村民们会意为“旺丁生财，生生不息”。南溪港则与厦门、台湾一水相连，曾经是繁荣一

① 闽南第一村 埭美古厝群 [EB/OL].[2012-11-2].http://www.2898100.com/defo_show.asp?classid=33&infoid=314&topid=0.

时的闽南重要古港，埭尾村人利用自家门前水路的方便向厦门、台湾运输农产品、杂货进行商品贸易，族群中还有一个分支因此定居台湾。

“两道水”的河面不宽，只有30多米，但是，河面上仅有的一叶月牙似的小木船却令人着迷。小木船船身窄，船舷低，随手可拍击河面的水，给乘船的人增添了一份情趣，就如陆游诗中描述的“轻舟八尺，低篷三扇，占断苹州烟雨”。一个“轻”字和一个“低”字，恰当不过地道出了小木船的特点。小木船的船头没有柴油发动机，也没有方向盘，行驶完全是靠原始的双桨和人工操控。片桨有节奏地拍击着河水，四周的水草时隐时现，江风习习地拂面而过，白鹭不时在水面上盘旋、逗留，宛如人间仙境一般。[①]

三、平和县霞寨镇钟腾村

榜眼府

图片来源：平和县文体旅局官网。

① 陈忠杰．闽南第一村：埭美古村落民主[J]. 民主，2012（12）.

钟腾村位于和平县霞寨镇西部，属革命红色老区重点村，由两部分组成，中间被西安村阻隔；东接小溪镇，西连崎岭乡，南与国强乡毗邻，北接芦溪镇、山格镇，省道309由南至北贯穿钟腾村，距县城24公里，镇政府6公里。

钟腾村原为土楼村落，全村村民集中居住在土楼，所以村落古建筑主要是土楼和相关设施如井塘沟涵，土楼之外为数量有限的坛庙、祠堂、私塾、合院民居。中华人民共和国成立后由于人口激增，特别是1966年后平和铜矿建设，涌入1000多人，相当于多了个钟腾村，这促成衍生式土楼民居即一字土楼大量出现，散落楼外山腰，成为土楼村落的特殊建筑景观。

村中包含着众多的文物古迹和历史环境要素，其中省级文物保护单位有1处，为铜陵黄氏宗祠，市县级文物保护单位4处，朝阳楼、余庆楼、古铜崆、卢氏黄妈墓，另外还拥有36处的历史建筑，钟腾村遗存的历史环境要素众多，现存4口古井、绊月祠2个、石桥1处、3棵珍稀古树以及一片风水林。

钟腾村因清代武榜眼府第而闻名遐迩。清乾隆年间，这里走出漳州唯一一位武榜眼——黄国梁。他25岁参加朝廷殿试，荣获一甲二名，以大刀绝技“魁星踢斗”惊服天下，被乾隆皇帝钦点为“榜眼及第”，授封“一品御前带刀侍卫郎”，任职终身。为表彰他的功劳，乾隆皇帝赐白银超万两，于庚戌年（1790年）在其故里平和县钟腾村（原名铜陵村）朝阳楼对面建造武榜眼府第。榜眼府依山而建，坐东朝西，以砖木结构为主，总面积达十余亩之多，雄伟壮观。院墙之内，左右主次有致，前后逐落递高，飞檐翘角，装饰华丽，格局完整，气势恢宏。

榜眼府旁矗立着三座土楼朝阳楼、余庆楼、永平楼，它们不仅是古代建筑艺术的瑰宝，也是黄国梁族亲世代居住的地方。朝阳楼前竖立着的四座石旗杆，外大门上方嵌着一块署名奠邦题的“世大夫第”石匾，彰显着黄国梁考中榜眼和举人的荣耀。余庆楼同为乾隆皇帝为表彰黄国梁功劳赐建，工程浩大。永平楼是三座土楼中年代最久的，初建于宋代，当时人们在这里开采铜矿，冶炼铜金，因此，又被称为“铜场堡”。

在榜眼府第和三座土楼之间，一条古老的河流“博济桥”穿流而过，河边榜眼府左前侧有一棵层层拔高又笔直繁茂的木笔树分外夺人眼球，在当地十分罕见，每年春天成千朵木笔花绽放，灿烂繁荣，相传这是当年武榜眼黄国梁荣归故里时，千里迢迢从北京带回的树苗繁育留下的唯一一棵。

钟腾村在中华人民共和国成立前一直沿用的名字是“铜陵村”，因古时盛产铜矿而得名。中华人民共和国成立后由铜陵村改名为“钟腾村”，则是因为一位名叫钟骞的革命烈士。

钟骞是广东潮安人，1934 年在中山大学上学时，受到革命思潮影响并从此投身于民族事业，先后任中共潮安县工委宣传部长、潮汕中心县委宣传部长、闽西南特委秘书长兼《前驱报》社长、闽南特委副书记。1944 年 5 月 31 日，钟骞为革命积劳成疾，病逝于当时的霞寨镇铜陵村，翌年被中共闽粤边临委追认为模范共产党员，1946 年 6 月闽南特委将王涛支队第四大队命名为“钟骞支队”。中华人民共和国成立后，中共平和县委追认钟骞为革命烈士。为了纪念这位来自异乡却将热血和生命永远留于此的革命者，霞寨镇铜陵村决定用他的名字重新命名（为什么改为“钟腾村”而不是“钟骞村”，应该是普通话、潮州话、闽南话之间发音差异所致）。

近年来，钟腾村充分利用文化底蕴优势，调动旅游资源，以创建“平和县国家级现代蜜柚产业园”为抓手，着力发展“现代农业 + 乡村旅游”新业态，将村集体蜜柚园规划建成“柚见榜眼观光园”，成立平和钟腾旅游开发有限公司，在文创产品多样性、农产品售卖、蜜柚造型、手工蜜饯等方面下功夫，建设吃、住等配套设施，对接“全国最美茶园”

高峰生态谷旅游资源，逐渐提升村集体自身造血功能，通过建设美丽乡村、发展乡村旅游、借助产业扶贫精准打赢脱贫攻坚战。①

四、南靖县书洋镇石桥村

石桥村航拍图（吴成航　摄）

南靖县书洋镇石桥村面积 3 平方公里，距书洋镇 14 公里，村落处在

① 中共平和县委党史和地方志研究室 . 平和县志 [M]. 北京：方志出版社，2020.

一个清流如带，绿树如烟，山环水绕的谷地里。全村有63座不同形式的土楼。有全县最古老的方土楼“永安楼”；有吸引中外许多专家学者来考察的斜面土楼“长源楼”；有全县最大的圆土楼“顺裕楼”，楼有四层288间，天井直径59米。

石桥村是一个很古老的村落，整个村落处在一个清流如带，绿树如烟，山环水绕的谷地里。全村现有土楼17座，静静的三团溪从南向北而来，打了个“S”形大弯，从谷地穿村而过，两侧土楼临水鳞落，构成一幅美丽的乡村景象。石桥四周山连山、峰连峰，气候多暑少寒，有霜无雪。山上竹木茂盛，有山可樵，有地可耕，山环水绕，是一处桃花源式的聚居地。

传说一千多年前，石桥村的溪流由东往西，中游有一块天然石桥跨越溪流，成了人们过往的桥。桥下深潭有一大石头，底下有洞穴，洞里有条大泥鳅。因受日月精华，历经千年修炼成精，时而化成美女引诱青年，时而兴风作浪将人翻入深潭，每年失踪村民无数。人们为了祈求平安，每年六月初一到河边摆上三牲酒礼祭祀，但都无济于事。后来龙王得悉此事，便上天启奏，玉皇大帝大怒，勒令雷神下凡除妖。某天天未亮，突然狂风大作，电闪雷鸣，雷神借着闪电的光芒，将水怪黄鳅精击毙，天然石桥也同时被击断，第二天被打死的黄鳅精随水流去。事后人们发现，在石桥下溪中岩石上携刻着三个红色大字“大吉利”。此后这一带人民得以安居乐业，并称这一风水宝地为“石桥”。

石桥村有方楼、长方楼和圆楼。最初建造的是小形方楼——昌楼，从现存基址看仅有10米左右见方。到张氏第四世祖以后，家族人口增多，便建起大型方楼“永安楼”“长蓝搂”“昭德搂”“耀南楼”“德源楼”等近十座。有人说方楼是取自北方四合院的形式，是四合院的变形。但它比起北方四合院来，平面形制要简单得多，即沿四方形围墙向内建房，中间留出院落，房间均朝向院落，二层以上做成敞开的木回廊。方楼有四层的，也有三层的和一半四层一半三层的，通常两个楼梯。一层的大门与大门相对的厅房各占一间，是整个住宅的公共用房。厅房内供张氏祖先的牌位，为住宅的祖堂。

石桥村张氏家族发展的200多年间，建的多是方楼和长方楼。清末太平天国农民战争爆发，此时石桥村张氏青壮年多在外贩运做买卖，村中人无力抵抗，只得携家带口逃进山里躲避。战乱过后人们虽然不断“复耕俭用”，修复家园，但经济力量匮乏，直到1927年当村中的居住状况实在无法持续时，才在村民张启根的倡议下，建造起高大的、防御性很强的可居住众多人口的圆楼。

顺裕楼是南靖县境内最大的一座圆形土楼，该楼坐北朝南，其平面为内外两环的土楼，外环外径达74米，外环底层外墙用大块蛮石砌成1米多高的墙裙，上部用夯土筑墙，厚1.53米。该楼开一正门二边门，大门石构，门枕石简洁石雕。楼内为穿斗式架构，梁架简洁，基本不施雕刻，该楼分上下四层，每层设四个楼梯，该楼为通廊式做法，三四层走马廊外做小披檐。该楼一层为厨房、餐厅兼客厅，二层为粮仓，三四层做卧室。内环和外环相距4米，二层，只建成四分之一，内环采用临时楼梯上下。

石桥村作为国家级历史文化名村，其独特的文化内涵令人陶醉、神游。每一座土楼都在楼门上方镶嵌一个吉祥如意的楼名，如文兴、永庆、德源、兆德、向月、向日等，以此表示楼主的向往与追求，而且每座土楼都有一副对仗工整的楹联，如顺裕楼的大门联：“顺时纳祜，裕后光前”，步云斋的大门联：“步武安详循序进，云龙变化任高飞”。这些藏头嵌字联，体现了耕读为本、忠孝仁义的传统思想，构成了张氏家族传统祖训的核心，对后人起着灌输、训诫、敬策的作用。

五、南靖县书洋镇塔下村

鸟瞰塔下　简永胜 / 摄

塔下村位于南靖县书洋镇西部，是漳州著名的侨乡，也被誉为“闽南周庄”。这个村的历史悠久，建于 1426 年，现有 300 多户人家，塔下村有五十多座方、圆土楼和三十多幢小巧别致的青砖小楼错落有致地散布在狭长的山谷中，一条小河流过村庄，十座石桥横跨小河。曾有不少慕名来的考察家、学者兴奋的称塔下村为“世外桃源”。土楼沿河而建，并非常均匀地分布在两岸，土楼形态丰富，有常见的方形、圆形土楼，还有围裙形、曲尺形土楼，最独特的是还有浙杭水乡模式单院式土木、砖木结构的吊角楼，形成大楼带小楼、高低错落布局的奇妙景观。

塔下村是一个中国典型客家村落。这里两座自南而北的蜿蜒大山，如巨臂揽住一道生机勃勃的峡谷，山中古木参天，碧绿如黛；竹林茂密，翠接云天；林阴深处，青气浮浮；淡淡霭雾，划出几道弧线，托出村落恍若蜃楼的起伏檐角。一道弯弯曲曲的山溪从峡谷中穿过，溪水快快活活地流淌，水色清明澄碧。塔下村的民居布局体现了典型的血缘聚落的特色。村落主要是张氏的聚居地，作为国家级历史文化名村，其独特的文化内涵令人陶醉、神游。在那里，每一座土楼民居都以祖堂为核心，楼楼有厅堂，以主厅为中心组织院落，以院落为中心进行群体组合，从而体现传统的敬祖睦宗、团结互助的美德。在张氏的聚居地当中，这种布局是传统聚落的典型布局方式，是血缘宗族观念的物化体现。

塔下村的历史可以追溯到元末明初，其实塔下并无塔，只是张氏子孙为了纪念开基祖华太婆从原住地马头背踏下山来到此地，在客家话里，“踏下”与“塔下”谐音，所以就有了后来的这个名字。元末明初年间，张氏入闽始祖张化孙派下九代孙小一郎偕妣华一娘由永定金沙蕉坑迁广东大埔，又迁至紧邻永定的马头背张屋坪。后移居平和小溪打铁，生二子，小一郎和长子留居小溪，华一娘携次子光绍迁回张屋坪，明代宣德元年（1426 年）肇基塔下，当时这里还是一片荒谷，满山荆棘，他们辛勤劳作，经历代子孙的耕耘，逐步奠下基业。随着家族的兴旺，人口的增长，原来居住的土茅屋已不适应聚居需要，特别是闽西南一带山高林密，盗匪猛兽时有出没，民系之间和村落之间的争斗也时有发生，于是，张氏族人沿着沟谷两旁，建造了一座座集居住、防御等功能于一体的围合型土楼建筑。

明宣德元年，张氏先民到此开基后，沿沟谷两岸陆续建造了 42 座方圆土楼，这些土楼沿山溪呈长蛇形排布，整个村庄高大雄浑，气势恢宏。清朝末期，受地理环境之限，村人又在沿溪两岸的空地上，建起了一座座单院式土木结构的吊角楼，形成大楼带小楼、高低错落布局的山村“小桥流水人家”的奇妙景观。建于明朝后期的殿堂式“张氏家庙”——德远堂占地 6 亩，有二进五间，建筑面积 4000 平方米左右。殿内雕龙画凤，装饰典雅。宗祠前有半圆形池塘，塘边分别竖立着 23 根高达 10 米的石龙旗，也称石旗杆，最具文物价值。据考证，是目前全国保存最多、最完好的一处石龙旗杆群。杆柱浮雕蟠龙，腾云驾雾，势欲腾飞。旗杆分基础和主体笔身两部分，其座有方形、六角形和八角形，主体笔身又分下、中、上三段，下中段之间用方石盘榫接，上段用圆盘石衔接。文官的石龙旗杆顶端饰物多雕毛笔锋，武官则镌坐狮，给人以静穆、严肃、荣耀的感觉。

塔下村依山而建，村民大多依山而居，自古以来过着男耕女织的生活，其建筑风格延承着客家人的生活习惯，是目前保存较好的客家风情的古民居，是一座客家历史生活的风格馆。塔下村民风淳朴、文化底蕴深厚，留下了许多非物质文化遗产，包括宗祠文化、尚学文化、土楼文化、民间习俗等，代代传承，沿袭至今。

祖先崇拜，亦即对自己祖先的敬仰、崇拜和祭祀，这是中国人信仰中最重要的内容和形式。客家人在一次次中原动乱灾荒、筚路蓝缕、历尽艰辛的南迁中更形成了“信神不如敬祖”的理念，其溯本追源、崇宗敬祖、敬宗收族的观念显得尤其突出。

塔下客家先民，自古就有敬教重才的优良传统。他们在楼内置办私塾学堂，培养子弟。从九世开始就创书租儒租，凡取得秀才以上学历者，可获得数十担儒租田，中举、中进士或取得一定官职的乡贤，可在祠堂前树石龙旗杆，那一支支石龙旗杆，成为塔下张氏族人笃重文明教化传统文化思想的象征。

六、南靖县书洋镇河坑村[1]

河坑土楼群

图片来源：南靖县融媒体中心。

河坑自然村位于南靖县西部的书洋镇曲江村，距南靖县城 58 公里。明嘉靖年间（1549 年），张氏到此开基。

河坑村土楼聚落由 13 座不同年代、不同造型的土楼组成。方形和圆形的大型土楼错落有致地分布在不足一平方公里的山谷之间，是土楼最集中的群体，三面青山围合，周边田园环抱，一条小溪在土楼群中缓缓穿流，透出一股自然和谐的灵气。人工融于自然，不仅创造了理想的人居环境，也给人美景天成的感觉，河坑土楼群是民居建筑与自然环境完美、有机结合的杰出典范。

看过热播的综艺节目《爸爸去哪儿》的，都知道第三季中的第三站，便是在河坑拍摄的。据说湖南卫视在拍摄地点选择上，有一连串非常苛刻

① 参见 https://gs.ctrip.com/html5/you/travels/120001/3049360.html。

的条件，比如要有中国文化元素、所选择的地点是原生态的、不能有商业开发、拍摄点不能有游客来打扰等。据说当初摄制组绕着福建转了一圈，最后才确定在河坑架机拍摄。自然，河坑也确实符合摄制组的要求。

那么，河坑土楼群到底有何等的魅力，才吸引了剧组的目光。大概是因为河坑村这块地方，平地面积较多，因而适合百姓居住。在河坑村方圆一平方公里的山谷平地上，共分布了大小 13 座风格迥异的土楼，其中有 6 座方形土楼、6 座圆形土楼、1 座五角形土楼。按每座土楼能居住一百多号人计算，当初的河坑，生活着的原著居民约有 1500 余人。可见鼎盛时期的河坑村，人丁兴旺，是个丰衣足食的地方。

河坑土楼的第一座“朝水楼”，始建于明朝的嘉靖年间，而最后一座土楼“永庆楼”，则建于 20 世纪的六七十年代。13 座土楼跨越近半个世纪，才得以全部收尾。也许是天造地设，也许是河坑村的居民有着超人类的思维，整个河坑土楼群建成后，在山谷里严格按“北斗七星”的阵列排开。如果从河坑村对面的“狮子山”观景台眺望河坑土楼群，俨然就是天上的北斗七星，整齐地在地面撒开来一样。这样壮观又极具天象的土楼建筑群，在整个福建，也只有在河坑村能看到。

福建的土楼，以客家人居多，但在河坑却是个列外。河坑的始祖姓张，整个河坑村就是一个庞大的张氏家族。据说张氏的祖先从广东迁来，在河坑盖完第一座土楼后，发现不够住了，便接着盖第二座、第三座土楼，直到盖完今天人们能见到的完整的 13 座土楼，工程之巨大、时间之漫长，也只有在河坑村能见识到。

河坑土楼的建筑，之所以分圆形和方形，大概取之于古代“天圆地方”汉文化理念。土楼一旦建成，便是整个家族的居住地。大多数土楼均只有一个大门供出入，厚重的木门都有一个重重的门栓，估计需要两个汉子才能抬起。这也是因为从前山区常有盗匪出没，所以建造土楼，垒筑高大土墙，以防不测。

一般一座土楼要花两三年的时间才能完工，较大土楼甚至要积数十年、几代工匠的辛劳付出。早先建造土楼的材料为山里的泥土、竹木材、石块等，先建外墙，用泥土筑起墙体。通常墙体是下粗上窄，大型土楼的墙体直径都要在 1.5 米左右。墙体完工后，再用木料沿内墙搭建居室。

河坑的土楼基本都有三层，从一层到三层，每间房屋的建筑面积均等，居住者占有的房屋面积大小均等。早先的土楼外墙不开窗户，只有朝内才有窗户，并且土楼的房屋使用都有讲究，一楼用来摆放柴火，做厨房；二楼是仓储，屯放粮食和武器，三楼才是起居卧室。每个土楼的院子里都打有水井，完全能在封闭的状态下自给自足。这样即使有外敌来攻打土楼，居民只要紧闭大门，跟外敌耗上个数月也没有后顾之忧。

河坑的土楼不仅在建筑风格有鲜明特色，而且大多数土楼的命名也寓意隽永、意味深长，如朝水楼、阳照楼、永盛楼、绳庆楼、永荣楼、永贵楼等，真不知道，当初张氏的后人是请来了怎样的文人墨客，为这些土楼命名的。

河坑地处山区，民风淳朴，崇尚礼仪，素有敬祖睦宗、尊老爱幼的优良传统。时至今日，河坑土楼人家的岁时节庆、婚丧祭祀等礼仪仍保留着中原古代风俗的特色，维系着土楼人的思想文化和精神生活。比如河坑的婚姻礼仪繁多，先是订盟，而后纳彩，然后才是迎娶。河坑土楼人家最热闹的时节是正月十五闹花灯。闹花灯都在祖祠进行，由宗祠理事会牵头，新婚新丁人家共同承办闹花灯活动。

河坑每座土楼都设有祖堂，旧时的土楼人会把列祖列宗的大幅遗像悬挂在祖堂墙上供奉。农历每月初一、十五，老人、妇女都会去烧香祭拜，以示对列祖列宗的怀念、敬重。平时村民如果办喜事，如生日、升学、订婚、满月、周岁、出嫁、中举、发财、迁居等，都得严格遵照礼仪，先拜祭祖宗，然后才可以开桌请客或自家进餐。家人出远门或外出归来，也要点香拜告祖先。大年初一，则由族长率领全楼男女老少祭拜列祖列宗。各家各户都要用箩筐装盛牲礼、饭菜、茶酒果品、香烛等去拜祭。拜祭完毕，必烧金箔纸钱，燃放一串鞭炮。若是海外有声望的侨胞宗亲回来祭祖，那就更隆重，祭品满满摆上供桌，唱礼的司仪有三四人，多的达九人，分通赞、引赞、唱赞各一人，读祝文一人，执事四人。这就是最隆重的祭祀——“三堂祭”。

七、龙文区蓝田镇湘桥村

湘桥风光（李杰　摄）

湘桥村地处九龙江九十九湾入江处，因九十九湾经该村河段称湘江，古有一桥供学童通往隔岸上私塾，故名为湘桥。湘桥村临江傍水，环境优美，交通便捷，土壤肥沃，物阜民丰，人杰地灵。清杭州同知黄金钟、翰林院检讨黄兰枝、漳州画院首任院长黄稷堂等都是在这块沃土上成长的乡贤俊彦。走进湘桥村，“大夫第”“翰林第”“贡元第”“进士第”等10余座历经数百年的明清古建筑便赫然呈现在眼前。这些古厝建于清朝至民国初期，均坐东北朝西南，每座之间留有2米多宽的通道，一字形排开，座座相连，绵延200多米。每座古厝结构规格大致相同，为五进式或三进式。屋前石埕连片，都设旗座，立旗杆，旗杆石上有凿孔，依官阶大小分为圆、方、六角、八角等形状，旗座四面雕有飞禽走兽，惟妙惟肖，栩栩如生。

大夫第系黄金钟故居，属五进大宅，宽33米，深90米，为石、砖、土木结构。第一进为二房一厅，傍有廊连接第二进。第二进有四房二厅，两侧留有通道，便利进出其他各进；第三、四、五进各四房一厅，每进均设屏风，屏风上各有雕刻精细的镂空花鸟及象形图案。每进之间为天井，供通风采光，养花种草。大夫第西侧为护厝，均为二房一厅，并留有四个护门，形成了与各进之间既能相通又相对独立的居住空间，这对于当时的大户人家来说，其设计是别具匠心的，既可减少各房之间的矛盾，又可防盗防火。更为特别的是其屋顶建造，不仅各进均采用闽南传统的歇山式燕尾翘脊，就连护厝的屋顶也采用了这种建筑风格。这样主次屋顶浑然一体，更显其古朴端严及主人地位之尊贵。

大夫第（黄金钟故居）是最早建的，也是最壮观宅第之一。黄金钟（1662~1724年），康熙年间进士，为官公正廉明，正直无私，政绩卓著，被封为奉政大夫。大夫第属五进四天井大宅，宽33米，深90米，砖石土木结构，各进规格均相同。两边有护厝，与主宅之间留有过道，占地近五亩，是最典型的清代官宅建筑，始建于清朝康熙年间。大宅院内雕梁画栋，屋角呈燕尾形。宅内各进之间均有天井，以利采光，晴时能晒日，雨时能排涝。天井还建花架、设花坛，供栽花、摆盆景，美化室内环境。大门额顶悬挂“大夫第”匾，一对雕有喜鹊、寿鹤、麒麟之类表吉祥的石鼓，历经几百年依然蹲在大门旁。大门联题“江夏浦西家声远，石美湘江世泽长”。厝前有大埕，与其他古厝埕地连成一片。埕内设旗座，立旗杆，旗杆石上有圆形和方形凿孔。“大夫第”代代相传，至黄稷堂已经是第 25 代了。

大夫第因临九十九湾，故其墙体底部均用 1 米多高的花岗岩石砌成。据村里老人介绍，以前洪水到来之前，屋主人只要把下水道出口及门下小洞堵上，便安然无恙，难怪虽经历 300 多年，大夫第仍保存得如此完好。大夫第门前为石埕，埕内设旗座，立旗杆。旗杆有凿孔，依官阶大小分为圆、方、六角等形状，旗座四面雕有飞禽走兽。据了解，石埕是在湘江河道上垒砌而成，因考虑到日久坍塌，设计者便在石埕下打下木桩，这也许就是现代建筑的打桩吧？

大夫第工程浩大，共有大小房间 56 间，历经三代人完工，石料全部经水路由泉州运至，石匠也是专门从惠安聘请而来的。清朝官员光宗耀祖之风由此可略见一斑。

大夫第的南面为连为一体的华佗庙，华佗庙虽面积不大，但却有三个镇庙之宝。一个是“畚”窗。“畚”字窗在我国古建筑上也广为寺庙所用，一般为砖、石、木结构，而华佗庙的“畚”字窗却是砖木混用，外围为砖，烧制成“龙”纹图案，惟妙惟肖；内径为石，用材为青石，精雕细刻，巧夺天工。第二个是主殿左右两墙分别书“忠孝”“廉节”四个行书大字，每字约两米，用笔苍劲有力，结构严谨，非大家手笔莫属，相传为明末大书法家黄道周所书（仿宋理学家朱熹书）。第三是大殿上悬挂的“仙方妙著”巨匾。相传清嘉庆年间，闽浙水师提督王得禄之嫂得一腹胀怪病，百般医治未见其效。因王得禄幼年父母双亡，由其嫂一手带大，故视其嫂如母。大嫂的怪病令他万分焦急，当得知龙溪湘桥有座华佗庙药签灵验后，便派亲信到庙求神问药，其嫂果然药到病除。王得禄大喜，亲自从厦门乘船至湘江华佗庙答谢，并送上亲题的“仙方妙著”巨匾。独特的建筑、神奇的传说，吸引着四方人士前来祈祷健康长寿，华佗庙也因此入编《福建地方文化研究丛书》。

在湘桥村的村道小巷，随处可见粗大的砖石，雕刻精美的花岗岩石，这不得不令人联想到其昔日的繁华及黄氏家族之荣光。

湘桥古民居是一部历史，为研究明清的人文历史及官宅民居建筑提供了实物依据；湘桥古民居是一本教材，它教育人们应崇尚中华民族“厚德、重教、相师”的传统美德。[①]

八、华安县马坑乡和春村

和春村古色古香（刘国强　摄）

和春村位于华安县西北部的马坑乡，著有“闽南小西藏”的美称，这里云雾缭绕，青山环抱，风光旖旎，植物生态保存完好，文化内涵丰富，拥有美丽神奇的自然风光、绚丽多彩的民俗风情、源远流长的历史文化和延绵不绝的宗族情缘，是闽南旅游避暑圣地，也是闽南最美乡村之一。[②]

---

① 中共漳州市龙文区委党史和地方志研究室．龙文区志 [M]. 北京：方志出版社，2020.

② 资料来源：华安县人民政府官网．

该村四面高山环绕，村中的古寺宗祠、古民宅都围绕七星坠地，依山面水而建，朝向主要是坐东北朝西南和坐西南朝东北。各建筑物大小排列，高低都依山大小、水的远近而定，强调天地人合一的理念。宗祠都以三、五开间为主，厝前都有半月形的畔池，山门、围墙、前厅、天井、主堂、过水廊房、护厝组成。屋顶是悬山顶燕尾脊，天井是用花岗岩石条密缝铺砌而成，称之为石水斗，中间隔墙都要用杉木板制作而成，称之为棚枋厝。

和春村民居聚落自然形成四片区，社头有格内楼片，住二百多人；村中部有长尾墘、下店鸡母厝片（鸡母厝因形如鸡母，古代这附近有杂货店而得名），住三百多人；再往村里是“上学”、水尾东洋片，住四百多人，水尾东洋在孔雀溪下游的东面；社尾有倒楼、田尾脚片，住四百多人。和春有俗称“两大学四大洋”的地名，既“上学、下学，下洋、北洋、深洋、东洋”。“学”含义是：既是私塾，也是接待来宾的场所；“洋”是指地势较平、有大片的水田。

和春村历史古迹保存完好，类型丰富，现存大量的古宗祠、土楼、古庙、古建筑等遗产。古宗祠以“安仁堂”“崇源堂”为代表。“安仁堂”厅堂上的木雕、彩绘、壁画非常精美，祠后的两座明朝石狮，栩栩如生。“崇源堂”宗祠，雕刻精美，祠堂前开建一个“半月形”池塘。和春另一奇为古悬棺，这具悬棺历经数百年，为闽南少见，甚为稀奇，颇具历史和考古价值。这些古建筑保存完好，建筑精美，设计科学，内涵丰富，处处体现出和春悠久的历史与和春先祖的聪明才智，具有极高的文物研究价值。

和春村已发现的名木古树有二十多棵，其中较古老的有九棵，被人们誉为“九大王”，它们是“红豆杉王、福建柏王、罗汉松王、桂花树王、杉木王、杜鹃花王、茶树王、杜英王、含笑王”。名木古树是大自然的宝贵遗产，它们的发现不仅对林学科研有重要价值，对古气候学、植物地理学、地质学的研究，也有不寻常的意义。

和春村是闽台邹氏后裔的重要祖籍地，民俗风情浓厚独特，拥有众多的传统节日、传统礼仪。每年的大宗祠祭祖和邹应龙文化节是全村人最热闹的两大盛会。每当这两大盛会来到，村民们都穿上节日盛装，高挂红灯、舞龙舞狮、走古事、游龙艺、举行芗剧表演等，祈求来年平安，五谷丰登，场面十分壮观。村内的嫁娶仪式、建屋乔迁等也都别有一番特色。

农历七月二十七是邹氏先祖邹应龙被敕封为“广佑圣王”的纪念日，这天和春邹氏族裔都要参加祝拜。祝拜敬品丰富，其中摆放四盏糕饼，就要由十二万多块小糕饼拼成。其间请法师做三天清醮，有芗剧团演戏、舞狮、舞龙和彩街活动。彩街队伍排列依次是令旗、刀斧躬箭方队、一面民间刺绣工艺品“蜈蚣大旗”、辇轿神像、神汉坐刀轿、鼓队、锁呐队、扎花结彩表演队、彩旗队、耆岁以上老人组成的队伍及身穿礼服、头戴礼帽、身披红彩带的头家，沿着环村路进行巡礼。活动结束后是表演上刀梯、攀爬翻竹、踢火星，30 多筐的木炭被烧得通红，神汉、法师、抬着神像的人先踢，接着是在场者，必须是赤着脚，本地有“过火无事尾”的说法，寓意所有不祥之事都随着雄雄烈火烧得无影无踪，来年大吉大利。①

① 李金城 . 闽南“西藏”和春村 [J]. 红土地 .2015（12）.

九、诏安县西潭乡山河村

山河村全貌（沈子川　摄）

山河村坐落在诏安县城西北约十公里处，从诏安县城沿东溪溯源而上约 8 公里处便是该村地界。该村是一个有三百多年的建村历史，三千多人口的单姓沈氏村落。村落依山傍水，藏风聚气，坐北朝南：北坐与本县红星乡接壤的连绵群山；东傍本县母亲河东溪源头主流；旧时，南迎东溪数条支流蜿蜒而过；西接连绵数百亩的肥沃田园，在村落与田园接壤处，卧躺着一条汇聚群山泉流的水带环村缓缓南流，与东溪支流交汇（现该地貌有所改变）。自古以来，该村人口繁盛，物产丰富，文化昌炽，名人佳传绵延不断。

《诏安沈氏宗谱》记载称，该村的开基祖是诏安沈氏第十九世雍穆祖（1647~1720 年）。其祖上自明朝以来世居诏安东城，是门第光昌世族，至沈氏十四世谅介祖以后，数代来山河村耕作。当时这里除耕作的田地和稀疏的村落外，就是连绵的荒野。清康熙二十六年（1687 年），年逾四十的雍穆祖通过观相阴阳，精心考察，认定在这里一处小山丘的一座古墓，虽周围树木、荆棘、杂草丛生，却有灵气，是一处风水宝地。雍穆祖携领宗亲，迁移古墓，铲平山丘，在古墓原地上建起一座宗祠，名曰“震山祖祠”，并在宗祠周围建起 20 多间两层土木结构的楼房围成一个小寨，取寨名“震山寨”，取村名“山宝雷”（土地改革时改称“山河村”），在此生息繁衍。“震山祖祠”建造后，雍穆祖连生五子，人丁兴旺。三十多年后，其子孙已有五十余人。后来，其子孙又把“震山寨”扩建成拥有 120 多间两层土木结构楼房的大寨，重取寨名“震山大寨”。

雍正十年（1732 年），雍穆祖孙子沈之骁壬子科乡试中式武举人，乾隆元年（1736 年）丙辰科中式武进士。曾孙沈宝善于乾隆五十七年（1792 年）壬子科中式文举人，大挑一等。清朝中晚年间，山河村先后又出了四名武举人。雍穆祖孙子沈之骁、曾孙沈宝善为官清廉、政绩卓著，朝庭封赠沈之骁及其父、祖父为将军，是为“三世将军”；封赠沈宝善及其父、祖父、曾祖父为大夫，是为“四世大夫”。沈氏一门父子科第、“三世将军”“四世大夫”，荣耀至极，誉满闽粤。该村“震山祖祠”占风水宝地一说便一直传言至今。该宗祠被编入《八闽祠堂大全》，列为福建省人民政府文物保护单位。

该村至今还保存一块长 1.6 米、宽 0.8 米的乾隆朝圣旨，是乾隆十六年，朝廷覃恩貤赠该村时任广东新会营恭府领加镇衔武进士沈之骁祖母林氏、程氏为宜人的诰封。该圣旨面料为黄色绢织，文字用满文和汉文书写，存世历 271 年。2017 年 12 月，被漳州市档案局、《闽南日报》社评为首届珍贵档案。二百多年来，该圣旨给山河村带来赞誉和荣耀的同时，也给该村增添了许多神秘的色彩。古时，官员路过该村都要文官下轿、武官下马，步行而过，以示对皇帝的感恩、敬畏和忠诚。官员纷纷以路过山河村为荣幸，办差时故意绕道路过山河村。

该村“大夫第”祖祠建于道光初年，占地面积800平方米，精美壮观。祠堂门匾“大夫第”，厅匾“鸿仪鹄瑞”，厅堂三幅对联为朝廷御赐：“四世大夫孙曾宠叠，一门科第父子芳联。”“鸿仪耀彩，幡我久奉天子诏；鹄瑞流芳，邑宰犹属大夫家。”“旧营镇西山，出尽忠入尽孝；新任赴河源，上为国下为民。”“大夫第”的牌匾和对联阐述了沈宝善一门四代荣授大夫的荣耀和忠君爱民、尽忠尽职尽孝的立身处世准则。

在山河村，除了能够饱览“震山祖祠”“震山大寨”“大夫第祖祠”“叶太恭人祠”这些极富人文底蕴的古建筑，还可以随处见到如“沈氏家庙”“沈氏祖祠”“文山祖祠”“省山祖祠”“怡和祖祠”“谦益祖祠”“友敬祠”“恭人楼”“厚德堂”“孝母堂”“报本堂”“芝玉堂”“庆云堂”“骑龙堂”“于斯堂”“汲古堂”“宝善读书室”“六秀才居院”“雅士居”等古建筑。每处古建筑，都蕴含着深厚的人文底蕴。

山河村每年农历八月十三、八月十四两日是传统的武德侯祖（沈祖公）寿诞节。八月十四晚八时，沈祖公和地头公等众神都要出巡全村各甲社，村民以举火烛方式来迎送沈祖公和众神出巡，这种风俗叫游火烛，一直延续至今已三百多年。

早在乾隆元年，山河村二十一世祖沈之骁科中进士，为全村荣耀。村中族老认为这是沈祖公和众神的“福荫”所至，就主持在沈祖公寿诞之日，以游火烛方式来报谢神恩、庆贺荣耀、神民同乐。游火烛时，万人空巷，灯笼齐明，锣鼓声、鞭炮声、地铳声、民众的欢乐声连成一片，此起彼伏，震天憾地，游到路面坦平处，抬神的队伍还要快速跑步（俗称“走王”），整个过程需要3~4个小时。2020年，该村游火烛风俗被列为漳州市非物质文化遗产。

革命年代，该村是有名的英雄村，先后有80余名青壮年参加乌山游击队，有13名游击队员为革命英勇牺牲。该村老游击队员沈木才曾任闽粤独立营和红三团警卫队长，多次成功掩护、救护独立营、红三团主要领导卢胜人脱险，为革命立下重大功勋。今天，村宗谱还清楚的记录着这些革命斗争的英雄史实。①

十、龙海区港尾镇城内社（村）②

浦西城堡（蔡明辉　摄）

龙海区港尾镇位于中国东南沿海厦门湾南岸，漳州龙海区东北部，西距漳州中心城区约 30 公里，北距厦门市区约 12 公里。港尾镇地处两山峡谷出海之末端，怀抱海港，上接汤溪，故取名港尾。全境地形以低山、丘陵为主，大部分山体由花岗岩组成，镇域最高峰南太武山，主峰海拔 562 米。城内社古村位于两山峡谷的北端，村落坐北朝南，背靠狮山，面向峡谷平原。

城内社为城外行政村七个自然村之一，村民通行闽南方言厦门话，

① 沈建聪 . 依山傍水山河村 [J]. 红土地，2017（1）.

② 资料来源：《福建省历史文化名村龙海市港尾镇城内社（自然村）保护规划（2020—2035）年》。

城内社也是著名“侨乡”之一，海外侨胞较多，村内还保留2栋清末民初建设的“番仔楼”（中西合璧红砖建筑）。

浦西城堡又称西堡，龙海区县级文物保护单位，是构成城内社古村的主体。始建于明嘉靖四十年（1561年），周长约450米，面积15740平方米。城堡坐北向南，围墙全用条石、片石、卵石砌城，围墙宽3米，墙上跑马道宽2米，整体高6米，现只存墙基部分。墙内筑有4条七层登墙石梯，筑有东西南北4个城门（北门封闭式），西南交界处筑有水门。堡内民居建筑多数以石基为主，砖（石）木建筑群体，横竖10条用石铺人行道，主干道通东西南北门。

狮山围城位于浦西城堡北面狮山山顶上，是浦西城堡的配套工程，村落防御体系的第二道防线。围城周长约250米，现状墙基基本尚存，后石门保存完好，城内原设有练兵场、瞭望台等防御设施均已消失。围城内还有自然形成的“击鼓石”“仙人掌”“仙人洞”等自然景观，相传浦西黄氏开基始祖黄天从父子曾陪闽冲郡王赵若和登狮山游览风光。

黄氏家庙位于浦西城堡往东约300米处的城外社自然村内，是浦西黄氏发祥地之大宗，现有海内外宗亲十万余之众。建于清康熙四十一年（1720年），民国二十年（1931年）修葺，1992年又进行重修，1999年增建两边护厝。主体建筑坐东向西，土木结构，悬山顶，面阔三间二进式，中有天井。家庙内保存明清时期的“进士”“父子登科”“文魁”“副魁”等木匾，有誓死“保赵”楹联一对。门前有清时期抱鼓石、漏雨窗等，保存较为完好。门前左侧台基上有“三条一塞”标记，相传为浦西黄氏开基始祖黄天从在“浦东”银坑登岸时刚好三代同堂，为了“保王存赵祀”黄天从将赵王“匿赵为黄”合居，用全家三代人的性命来保护赵王一人，同时也是浦西黄氏认祖标记。

清末民初，部分村民下南洋谋生，荣归故里后也建起了中西合璧的“番仔楼”。位于堡内北部的开盛楼最为代表，该建筑坐北朝南，主楼副厝组成二进空间，占地面积约620平方米，总建筑面积约340平方米。开盛楼主楼有2层，面阔3间，明间为厅，次间为房，上下层格局相同；明间以太师壁分隔为前后厅，房间也分为前后间，是当地常见的“四房看厅”的格局（四壁房）。主楼前后均出大外廊，二楼外廊通敞，前后对流通风良好，有效地改良了传统民居建筑在通风上的缺陷。开盛楼副厝为5开间（“六壁房”）带两伸手的单层建筑；明间为祖堂，为祭祀的主要空间，两侧的“榉头房”及房间为书房、卧室、厨房与杂物房。主楼为主要的居住空间，副厝为辅助用房。这种空间布局融合了传统建筑与南洋建筑的风格，是当地华侨文化的典型代表。

城内社地处闽越文化和中原文化相互交融的闽南核心区内，在漫漫历史长河中，又逐步形成具自身特色的地方文化。城内社村民的衣食住行、婚丧喜庆、岁时习俗、宗教信仰、文艺活动均与港尾或龙海地区类似，流行于本地的传统文艺活动主要有“芗剧”“南曲”“大鼓吹”“落地扫”“说书”等戏曲，及“大鼓凉伞”“跳车鼓”“公背婆”等民间舞蹈。目前在城内社最具规模的文化活动主要有“送王船”庆典活动和浦西黄氏祭祖活动。

十一、漳浦县佛昙镇轧内村

古兵营

图片来源：漳浦晨报。

轧内村，地处鉴湖之滨，古称大坑、鉴湖里，为陈姓聚居地和漳浦县陈氏的重要发祥地之一。轧内村历史悠久，具有厚重的文化底蕴，该村拥有较多古迹、古祠、古民居，汇集灵山、秀水、奇石、古树于一体，具有生态、人文、交通之优势；是唐代开漳治州、传播中原文明的重要基地，是明清引领地区文化发展的书香望族，是闽台两岸、粤、赣等地太傅派陈氏的开基祖地；是漳州市富美乡村的名片、福建省知名的休闲旅游度假村。

轧内村位于漳州市漳浦县佛昙镇镇境南部，村境东隔太高山（海拔 33 米）濒临海滨沙滩，西与后许村（林场）毗邻，南是松仔岭余脉延伸地带，隔岩山、莲花山与赤湖半石村交界，北与后许村接壤。村境与后许村交界处有一淡水湖。自古以水清如镜称为鉴湖，俗称大坑。村庄东临后许村、西接后江，向南距离沿海大通道约 1 公里，可经由沿海大通道联系周边城镇。

古代有五个天然淡水湖，即鉴湖、莺湖、南湖、庵湖和草湖。五湖风景优美，山环水抱，湖光山色，怪石嶙峋，浪涌涛声，渔歌唱晚。鉴湖是漳州市最大的天然淡水湖，大旱也不干涸，湖内的鳙鱼驰名远近；每年的端午节，鉴湖上的龙舟竞赛热火朝天。平日里，波光点点，渔歌声声，白鹭斜飞，小船荡漾。鉴湖里有石鳌、石龟，头仰天长啸，称“石鳌啸天”；湖岸有试剑石等景观。如今鉴湖虽然面积有所缩减，但仍湖光潋滟，是漳浦富美乡村的一大名片。

轧内古村落区域在历史上具有重要作用和地位，防御性质的古寨堡、古兵营历经千余年至今能矗立在狮子山上，是唐初开漳时期与行台相配套的三十六座“堡所”之一，是东南区域重要的海防建筑。古村村落依山而建，紧靠兵营，村庄内建筑厚重高大，具有一定的防御功能。村落自然生长，海防作用日益弱化，千百年来，轧内村落演化而成如今的样子。

轧内兵营，位于佛昙镇轧内村北侧，与村庄相隔一条小公路，楼南侧为一条小河，北面为一座兀立的小山，始建于唐朝。全楼以二座三合土楼堡和一座山寨组成，主楼外墙体不铺石地基，全部用三合土加未经烧熟的大牡蛎壳夯筑而成，外墙厚 1.1 米，内墙体也达 1.0 米厚，隔成宽 2.1 米的长开间。其中前后均隔为三间，每间宽达 30 米。左右两侧各隔为四间，每间深约为 2.1 米，长约 17 米，东侧中部存一天然大石，被誉为“朝天鉴鲤鱼”，极为壮观。[①]

据明万历癸丑年《漳州府志》的记载，“唐将军陈元光筚路蓝缕，以启漳郡，始奏立行台于四境，四时躬自巡逻，命将分戍其地。一在泉之游仙乡松州保，上游至苦草镇。一在漳之安仁乡南诏保，下游至潮之揭阳县。一在佛潭桥，至太武山。一在新安里大峰山回入卢溪保，上抵太平镇。”就是说，陈元光担任漳州刺史后，在漳州郡辖区内东西南北各建置一个行台，管理地方政务和社会治安。东边的行台在漳浦的佛潭桥，也就是现在的佛昙镇，因此也才有我们现在看到的古兵营遗迹。

据说，目前我们看到的古兵营是经过明嘉靖万历年间（公元 1522~1619 年）的修缮重建，建筑特别坚固，设施特别完善。然而，到了清初，这里成为弃土，兵营倒塌损毁，几乎一蹶不振。如今这些兵营建筑已经基本上被时间这把利剑砍杀得残缺不全，七零八落，军械库、守将房、演武场、瞭望哨、烽火台等都难觅踪影，但现在可以看到的墙体厚度仍然有 1 米多，有的墙体残高还有 6 米左右。兵营内的一些空地被当地村民利用起来，种上大葱、大蒜和其他各种蔬菜，都长得郁郁葱葱、生机盎然，翠绿色的菜地把褐黄色的残墙衬托得更加富于沧桑感。

鸿江书院位于村落东南，是著名的旧书院。陈天叙在鸿江书院任教时，常常在清早到海边一块大石头上欣赏海上旭日东升的壮丽奇观。他也常常蹲在这块大石头上钓鱼，人称“先生石”。距离“先生石”不到百米处，有一道从天然巨石缝里流出的泉水，甘醇清爽，每呷一口，都使人有心旷神怡的感觉。当时天叙先生的儿子陈翼、陈亹等学子在书院读

---

① 资料来源：《漳浦县佛昙镇轧内村历史文化名村保护规划（2020–2035）》

书，每天总是扛着水桶去取泉水回书院煮饭、泡茶。后来，在永乐十八年（1420年），陈翼和陈亹同榜中举人，即“兄弟同榜”，当时有“双桂联芳”的美称。陈亹又于明朝正统元年考中进士，在天顺四年（1460年），担任广东布政使，后来人们把这一眼泉水叫“布政泉”。

轧内村属沿海丘陵地貌，辖内耸立着许多小山，环抱鉴湖，山上、湖边、三公里的海岸线上，有许多花岗岩，形状奇特，精美灵秀，引人遐想。除十六胜景外，还有许多命名已久的石头景观，如“大圣讲坛”“石鳌啸天”“大狮王”“风动石”“生命之门”等。此外，村落内有旗杆石、摩崖石刻多处。

十二、平和县秀峰乡福塘村①

茂桂园（张明山/摄）

福塘村位于福平和县秀峰乡，面积3.6平方公里，往北通往永定、龙岩，是闽粤边界古代商旅的重要驿站，是一个四面环山的小盆地，被海拔800多米的五凤山脉所环抱。在古朴和现代的建筑交错中，一条“S”

---

① 福建漳州福塘村像极了太极八卦图，是人为还是自然[EB/OL].[2019-08-22].https://www.360kuai.com/pc/9e8f39321024c2ae9?cota=3&kuai_so=1&sign=360_57 c3bbd1&refer_scene=so_1.

形的溪流由东而西，把一片绿劈成南北两半。

“S”形溪流正好是一条阴阳鱼的界限，古村落由此分割成“太极两仪”，溪南“阳鱼”、溪北“阴鱼”鱼眼处各建有一座圆形土楼：南阳楼、聚奎楼。从高处看，全村宛如一个道家阴阳太极图。

福塘太极村，至今尚遗存有明清时期古民居62座共928间，都是“砖厅石坂屋”。家家户户有天井、花台、八卦井（或称阴阳井）；雕龙画栋、明清家具、根雕古瓷、古玩字画、八仙桌、太师椅，以及雕花贴金，推光沐漆的古式眠床，古色古香的衣柜家具，比比皆是。

绝大多数太极村古建筑的大门上有“门珠”，雕有各式各样的篆书文字与图案，其中不乏有大篆、小篆、葫芦篆、鸟线篆等各种风格书法的石刻文字，其文字内容十分丰富，极少雷同，如“千子万孙”“福禄寿全”“双喜临门”“福寿双喜”“诗礼传家”“合社平安”等为内容的格言、警句，凡此种种，标志与寄托着屋主人对人生、社会的美好愿望与追求。

据史料记载，福塘“太极村”形成于明万历至清顺治、康熙年间，由当年因避战乱而逃至此处的南宋理学家、教育家朱熹的18代子孙朱宜伯始建。清康熙年间，福塘村涝不断，朱宜伯在其舅父“钟半仙”配合下，利用得天独厚的地理条件，改村中的直溪为曲溪，以溪流为阴阳鱼界线，“依太极图形，取不败之意”，在阴、阳鱼身上的不同部位，筑码头、建城池，并要求后代按他的布局建造土楼、修学馆、盖祠堂及大批民居住宅，并在穿村的小溪两岸广为种植树木，成就了“太极村”的基础格局。

福塘旧称上大峰，位于旧县城九峰镇之北面，是通往龙岩、永定、江西赣州、广东梅州、大埔必经之地，亦是古代商旅之重要驿站。其在民国时期是维新乡所在地，今属秀峰乡。明、清时期，流传于闽、粤、赣、台湾地区的一句口头禅：“有大峰富就没有大峰屋，有大峰屋就没大峰富！”指的就是“福塘太极村”。

古太极村有着精美的民居古建筑，依山傍水、布局合理、结构精致、造型美观、气势恢宏、风格独具、屏风斗拱、窗花纹饰、美轮美奂。其大部分古建筑修建于清三代之康乾盛世。福塘太极村的主要格局，如同中国道家传统之阴阳太极图，与明朝国师刘伯温退隐之后，在浙江金华武义县俞源村修建“八卦村”有异曲同工之妙。

福塘其实是一个小盆地，一泓溪水将其划为南北太极。水成S形，此曰仙溪，进入太极村，由东而西，左转右旋，流经长乐、粤东三河坝入韩江，注入中国南海，仙溪为韩江源头之一。南太极村之南山半山腰有“仙人足迹”大盘古石。华夏上古伏羲氏创八卦，武当山“元始天尊”绘太极，而福塘古太极村的水口处，有一古老的“武当宫”神庙，香火旺盛，其主祀“玄天上帝”（俗称大帝爷）。

太极村四面环山，苍松翠柏，曲径通幽，风光奇秀，自古有八景之胜：其东面有“东方旭日”“猴子窥井”“仙溪探梅”；南面有“南天一柱”“桂岩春雨”；西面有“西狮惊涛”“犀牛望月”；北面是“鲤鱼跃北斗”。

建于清嘉庆初年的南山木架桥之南侧，建有一座砖石结构，高近二丈有余的“字纸塔”。底座青石浮雕，塔身为青砖堆砌，外观精美，造型别致，独具匠心。以示古人对先贤、读书人的敬重。

太极村历代以重视文化教育、崇文敬儒著称。据平和旧志记载，在清初康・雍时期，即建有“桂岩书院”“文峰斋”书馆，免费招募本地及邻乡子弟入学，高薪到县城、广东聘请名师执教。书院内建有文昌阁，拜堂挂着孔圣先师、朱文公画像。院内建有桂园、泮池等，清中期以降，以朱仰修为首的举人、秀才在文峰斋成立“八士会诗社”，一时文风鼎盛，传为美谈。

古太极村的文人，多有通晓音律的雅趣。据传，古时有专门演奏古乐之曲馆，就设在“南阳楼”毗邻的“茂桂园”内，及八音班，而其鼎盛时期，当属于抗战时成立的“福塘醒民潮剧团”，著名编导马飞先生（字羽飞，汕头人氏，后为中国潮剧院编导、顾问，国家一级作曲家、导演）来福塘传授潮剧时，最初的三个月里就在那古朴幽雅的“茂桂园”

庭院的书房里写成一部代表作剧本《珠宫血迹》，此事被太极村老人津津乐道，而又引以为豪的一件雅事。

古太极村地灵人杰，历代人才辈出。科举时代有进士、举人十数人，近现代有教授、法官、科学家、作家、书画家、根艺家、演员、医生、博士、战斗英雄、飞行员、新华社记者、中央级媒体主任编辑、企业家、侨领、部厅级的政府官员等。

福塘太极村，以其天然质朴，典雅厚重，精美绝伦的古民居建筑和传统文化内涵积淀丰厚而闻名海内外，古老而年青的太极村，可居、可游、可观、可品。其因“南阳楼”“聚奎楼”被视为南北太极之“鱼眼”致使其形象尤为逼真，向来被堪舆家称为“活太极”。在此观光旅游，探秘东方华夏古太极村之风韵，感悟前人智慧，且能觉察到处处暗藏玄机，妙不可言。让海内外游客，来此领略古太极村多彩多姿的民俗古风、乡土风情，无疑将使人心旷神怡、留连忘返。

十三、南靖县奎洋镇上洋村[①]

上洋土楼群

图片来源：闽南日报。

① 南风．古风古韵上洋村 [N]. 闽南日报，2020-6-23.

有人说，到古村落主要看三古：古寺庙、古祠堂、古墓。位于南靖县奎洋镇上洋村不仅三古独具特色，村中还保存着由十多座土楼构成的土楼群，是一处村落文化和自然生态保存完好的传统古村落。

上洋村位于南靖县西部的崇山峻岭之中，与龙岩市永定县毗邻。由南靖县城经梅林镇往上洋，沿途都是弯弯曲曲的山路，最后经过南靖县最大的水库南一水库绵延近20公里的环水库公路才到达上洋。似乎可以说，上洋就是漳州版的“西伯利亚”，但也正因为地处群山深处，才使上洋村能够保留下浓郁闽南特色的民风民俗。

上洋位于西溪上游奎洋段，也称上奎洋。洋在当地是指有河水的地方，所以这里有书洋、奎洋、上洋等地名。早在宋元时期上洋一带就已有人居住，主要有刘、萧、陈、张、林、廖、余等姓氏，相传在高楼崠山上建有十八寨，可见当时这里的人口规模已经不少。现今，上洋大姓为庄姓，开基祖玄弼仁德祖于明成化年间择居于此。

上洋村人杰地灵、英才辈出。清代著名政治家、数学家、文学家和水利专家庄亨阳就出生在这里，他为官清廉刚正，堪称古代清廉官员的典范。

走进上洋，绿树掩映的山脚下，清澈的奎洋溪蜿蜒从村中穿过，溪流两岸分布着众多古建筑，仅省级文物保护单位就有聚精堂、庄亨阳墓、和平寨三处。此外，还有圭峰楼、锦春楼、和福楼、永昌楼、钟美楼等十几座或圆或方的土楼，其中亨阳园、北龙宫都是值得一看的地方。

从梅林方向驱车来到上洋，首先映入眼帘的是溪岸北面的亨阳文化园，气势恢宏的“亨阳园”牌坊后面是为纪念庄亨阳而建设的“秋水堂”纪念馆，“秋水堂”后面的山坡上是庄亨阳陵园。整个亨阳文化园建筑规制宏伟，古墓葬与纪念堂等建筑布局合理，蔚为壮观。

据了解，“亨阳园”的牌坊通高11.4米，明间宽6米，次间3.25米，匾额“亨阳园”三字由书法家李木教先生题写，建筑为花岗岩石质四柱三间结构，具有浓厚的闽南建筑风格。牌坊后的“秋水堂”，以奎洋庄氏宗祠为建筑原型设计，是黄色宫廷式样式。“秋水堂”后山半山腰是庄亨阳墓，墓前立有一对石墓笔，上镌爱新觉罗雅尔哈善题写的一对联句：“道南绝学追蓝渚，江北高风忆吕梁。”传说，学童考试前到亨阳墓拜拜后，双手去抱抱这对墓笔，考试就会取得好成绩。

庄亨阳（1686~1746 年），乳名天钟，字元仲，号复斋。19 岁那年他一举考中秀才，33 岁时中进士。后官任山东莱州潍县知县、国子监助教、徐州知府，乾隆六年（1741 年）任江南按察副使。为官期间庄亨阳为官清廉，政绩显著，深受百姓称颂。乾隆十一年（1746 年），庄亨阳在治理淮河水患时，因操劳过度去世，享年 61 岁。《南靖县志》记载，“以积劳病作卒于官，士民啼号相吊。”逝世时，同僚发现他盖的只是一条破棉被，衣箱里没有一件新衣服，无不恸哭流泪。

庄亨阳著有《秋水堂集》《河防算法》等传世，《秋水堂集》篇末录有天文历法知识，曾进呈御览，后被收入四库全书，名为“庄氏算学”。

“亨阳园”边上就是上洋村护神庙北龙宫，宫庙红檐朱漆，金碧辉煌，雕饰彩绘古色古香。宫内主祀骑龙仙妈神像，当地坊间流传有许多仙妈灵验的传说。每年上洋村都要举行仙妈巡游活动。骑龙仙妈的信仰圈在上洋周围的几个村落，每年仙妈出巡日，村民都要举行隆重的迎神活动，燃放鞭炮，放焰火，唱大戏，场面壮观有趣、热闹非凡。

紧靠北龙宫的上洋庄氏家庙“聚精堂”，祠堂具有典型的清代建筑艺术风格。宗祠内主祀庄氏九世祖望达公，堂前设精美的大照壁。上洋庄氏为庄三郎派系后裔，主要分为玄弼、玄甫二支脉。以玄弼为主。玄弼开基上洋，生九子，伯武留上洋，房最大，其他迁上下洋、上下峰、合仓坑等地。至十二世恂恺公生八子十八孙而分八房。

在上洋奎洋溪南岸，分布着由和平寨、圭峰楼、锦春楼、和福楼、永昌楼、钟美楼等十几座各具特色土楼所构成的土楼群，据说上洋村原有 30 多座土楼，因南一水库建设拆掉了不少，如今只剩下 10 多座。每座土楼都有着一个动人的家族故事和传说。

上洋土楼群中，最具有价值的是始建于明代的土楼山寨“和平寨”。“和平寨”为上洋庄氏十一世祖良德祖传下的祖宅，为妻室黄姓建造，嘉庆年间重修，寨内为圆形碉楼式建筑，高 4 层，楼内有号称南靖第一井的“良德井”，井水清淳甘甜。寨前有宽阔的石埕和一墙用鹅卵石砌成的避邪照壁，以及一口月牙形大池塘，寨后有鹅卵石铺就的弧形按摩大平台和护墙，这种前后两护墙的形式，在土楼建筑中十分少见。

上洋土楼群中最大的土楼是位于溪岸边的方形土楼圭峰楼。圭峰楼，又称白楼。由上洋庄氏十三世祖芳俊公所建，楼高 4 层共 120 间房间，至今已有三百多年的历史。一座座历史悠久的土楼，与奎洋溪边的翠竹相拥而立，恰似万绿中一朵朵素雅的奇苑，仿佛就是一处风景秀丽的世外桃源。

山美水美、古风古韵的上洋村，还是一处养在深闺人未识的古村落，热情好客的上洋人欢迎更多的人来上洋旅游观光、寻幽访古。

十四、长泰区岩溪镇珪后村[①]

珪后村整体风貌

图片来源：福建省农业农村厅官网。

① 长泰区珪后村：融古韵新风，展乡村之美 [EB/OL].[2021-10-29].https://www.163.com/dy/article/GNEIEP980529LQEG.html.

在长泰版图上，珪后村位于岩溪镇中心腹地，西北依山，南控平原，龙津江由东向西蜿蜒而过，清澈的江水源源不断地流进万亩良田，滋养了丰饶物产。因宗祠池塘有河沟连接，水流曲折有致，古时又名“沟塘”，后又称为“珪塘”。现辖8个自然村，1300户人口，面积10.38平方公里。

珪后村内拥有追远堂、普济岩、楼仔厝、赠公祠、巢林楼等明清及近代文物古民居、古建筑，拥有唐代庙宇、宋代宗祠、明代城堡、清代民国时期民居，包括围屋、围龙屋等将近30座，另有庵庙宫亭10座、楼寨桥堡23座、古墓11座及两棵唐代古樟等。①

追远堂又名“叶氏家庙”，为珪塘叶氏大宗祠，建筑面积400余平方米，占地2000平方米，四合院式，燕尾翘脊，雕梁画栋，古色古香，是叶氏敦宗睦族纽带和精神故园。普济岩始建于唐代，后明代重建。现建筑面积559平方米，石砖木结构，保持着明清古香古色的建筑风貌。庙宇梁架精巧，楹联巧妙，石雕、木雕、剪瓷雕等工艺精湛。庙宇内供奉宋代三杰——文天祥、张世杰、陆秀夫，亦称“三公庙”。楼仔厝建于清代康熙年间，面积4216多平方米，单檐硬山式屋顶，石砖木结构，由门厅、四列正房和东、西厢房及石板埕、花园、练武场组成，融闽南特色与苏杭特色于一体，堪称“闽越大观园”。赠公祠建于清代雍正四年（1726年），用于纪念珪塘叶氏第八世祖叶容川。叶容川为明代人，他耗尽家财，救灾济贫。

“十三点灯起，十五上元暝”，每年的正月十三至正月十九的元宵灯节，是追远堂最热闹的时候，来自珪后、珪前、锦鳞、田头、湖珠5个村庄的族人都会来祖祠点灯祭祖。每年点灯活动结束后，祠堂还会评出3~5个孝子孝媳，张榜上墙，并敲锣打鼓将一块孝顺喜牌送到家中，村民以此为荣。此外，追远堂里还设置了“成才榜”，族人中只要考上大中专院校的，就能光荣上榜。

① 喜讯！长泰珪后村、林溪村获评福建省三星级乡村旅游村[EB/OL].[2020-11-27].https://www.sohu.com/a/434775717_244617.

每年的农历正月十七日、十八日，在普济岩举行的“三公下水操”民俗纪念活动则被当作珪后村一年一度的“狂欢节”，吸引着周边数以千计的游客前来观赏。据说该民俗活动始于南宋末年，是为纪念南宋末年民族英雄文天祥、张世杰、陆秀夫，表达族人对民族英雄的缅怀和崇敬之情以弘扬爱国爱家的凛然正气。

为弘扬优良家风，传承“忠、义、勇”的爱国主义精神，近年来，珪后巧借文物资源，搭建了“龙津大讲堂”道德宣讲平台，改造提升古厝为“长泰乡情馆·家风祖训馆”，坚持孝子贤媳榜、成才榜等优良传统，强化“女孙点灯”男女平等理念，广泛开展身边好人、道德模范等评选活动，深入弘扬崇文尚教、尊老爱幼、爱岗敬业、积德行善的珪塘文化精神。通过以文化滋养、先进带领，凝聚提升农村建设品质的合力，初步实现从环境整治到文明提升，从物质富裕到精神富有。

十五、长泰区枋洋镇林溪村①

林墩寨

图片来源：长泰县文体旅局官网。

① 资料来源：《福建省历史文化名村长泰县枋洋镇林溪村保护规划（2020—2035）》。

在长泰林墩的大山深处，中国传统村落、福建省历史文化名村——林溪村，步步是景，处处如画。平坦宽阔的柏油路，绿茵茵的农家菜园，错落有致的乡间庭院，房前屋后红花绿草，展现出一幅醇美的乡村田园画卷。在这里，建筑与自然甜蜜邂逅，时尚与休闲巧妙融汇。

明朝以前，林墩区域地名叫“墩山”“高安”；元末明初，由于战乱频繁，长江以北平原地区的一些官宦后裔、书香之家及普通百姓纷纷南渡，进入闽越。林溪村林氏就是此时迁入传衍生息，成为目前林溪人口主体；明朝以后，随着“林氏宗族”在“墩山”渐成“望族”，遂将“墩山”改称“林墩”。

村内明清传统建筑最为出色，保留下来的优秀传统建筑众多。奎璧齐辉楼是长泰区保存最完好的古堡式民居，始建于清朝道光年间（1821年），建成后楼主林天定斥巨资购置一奎一璧作为镇楼之宝，因此以二宝命名“奎璧齐辉楼”。

奎璧齐辉楼又名乌烟楼，清道光元年（1821）建，1941年维修。建筑坐南向北，为土石木结构。楼长27.3米，宽25.4米，建筑面积693.4平方米。楼为二层，中留天井，共设四个厅、28间房间。朝北设1个石拱门，门楣上镶有刻写“奎璧齐辉”的石匾。二层设个后门可通山坡，门楣装有“迎薰”石匾。后厅堂设楼梯可供上下，楼上设环形走廊，通行方便。天井中凿有水井，水量充沛，水质甘淳。整座楼布置严谨，楼里显得宽敞明亮。奎璧齐辉楼高10米，墙基高一米，用条石砌筑。墙体外表也用条石砌筑，从楼的外表看，由下而上都是条石齐整相叠。墙体内，用条石层层交错砌筑。一层墙厚1.5米，向外不留窗。二层墙厚0.9米，向外留窗，用于采光及瞭望。楼的构筑十分奇巧，楼顶置双斜槽屋顶，二层于栏杆处向内加设本瓦斜坡面。大门上方设有水柜，可防贼人以火烧门。

林墩寨始建于嘉靖年间（1522–1566），占地面积约20亩，原四周寨墙用土夯垒，寨墙高 2 米。清顺治三年（1646 年），由生员林承芳组织，下林乡民，进一步改建加固林墩寨，四周寨墙改用条石累砌，墙高 3–4 米，墙厚 1.5 米。现如今部分石寨墙仍保留，寨门边还留有打击外敌入侵时的射击口（枪眼）。林墩寨是林墩墟一处军事制高点，可俯瞰周围状况，进可攻，退可守。林墩寨现仅存部分寨墙，墙体旁长有 20 多株百年龙眼树，虬劲的树根或裸露于地表，或着附于墙体，形成根石相缠奇观。寨子西门保存基本完好，仍为行人进寨路口。林墩寨中立有碑石，记述林墩寨简况。

林秉汉是明万历年间进士，枋洋镇林溪村人，其故居位于林墩寨内。民间多有与其相关的传说，以与卢知官兄弟情深、知恩图报的故事最广为流传。现在故居内除了供奉林秉汉之外，还有卢姓祖先的牌位，表达林家人“滴水之恩涌泉相报”的理念。

“有池仔头富，无池仔头厝。”池仔头，顾名思义位于温泉汤池（现半月山温泉）前头，整个村落呈南北走向，依山面水。而今，池仔头仍保留着 6 座古大厝，沿油车溪岸边依次排布。一座座前埕后厝、红砖白石、特色墙饰以及双翘燕尾脊屋顶的古厝，彰显着传统闽南建筑别具一格的韵味。

林溪村历史悠久，现存有传统民歌闽剧、九三埔盛会、看烟花吃面龟、元宵排大猪、姑娘出嫁等丰富的传统民俗文化。

为讴歌幸福生活，记录奋斗历程，林溪村还设了“林溪村村史馆”，以传承历史悠久的村史文化，感怀林溪人民“敢拼才会赢”的艰苦奋斗精神，感恩党的伟大领导。

十六、诏安桥东西沈—西浒村[①]

西沈—西浒全貌

图片来源：闽南日报。

西沈—西浒位于漳州市诏安县桥东镇。诏安县不仅是海西对接珠三角经济圈的“桥头堡”，也是著名的“中国青梅之乡”“书画艺术之乡”，还是著名的侨乡和台胞祖籍地，素有“福建南大门”及“闽南大温室”之称。

西沈—西浒同宗同源，其祖汝作公乃诏安沈氏大房观音山祖之孙，自南宋恭宗赵显一年（公元 1276 年），置屯西浒，后至明代因村之东面有诏安沈氏楸公派下二房子孙建村谓东沈，故习惯改叫西沈，距今已有七百多年历史。2016 年 6 月，经省住房和城乡建设厅、省文化厅组织认定，西沈、西浒村被评为福建省第五批省级历史文化名村。西沈—西浒村现隶属两个行政村，当地习称“大西沈”。

“大西沈”历史资源丰富，包含龙桥祖祠、岸美祖祠、天曹宫、七圣宫、大夫家庙、沈氏大宗祠这六个县级文物保护单位。同时，村内还具有传统巷道、宗祠广场、明清建筑、古城墙、古井、古树具有浓厚历史

① 资料来源：《省级历史文化名村诏安县桥东镇西沈—西浒村保护规划（2018—2030）》。

韵味的风貌建筑和历史文化要素。

龙桥祖祠又叫“惠德堂”，长 32.58 米，宽 16.8 米，占地面积为 547.34 米。内有祠联：“惠至上圣贤书可传可读，德无涯祖上恩当报当酬。”“惠泽才贤百世先人杰，德行寿裔今朝显宗昌。”“德垂世系长勤劳积善人家，惠播宗风远耕读诗书门第。”七圣宫位于西浒城内，建于明代，坐南朝北，长 20.6 米，宽 17.8 米，建筑占地面积 366.68 平方米。与沈氏大宗祠、外祖祠同列背向，同是仿明代宫庭建筑风格。宫门上方悬匾大字“七圣宫”，两扇大门各绘唐代名将秦琼、尉迟恭两将军彩色漆画，形神兼备，威风凛凛，体现了守门神将的威武形象。

桥头甲社内建有“岸美祖祠”（俗称四英祠），又名“积庆堂”。长 21.65 米，宽 13.05 米，占地面积为 282 平方米。坐南向北，面向濠港。祠前还有一占地五亩多的池塘，站在祠堂龛前可观到池中濠港山珠峰倒影，实为一景。今祠内尚存一把武魁习武之用的铸铁大刀、重 120 多斤的老称，祠内置有樟木神龛屏风和雕刻着独有一格的百鸟归巢图。

“大西沈”乡土氛围厚重，拥有诸如恭请迎游武德侯祖出社巡安、朝拜武德侯祖和七圣夫人以及纪念朝拜西沈姑婆妈等民俗风情类的活动，依托着厚重的历史文化底蕴，这些民俗活动在现代社会散发着独特的光辉。

每年农历七月廿至廿二，西沈全乡裔孙恭请祖公武德侯文武圣像出社巡安，迎游膜拜庆祝，较为隆重。迎驾队伍如长龙，号队前行，各甲社艺棚乐队顺序而随，龙队、狮队沿途起舞，精选壮健裔孙数百名轮流扶撑圣驾轿扛，前呼后应徐徐而行，持斧手在圣驾前导，仪仗队穿插中间，每到一个自然村必有村人摆设香案礼拜，鼓乐鞭炮齐鸣，各种旂旗迎风飞扬，按照议定路线巡游一圈，最后在戏台前的广场举行“跑王”仪式，是迎驾巡安活动的高潮。

武德侯祖和七圣夫人，历来被村族视为保护神，沈氏宗亲赴南洋（东南亚各国）等地谋生，临行前都要到大宗祠和“七圣宫”敬祈武德侯祖公及七圣夫人妈赐福庇佑，历来流传：西沈儿孙经商、就业、升学、参军等外出者，凡诚心诚意到大宗祠和七圣宫敬拜奉请武德侯祖公及“地头妈”七圣夫人并将香灰随身携带者，只要勤奋努力、行善积德，均能平安发达。[①]

“大西沈”在七百多年的历史发展中，积淀了深厚的历史传统文化。同时由于祖德的熏陶，祖训的传承较好，因此历史贤人不少，现代精英尤多，国之栋梁辈出，富甲商贾不断。“武魁”“经魁”“明经”各种牌匾悬挂宗祠，各种石旗杆树立于大宗祠及各房祖祠门前广场。西浒（西沈）文风炽盛，民风质朴，儿孙督以书史、兼之受外太始祖谢公之荫，当时在诏安可居富乡之列，兼之乡人温文尔雅，谦恭礼让，和睦相处，故曾流传乡间“近百年无讼事”之美誉，又有“诗礼家邦”雅称。“西沈人”在诏邑民众中声誉较好，一直颇受诏邑民众的尊重。

十七、诏安县金星乡湖内村[②]

歪嘴寨（沈随端　摄）

① 西沈—西浒村简要情况以及历史文化价值 [EB/OL].[2019-09-23].http://www.zhaoan.gov.cn/cms/html/zaxrmzf/2019-09-23/581388186.html.

② 文化昌炽湖内村 [EB/OL]. [2022-03-08].http://news.sohu.com/a/528055184_121076653.

湖内村隶属诏安县金星乡，位于诏安县城东北方向约15公里处，坐落在国家森林公园、福建省著名风景区乌山、佛教胜地九侯山南麓，距离国道324线5公里。交通便捷，是四方通往乌山、九侯山的必经地。

湖内村建村于南宋年间（约公元1170年），至今已有八百多年历史。自建村以来，人口繁盛，物产丰富，文化昌炽，名人佳传绵延不断。先后出现了南宋咸淳年间著名学者、义士沈子真，明朝成化年间义士沈胃，清朝光绪年间朝廷内侍卫沈瑞舟等历史人物；出现了朝廷钦赐“全城义士”“大夫”“三世将军”“三世都尉”“一品夫人”等；建造了有重要影响和科研价值的明成化年间“义士祖祠”，明成化年间义士沈胃故居“歪嘴寨”，明万历年间“茂林楼”“大夫家庙”，明万历年间“霞山祖祠”，清乾隆年间龙冲自然村土楼群一处，共土楼三座。

义士祖祠座落在湖内长田自然村，建造于明朝成化年间（1465~1487年）。《诏安县志》（清朝康熙版）称：诏安沈氏13世沈胄（字尚宽），于明正统十四年（1449年），抗御贼寇，保护南诏城，有全城之功，受明朝廷诰封义士。朝廷为彰显其功德，依制恩赐其建造该祖祠。

歪嘴寨坐落在湖内长田自然村，建于明代永乐年间（约1405年）。该寨先后为明、清两朝历史名人成化年间（1465~1487年）“中直义士”沈胄和清朝光绪年间武进士、朝廷内侍卫沈瑞舟的故居。在革命斗争期间，该寨还长期作为乌山游击队指挥部和闽粤赣边区闽南支队的活动据点。解放战争期间乌山闽粤赣边区闽南支队的领导人王汉杰、李阿伟等，第二次国内革命战争、抗日战争时期中共云和诏县委和闽粤独立营领导人卢胜、陈文平、沈木才等都长时期在该寨居住和活动。[①]2015年，该寨被诏安县人民政府公布为县级文物保护单位；2019年10月，该寨入选第八批全国重点文物保护单位。

① 探寻诏安县红色文化社会实践活动[EB/OL].[2020-07-17].https://www.163.com/dy/article/FHOOQUK00525DTVL.html.

茂林楼、大夫家庙坐落在茂林自然村，始建于清代（1618 年）。坐西朝东，平面呈正方形，是一个保存比较好的方形大寨。占地面积 2989 平方米，长 56.2 米，宽 53.3 米，楼前有一宽埕 1200 平方米，一口月眉塘约 800 平方米。楼外墙高 2.8 米，墙厚 1.8 米，门板用红木制成，厚度 0.12 米，经历近 400 年尚不破朽。楼匾“茂林楼”三个金字，匾上角有一个“圣旨印”，楼内民房均为二层楼房，楼中间建“大夫家庙”祠堂一座，长 24.6 米，宽 12.4 米，建筑面积 305 平方米，结构精致，气势宏伟，二进三开间，有门楼、门厅、两走廊连天井，拜亭龙虎门，祠匾为“大夫家庙”，梁架为一门三开式门拱，雕有穿龙踏斗等。祠堂正后面有一公厅，前堂后公厅连起来，称为“公背孙”。祠堂左右两侧建两排“佩剑”厝，每排 5 间，共 10 间，均用块石铺成。祠堂埕左边有一口古井，口径 1.28 米，深 10 米，该古井泉源丰富，供全村饮用。茂林楼布局合理，构筑精致，造型美观，风格典范，具有较高的建筑艺术价值。

霞山祖祠坐落在宝树楼自然村。始建于明代万历年间，坐西向东，建筑占地面积 800 多平方米，祖祠前有一宽埕面积 320 平方米。该祖祠气派轩昂，有浓厚的明代建筑风格，至今保持完好。

土楼群分布在龙冲自然村，共由“西浒龙蟠楼”“延庆楼”“南峰楼”三座土楼组成。始建于明末清初，完建于清乾隆年间，建筑具有典型的明、清风格，是至今县里规模较大、保留完整的土楼群。“西浒龙蟠楼”，俗称“火烧楼”，坐东北朝西南，占地 1400 平方米，为圆形土楼，楼内民房皆为三层楼房，共 26 间。“延庆楼”，坐北朝南，占地 1300 平方米，为方形土楼，楼内民房皆为二层楼房，共 23 间。“南峰楼”，坐西北朝东南，占地共 2200 平方米，楼内有“沈氏祖祠”一座，楼内民房皆为二层楼房，共 36 间。

土楼群中每座楼前面都有一个面积一亩以上的池塘。从空中俯视，土楼群排列成扇形，与其前面的三个池塘相映照形成三塘映楼的美丽景观。

湖内村的历史人物有著名学者、义士沈子真，中直义士沈胄，智勇双全沈勇公，两朝将军沈瑞舟等。沈子真（1242~1314年），字景实，宋末元初福建诏安县三都（今湖内长田村）人。南宋咸淳四年（1268年）举省元，补太学，授揭阳丞。当时元兵压境，子真上书抗元，未被采纳。宋亡，即弃官归，隐居九侯山福胜岩石室，耕作读书，不用元年号。后元太祖感其义，赠“义士”。其事见《福建通志》。著有《四书讲义》《表忠录》等。

据《诏安县志》（清朝康熙版）、《沈氏族谱》（1997年沈藻上、沈养福、沈舜通编）称：沈胄，字尚宽，系诏安观音山房省元祖世德祠堂世系，13世，三都人。沈胄公幼年丧父，奉侍母亲许氏，以孝顺闻名乡里。沈胄公勤勉置业，爱恤弟兄，把所置产业均分兄弟，族里子弟有入县学者，沈胄公便立书田园20亩，资以学子求学费用。明朝正统十四年（1449年），就在土木堡之变的同时，漳州境内贼寇纷纷作乱，攻城掠财罹民。沈胄公沉厚有谋，勇猛好义，为乡众推举，与义士涂膺、许尚端一同组织民众，制定御贼方略，与众誓约，协力固守。贼寇攻城时，沈胄公与民众尽夜防御。贼势凶猛，沈胄公持书奋勇突围，径驰潮州请援。援兵至，奋力夹击，杀其贼首，贼溃，南诏城得以保全。沈胄公与涂膺、许尚端均有全城之功。代宗即位，彰扬义士，诰封沈胄、涂膺、许尚端“大明全城义士”。[①]

沈勇公，生于茂林自然村、明朝万历年间任广东省顺德府总兵。智勇双全，屡立功绩，朝廷特封“大夫”。为奖掖其功，特赐建造茂林楼、大夫家庙。

沈瑞舟（1852~1927年），历任光绪、宣统两朝御前四品花翎侍卫，光绪三十一年出任河南中郎将镇守开封，夫人吴氏、陈氏均诰封一品夫人。民国初，任徐州镇守使，授南京国民政府陆军少将军衔，授颁嘉禾奖章一枚，与当时一些风云人物如安微督军柏文尉、山西督军阎锡山均

① 诏安县金星乡 两朝名人故居——“歪嘴寨”的历史[N]. 闽南日报，2015-03-19.

有交往，晚年退仕还乡，乡人称之为“侍卫爷”。沈瑞舟还是近代著名书画家、篆刻家，在朝时，与泉州籍状元吴鲁等官员雅士有密切交往和书画和赠，其书画、篆刻作品和受赠作品大量流传后世，多被海内外有识人士做为珍品收藏。

十八、云霄县火田镇西林村①

上林圣宫（李金文　摄）

唐垂拱二年（686年），陈元光奏准“即屯所为州”，在“漳水之北”西林建置州县。陈元光见发源于平和峰山、灵通山的北溪，与发源于乌山山脉的南溪交汇于江中，清浊相间，滟潋成章，有如上党之清江，遂命名漳江，“漳州”的名称也由此衍生。西林城便是唐时漳州始建的郡城，南溪是漳江母亲河的清水源头。西林村坐落在云霄县漳江上游，古代水运发达，古渡头至今仍存在。这里为漳江南北两溪汇合之处的冲积平原地带，林木苍翠，江水澄净，水陆交通便捷。目前，西林村是开漳

① 资料来源：《云霄县火田镇西林村（历史文化名村）保护规划》。

将士张氏后裔聚居地。[①]

西林村曾作为漳州郡治所在地长达30年，后来又作为唐代怀恩县衙所在地。千年沧桑岁月给西林留下了大量故城遗址，有古指挥台、军营山、演兵坛、古水井、将士喂马石槽等，军营巷、粮仓、盐馆、五街厝、总兵寨、尚书府等一直保留至今。[②]来到陈元光当年办公的府衙遗址，夯土筑就的墙体已有不同程度的剥落，顶部长出了一排排墨绿色的蕨类植物，恰到好处地融在岁月光阴里，府衙的台阶下部有一圈是凸出来的（官拜三品以上的官员府衙才能这么设计）。古渡口遗址在村庄南部的漳江西岸，原为漳州城东门处，城门已毁，云火线道路旁仍存有东门土地庙一座，保留渡口通往城门的北向石阶遗迹。渡口基址虽已被现代所砌码头平台覆盖，但仍存有旧时的大型条石铺设的用做水岸的台阶，渡口宽35米，遗址占地面积约300平方米。

西林村里还分布着诸多宫庙，如五通庙、慈济宫，以及明进士吴原、张佐治、张士良等历史文化名人的府第，展现出丰厚的文化传承和精湛的建筑艺术。

五通庙，又称王爹庙、广平尊王庙，是闽南古老公庙之一。原系当地山越畲民祠庙，初唐陈政奉诏入闽安扎中营府兵，供入汉将周亚夫塑像。元至元间，漳州路总管同知、宣武将军陈君用移驻西林建城，增祀五显帝。后院配侍观音，悬匾五通庙。两进一院，面阔五间，台基高筑，占地1200平方米。单檐，歇山顶，抬梁穿斗石木结构架，外观古朴粗放，保持元代特色。清同治三年（1861年）毁于太平天国兵灾，清末及近年重修。

上林圣宫位于西林村西北部的新建村部与小学之间。据《云霄厅志宫庙》载：上林圣宫在西林，载和邑志，不知建自何年，中祀观音大士，

① 千年古郡西林村—开漳历史长河中不可磨灭的印记 [EB/OL].[2016-03-10].https://www.toutiao.com/article/6260377121768604162/.

② 云霄西林：开漳故城　千年古郡 [EB/OL].[2020-08-20].https://www.sohu.com/a/413712896_100293861.

从西林有下林圣宫情况分析，应同为元代所建，历代均有重修，2005年再次修葺。宫庙为两进前殿祀奉开漳圣王陈元光，后殿祀南海观音，宫庙坐西北向东南，三进式建筑，面阔三间，悬山顶燕尾脊，穿斗抬梁式结构，建筑面积440平方米，庙前有大片埕地，总占地面积1000平方米。元代汀漳道总管同知陈君用重建西林城时，配建上、下林圣宫于村内，并于村口广平尊三庙中增祀五显大帝。

慈济宫，又称下林圣宫、慈云宫，始建于南宋，主祀“保生大帝”吴夲真人，宫坐西北朝东南，由门厅、两廊、天井及大殿组成，占地1305平方米。建筑面积375平方米，单梁歇山顶，抬梁式木石结构。大殿面阔5间，进深4间，梢间实墙为耳房，门厅梢间配侧室。门前配大埕、银炉、戏台和宫前塘。慈济宫历元至元、明万历年间重修，清同治三年（1864年）毁于太平军兵灾，光绪四年（1878年）后多次修缮，基本保存完整。宫宇梁架彩绘与脊顶剪粘鸱吻，展现闽南宫庙建筑古朴典雅的艺术特色。

十九、云霄县火田镇菜埔村[①]

菜埔堡（李金文　摄）

① 参见《漳州广播电视数字报－云霄菜埔古堡》。

菜埔村位于云霄县漳江中游西岸，依山傍水，属冲积平原。菜埔村以菜埔城堡为中心，南部与漳州古郡西林城毗邻，距离云霄县城 4 公里。

明永乐年间（1403~1424 年），西林张姓第六世祖张临得之子保生、万大、应祖在菜埔择地建宅，始有村落。清初仍属平和县管辖，清嘉庆三年（1798 年）归属云霄抚民厅，称菜埔保。自明清至中华人民共和国成立初期，这个村一直是云霄名副其实的蔬菜和甘蔗种植基地。鼎盛时期，曾经出现 9 座车寮，年产糖约 6 万斤。城堡东门外大码头上，每天百余艘船在此装载蔬菜瓜果蔗糖运销外地，显现出“河上往来船百渡，码头灯火彻夜明”的繁忙景象。中华人民共和国成立初期，仅上千人口的菜埔村，就拥有载重量两吨半的西林船 40 多艘，驰骋于周边一带进行交易，各地商人云集，舟车辐辏，带来了商贸、农业和水运交通的空前发展，菜埔村进入了一个繁花似锦的发展时期。

菜埔堡在今云霄火田菜埔村。明天启三年（1623 年）始建，该村进士张士良于天启五年（1625 年）任浙江宁波太守后建成，城堡椭圆形，三合土结构，周长 600 米，高 4.5~6 米，有城垛及部分护墙池，北门匾额题“拱极门”。外立“贞德垂芳”石坊，褒扬张士良祖母朱氏守寡奉姑抚子贞德。堡里有三块青灰色花岗岩合成浮雕麒麟照壁，宅屋 4 座，今保存完好，尚住村民。①

菜埔堡倡建者张士良（1578~1664 年），号起南，字思元（源）。明万历四十年（1612 年）中举人，万历四十七年中进士。清雍正《宁波府志》卷十六载，张士良于明崇祯三年至明崇祯六年任宁波知府。当时倭寇侵扰东南沿海，他筹饷练兵，备御倭寇，郡城得以安宁；又整饬吏治，关心民瘼，明断悬案，照雪沉冤，惠民异政卓著。崇祯七年（1634 年），张士良迁任河南按察司副使，兼大梁兵备道，驻河南信阳州，为正四品官衔。明

① 2020 年菜埔堡“思源”高考优秀生奖学金发奖仪式 [EB/OL].[2020-09-11].https://www.sohu.com/a/417858822_160476.

末清初内忧外患，如蚍蜉撼树的张士良见朝政昏暗、朝野上下充满着动荡和危机，选择弃官归隐回乡，后来他率族人修建菜埔堡防寇患。数年后，他隐居平和灵通山狮子岩潜心参禅，但仍忧其君忧其民，不顾自身年事已高，支持万礼、道宗等人追随郑成功挚起抗清义旗。后来，清地方官员聘请他参与云霄镇城建设，筹划保卫家国等公益事业。张士良病逝后入祀“乡贤祠”，被尊为“菜埔老爹”“张老爹”，其美德被后人广为流传。①

菜埔堡选择在地势平坦，依山傍水，东西北三面有丘陵浅山围绕之地，占地面积达 30 亩。采用楼堡合一“圩”字形格局，平面接近于椭圆形状，周长约 600 米，高 5~8 米，设东西南北 4 个门。北门设城隍庙，其他各门设有土地庙。倚城墙而建的楼房大都为 2~3 层。城堡外深挖壕沟，引漳江上游水为濠，形成环绕护城河。南面为菜埔耕作地，种植农作物；西、北两门通向村外，北门为主要的出入口，门上嵌匾额镌小篆“拱极门”；东门为旧码头，当时水路发达，菜埔种植的农作物除通过西、北两门运向西林漳州府衙等地。出入城门通过吊桥，在以长矛大刀为武器的时代，此寨可谓固若金汤。从此，菜埔村过上安定日子，不再因寇患而流离失所。

菜埔堡以黄土配石灰采用版筑夯土法筑成，城墙上修有垛口、炮眼，四个角各建一个突出处筑有两层的角楼和瞭望哨，兼备马面、谯楼的功用，东西门附设瓮城，墙体广布孔眼与瞭望窗，直面城外，形成居高临下之势，成为瞭望敌情和用于防御的坚固工事。北门外有座褒扬张士良的祖母朱氏守节奉姑抚子的贞德坊表。

随着人口的增多，张氏族人按照先祖的规划，一层层一座座地扩建，最多时达到了 500 多间。民国版《云霄县志·卷六·氏族》记载它居住有 1300 余人。

① 明代遗老张士良与菜埔古堡 [EB/OL].[2020-01-16].https://www.163.com/dy/article/F30R61UM053449LC.html.

菜埔村崇尚儒学，好读书的传统孕育了众多的学问突出的学子。据史料记载，菜埔村人才辈出，从唐朝至清代共有进士 11 名、举人 7 名、贡生 3 名。明、清间为人文鼎盛时期，历史上有名的清官张佐治、“菜埔老爹”张士良等都出生于此。

每年农历九月十五至十六，是菜埔村最热闹的日子。他们举行俗称“九月半”节庆。菜埔英济宫里供奉一尊女神，原是该县前美村张氏一位神姑，明朝嘉靖年间，因御倭有功，封英济夫人。菜埔村张氏与莆美村张氏是同宗近亲，两地同尊英济夫人为祖姑，都立庙祀奉。每年英济夫人寿诞，村中每户人家蒸制“花饼粿”，备办丰盛礼牲、供品到英济夫人神座前祭拜、祈福，嫁到外乡的女子携儿带女回娘家过节，村中搭戏台，请戏娱神、连演数夜，其间宾客纷至，小市场内推贩云集，村民竞相购买食品款待客人，与其说请客看戏，不如说请客看饭桌，由此演绎出一道朴实的民俗风情来。

二十、云霄县莆美镇阳下村①

鸟瞰阳下村（李金文　摄）

① 参见《漳州云霄一日游旅游　隐藏在小县城的一座古村落比热门景点更有味道》。

阳下村，本名“阳霞”，位于云霄县城东南郊，村际清溪穿绕，田畴连片。村落整体平面为长方形略呈椭圆，坐北向南，其东、西横距约 1.6 公里，南、北纵距约 0.88 公里，隶属于云霄县莆美镇。

阳下村落形成历史悠久，肇起于宋代。及至元代，方氏族人又筑起护村的城堡，故当时称为“阳霞堡”。堡内原有的环保设施较为科学，辟有壕沟、水圳与池塘，为排洪清污起到相应的作用。阳下全村迄今仍保存较多的传统建筑物，且以宗祠、庙宇和民宅为主，其中多数为土木结构的单檐“悬山式”或“硬山式”屋顶，还有部分墙壁为“三合土”夯筑、木石混用的 2~3 层楼房，如厚港的“翰林楼”、南门的“协恭门”大门楼、桥头的“朝天楼”（遗址）等。村内分为五个社区（福社），且皆分别立有“福德公庙”（土地公祠）。祠宇与民宅，亦多数取南北座向，惟其均略有偏离子午经度。

阳霞城堡兴建于元末至正年间（1341~1368 年），由云阳方氏第五世、第六世子孙协力筑造。城基用粗犷条石垒砌，上夯以“三合土”（壳灰、溪砂、黏土混合）城墙，高度为 5~6 米不等，原城墙顶端俱筑城垛；城外的东、北、西三面紧沿阳霞港之绕流走向，惟城堡南面为平旷田畴，故城外约五米处则沿着城基的走向挖成护城堑濠，用以蓄水与护城（今此护城濠已淤填成道路、民宅和农贸市场）。城堡四面辟有大小城门共八个：南大门“协恭”、北大门“拱辰”、东大门“若华”、西大门“韶镛”，这四大城门各于其左侧 20 米处辟一小门，称“水门”。这四大城门均为石拱券形筑成，其南大门为全村的礼仪之门，历来但凡村里迎宾送客、婚丧礼庆、迎神赛会，仪仗队伍均需通过此门。“协恭门”上筑有城楼，拱门之上用彩瓷片粘塑一避邪瑞图“狮首啣宝剑”；城楼其内祀有中国春秋时期的晋国贤臣介子推神像，俗称“烈圣尊王”“开山尊王”或“大伯爷公”。因而此城门两侧朝外的墙壁上，镶有石雕巨幅对联曰“受封王以锡爵，巍巍然英灵不朽；忘禄位而归山，焕焕乎奕世长存。”①

云阳方氏开基始祖祠“方氏家庙”，堂号“孝思堂”。肇基于明洪武年间，扩建于明正德（1506~1524年）时期，迄今已逾600年历史；址在阳霞村中央社，为三进两院土木结构建筑群体，包括前庭、祖堂、太始祖昭德将军祠、云霞书院、碑廊、怀德亭、旷埕、照壁、泮池、鼓楼顶、内花园等，总占地面积2000多平方米。其隔巷左邻，筑有“云霞书院”，内祀儒家“至圣先师”孔夫子神像；迨清嘉庆二十年，云霄厅同知薛凝度，为该书院亲题匾书“斯文永昌”，至今依然。在祀祖主堂后院中轴线上，建有单檐歇山式土木结构的“伯虞公祠”，大殿中崇奉“大唐开漳方氏太始祖、昭德将军伯虞公”（方子重）暨夫人的大型木雕神像，内悬“方山世胄”“河南世泽”等金漆木雕匾额；其左侧建有碑廊与“怀德亭”。家庙前埕南面立有雕塑“麒麟献瑞”图案的照壁；照壁之前有“聚秀池”（泮池）。这几座建筑主体总面积约1800平方米（如孝思堂454平方米、云霞书院183平方米、伯虞公祠120平方米，而且不含其余配套建筑与通巷用地面积，如旷埕、内园与泮池等项的面积）。

修葺一新的“云阳方氏家庙孝思堂”建筑群体，均依旧制采用传统的土木结构修造，堂上的柱、栋、梁、枋、拱、斗、架、檩等雕饰与彩绘工艺甚是精美，风格典雅古朴，是一处规模宏敞并荟萃着闽南明清古建筑艺术精品的古建筑群，颇具观赏与研究价值。它与本村的方氏支祠致爱堂、咸正堂等古建筑，于2013年1月被福建省人民政府一并公布为第八批省级文物保护单位。

云霄各村的民俗活动大同小异，如正月的开漳圣王巡安、办大碗或是元宵的点花灯等。说到阳霞村的民俗，不得不说的就是他们的端午节。

① 云霄阳霞有这些历史，你知道吗？[EB/OL].[2017-06-28].https://www.sohu.com/a/152808780_160476.

每年的端午节，阳下村及其周边的佳兜、向北、中柱等村，均是“云阳方氏”聚居之地，而阳下作为祖宗肇祥之地，古传礼节尤隆。自古以来每于端午节前后，必举办典雅而隆重的多种活动，如“荐鼓呼龙”、“拍蒲船”“献江”“祭屈原”“龙舟会”“请酒礼”“赛龙舟”等。

村内曾有民谣传唱：“艾草如旗招吉庆，禾枞似剑斩妖邪；千秋圣贤神如在，万古感念司徒爷。”意在纪念先贤，树立正气，又祈望避邪禳灾，长享康乐。在阳霞村龙舟会活动中，首先须用酒浇洒船首，撒果子、粽子、饼角入江的祭献风俗，而且江边常备有多瓮美酒与香茗，一任观船或划船者饮用。阳下村各社区所用的旗帜乃至船桨、锣鼓，其装饰亦均有定式：全村以东、西、南、北中五个方位为福社，各备五种颜色的旗帜及龙船、画桨，一社一色，整肃鲜明。例如，东方属甲乙木，色青；西方属庚辛金，色白；南方属丙丁火，色红；北方属壬癸水，色黑；中央属戊已土，色黄。各方的旗、鼓、桨分别以其旗帜为本色，各船所绘图案皆别具一格，各有千秋，在举行“龙舟赛”时，更显其五彩缤纷，古雅雄壮。而今，阳霞龙舟竞赛已发展成为一项有益于身体健康的体育活动，每值端午节之日起，必连续举办多天，村社之间互邀举行友谊赛。[①]

① 参见 2015 年《云霄村社要览》。

二十一、云霄县和平乡莆顶村

莆阳楼

图片来源：闽南日报。

莆顶村位于云霄县西北部，地处盆地，四面环山，北沿青山山脉与孙坑村交界，南与河塘村相连，东与坎顶村毗邻，西与径仔村接壤，素有“聚宝盆”之称。正因为有这样优越的地理环境，才使得莆顶村历经580多年的沧桑岁月，还能完好保存着众多历史文化古迹。

莆阳楼恢宏大气、华丽壮观，南阳楼小巧玲珑、构思新颖，德阳楼端庄谦逊、内敛柔媚……莆顶村保存完好的圆形、半圆形、马蹄形土楼共5座，其中最负盛名的是莆阳楼。莆阳楼始建于明中叶，坐西北朝东南，平面呈马蹄形，状如圈椅，是莆顶李氏族人聚族而居的大型民居建筑。莆阳楼外伫立着一座明朝的圣旨碑刻，是明孝宗皇帝为旌表乐善好施的莆顶义民李靖而赐，石碑体量巨大，在闽南地区殊为少见。

轻推扇门，走进莆阳楼内的李氏家庙“旌义堂”，风雅古韵扑面而来，一身喧嚣和燥热渐消。“旌义堂”始建于明清时期，内祀开漳营将李伯瑶、开基祖李天佑及其嫡传第六世以上祖考妣灵位，祠宇恢弘大气，雕梁画栋，飞檐翘角，金碧辉煌。祖堂上方高悬“旌义堂”“旌表义民”“陇西衍派”“乡会连捷”“进士”“慈孝人瑞”六方木雕匾额，金匾流辉，翰墨留香。[①]

古树名木是历史的见证。作为“活文物”，他们积攒丰富多彩的故事，岁月的风云变幻都深深地镌刻在古树名木的年轮中。据了解，莆顶村保存百年以上古榕树 9 棵、重阳木 1 棵，其中两棵树龄超过三百年，有棵需要 6 个大人才能合抱的老榕树，树龄长达三百五十年，是云霄县迄今为止已知胸围最大的一棵古榕树，人们称它为神树。有人说，一棵古树，就是一部鲜活的历史。一个村庄，年代越久远，历史越绵长，那里的树木就格外古老。古树增添当地的厚重历史和人文气息。

二十二、诏安县深桥镇仕江村

仕江村全貌（许贺　摄）

① 朱乔桎 . 云霄莆顶村：百年古村美 古韵风情浓 [N]. 闽南日报，2020.09.14

仕江村位于诏安县深桥镇境内，座落于秀丽的南山脚下西溪河畔，北邻大美村及诏安县政治、经济中心——诏安县中心城区，东邻溪园村，西接岸屿村，南连桥东镇仙塘村，东西两溪蜿蜒而过，在三华里处的交汇，源源流向大海，地理位置得天独厚。村庄四周东西南北均为水泥路面，四通八达，沈海高速于村庄南部经过，村庄距沈海高速诏安东、西互通口均仅 6 公里，交通十分便利。

来到仕江村，不能不去的就是让村民最引以为豪的仕渡堡。原先的仕江村就是这座仕渡堡，后来村民建新房，只允许在城堡外扩建，就这样村子慢慢扩大了，城堡里的一切也被完好地保留了下来。

仕渡堡是一项典型的民间自建工程。始建年代因资料欠缺无从考证，让村里人津津乐道的是乾隆年间这里出了个武进士沈作砺，他为仕渡堡的续建工程呕心沥血，以村内龟形墩埠为中心，结合“出水莲花”风水宝地之意象，将村落规划成坐北朝南的“葫芦形”土堡。在作砺公精心组织策划下，仕渡堡得以顺利落成。之后，作砺公又巧妙利用北斗七星的布局，发动族人在城堡的东南内外挖七个池塘，取名“七星坠地”。七个池塘池水相通，又直通东西两溪，具有蓄水排水功能，又能防火排涝，调节小气候，使人口密度相当高的仕渡堡空气更加清新，据说这些池塘还能养育龙脉，使城堡内龙气更加生发雄壮。七个池塘如今还有六个被完整保存了下来，其依然清波荡漾。潭面凉风徐来，偶有大眼睛的蜻蜓张着透明的翅膀悄悄飞来，细细尾尖沾一下水面，又迅速飞远，留下细细波纹一圈圈漾开，水里的蓝天白云以及青瓦粉墙的屋子跟着晃动起来。

仕江村土堡之内，鳞次栉比，高低错落，密密麻麻地散布着大小数百座民宅及灵惠大庙、振海寺文楼、元帅府 3 座庙宇、19 座祠堂，因此村里有“三步一宗祠”的说法，村内现有县级文物保护单位 7 处，第三次全国文物普查不可移动文物 5 处。

灵惠大庙是建于明代嘉靖年间的庙宇，祥云飞羽，朱墙青瓦，在村民们有意识的保护下，沐风栉雨四百年，依然安安稳稳，屋顶上戏珠的双龙神采飞扬，花开富贵的图案鲜亮夺目。正门一对石抱鼓被岁月打磨得光滑可鉴，鼓面上花纹清晰可见，寒梅铁骨，双鱼呈祥。祀先堂是仕渡家族总祠，是仕渡开基始祖梅圃公择地而建的，堂内崇祀仕渡开基三代先祖，文进士沈一葵、武进士沈作砺。这是诏安县唯一一座因荣诰“文武世家”而列入《八闽祠堂大全》的祠堂。崇響堂为仕渡堡内唯一坐西朝东的宗祠，故称东门仔祠堂，始建于明朝嘉靖年间，全座土木结构，主体为上下厅、拜亭、二走廊、天井、龙虎门，抬梁式结构。该堂名宦辈出，自十八世灿公至廿四世镇邦公连续七世诰赠荣禄、武功大夫，可谓“七世簪缨”，这在诏安各族宗祠中绝无仅有，古今追溯，原崇響堂内金匾满堂，门前埕上旗杆林立，显赫威武、荣禄显耀。

相传明大学士张瑞图因避祸匿居仕江村沈灿公家数年，发现这里虽是南蛮之地，可实在是个山清水秀的好地方，以至于流连忘返。其间张公雅兴大发，在村中留下书法手迹甚多。受其影响，族中宗亲研习书法书画之风日盛，名家辈出。沈锦州、沈瑶池、沈镜湖、沈耀初、沈惠文等。说起来诏安成为全国书画之乡，仕江当居开源之功。

村中有一碑记——通族会禁碑，沉默地立于城堡一隅，碑记的内容已经被收录到《福建乡规民约》书中。这是由于仕渡堡建成之后，族内人丁逐渐兴旺，居住空间便显得局促。有村民私自挖坂镇溪为埕，并企图在新埕上建新屋。如此一来，土堡的环境风貌势必遭到破坏，为此，乾隆三十八年，全族公议会禁，规定“嗣后堡外不论东南西北，一概不许填埕改筑，违者公革出户，断不狗纵”。村里的文物被保护得这么好，家风传承使然。①

① 江燕鸿 . 古韵仕江春 [N]. 闽南日报，2019-09-04.

第二节　漳州市历史文化名村分类

漳州市历史文化名村是在特定的自然地理条件以及人文历史发展的影响下逐渐形成的，是自然、地理和人文、历史进程的外在反映。名村景观风貌所呈现的丰富多彩的形式和风格是地理、气候、社会、经济、文化等诸多因素综合作用的结果。因此，其分类的角度也较为多元。

一、基于自然要素特色的历史文化名村分类

（一）山地型历史文化名村

漳州西北部的历史文化名村多处山间谷地，四面青山如屏。对于在传统社会崇尚农业生产的居民而言，土地是他们最为宝贵的生产资料和财富，为此，山区农民凡有可能都尽量把较为平坦的土地留给农田，而把住宅修建在不适合耕作的坡地上，形成了独具特色的山地型名村格局与风貌。

山地村落一般多选择在坡度较缓的地段建造住房，一些大型住宅往往依山势缓缓升高，其屋顶便随之而呈台阶状的跌落形式，如遇地形陡峻，则按其坡度变化先行修整为台地，然后在其上建造住房。南靖县书洋镇田螺坑村的土楼建筑，因结构特点所限，一般多建造在台地上，并随地形不同而灵活布局，从而形成极富变化的景观效果。村落布局“师法自然、择势而居”，因地制宜，确定村落的总体布局，安排村落的道路系统，高低错落，创造出令人陶醉的田园景观。道路与地形的变化、溪流的走向密切结合为一体。人们生活在这里安祥恬静，犹如世外桃源。

（二）水岸型历史文化名村

漳州境内河流众多，依河流发育出的有着良好生态环境的盆地或小平原，成为北方汉人入闽后定居繁衍的主要栖居地，形成水岸型历史文

化名村的格局与风貌。

分布于临水的江畔河边的历史文化名村，大多背山面水，既能利用水路交通的便利条件，又能在水边汲水、洗衣、淘米，方便生活，生活气息极为浓厚，如南靖县书洋镇塔下村等，沿河而建，并借山清水秀自然环境的衬托，使名村景色更加秀丽。龙海区埭美村村又名“埭美水上古民居”，享有“闽南第一村”“水上古民居”的美誉。

二、基于文化分区的历史文化名村分类

漳州的历史文化受到多元文化的影响，各类文化均拥有一定的影响空间。根据漳州的主要历史文化特点，将漳州市域历史文化特征相对集中突出的地域划分成若干个历史文化斑块。

（一）从属于东南部历史文化圈的名村

该文化圈位于漳州市域东南部，包括漳州市区（芗城、龙文、龙海、长泰、高新、台商投资区）、漳浦县、云霄县、东山县及诏安县南部等县区。该区域同属漳州沿海地区，文化相似程度比较高，又是漳州府城址迁移地，具有较高的历史延续性。该区域作为闽南文化的核心区和发祥地，在此文化圈内重点保护的是漳州城区的闽南文化核心，龙海的海丝文化主体，漳浦的唐府文化斑块、畲族文化斑块，云霄的圣王文化斑块，东山的关帝文化斑块，诏安的闽南—潮汕边界文化斑块，乌山红色文化斑块。相应的，分布于各斑块中的名村也应按照其主导文化开展保护工作。

（二）从属于西北部历史文化圈的名村

该区域位于漳州市域西北部，包括华安县、南靖县、平和县及诏安县北部。该区域同处漳州西部山区，同是低山丘陵地形，在地域文化特征上具有一定的相似性。该区域作为闽南文化影响区，重点保护南靖土楼文化斑块、客家文化斑块，平和客家文化斑块、三平祖师文化斑块，

以及诏安北部的客家文化斑块。与东南部历史文化圈相同，分布于各斑块中的历史文化名村也应按照其主导文化开展保护工作。[①]

第三节　漳州市历史文化名村价值特色

一、文化生态环境背景

漳州山海同构地形地貌塑造文化的封闭性与互动性。漳州辖区由西北往东南倾斜，地形地貌依次为中低山、丘陵台地和冲海积平原，并拥有福建省最大的平原——九龙江中下游平原，面积720平方公里。九龙江是福建省第二大河流，北溪干线长274公里，全流域面积达到14741平方公里，其中在漳州境内流域面积约7586平方公里。此外，有漳江、鹿溪、东溪等主要河流。漳州海域面积达1.86万平方公里，海岸线（含东山岛）715公里，位居全省三，拥有228个海岛。[②]

漳州依山面海、九龙江贯穿东西的山海同构的地理结构，使漳州文化特征在不同区域里既保留了一定的相对独立性与封闭性，也具有了一定的互动性与交融性：西侧沿着海岸线高起的山脊，作为天然的地理屏障，将东侧的滨海平原与西侧的山地分隔开来，由此形成了相对独立的东侧平原区与西侧山地两个区域，在相对封闭的自然环境下各自发展具有地域特征的大陆文化与海洋文化。由西到东连绵蜿蜒的九龙江及其支流水系，作为交通与贸易的桥梁，自然地打破了地理的边界，形成了联系东与西、山与海的重要文化通道，从而赋予了漳州文化兼具封闭性与互动性的多元特征。

① 漳州市城乡规划局，杭州市城市规划设计研究院，漳州市城市规划设计院建筑设计分院．漳州市历史文化名镇名村保护体系规划 [Z].2014.

② 资料来源：《漳州市国土空间总体规划（2020—2035）》。

二、历史文化发展演变[①]

早在旧石器时代，就有人类在漳州这块热土上生息繁衍；芗城区莲花池山先民们渔猎采集，制作石器；新石器时代，东山大帽山先民们掌握了较高超的航海技术，能够自如地跨越台湾海峡。他们是古闽族的前身。

夏商周时期，福建全境，包括今漳州境域，周时为诸多闽族居地，被称为“七闽”地；吴越战争，越灭吴后，楚又灭越，越亡，越人大规模逃入闽地，遂形成以越人为标志、以土著种族为基础的闽越族部落。

秦南平百越之后，漳州境域开始纳入秦中央版图，属闽中郡。秦亡，汉完成统一大业后，漳州境域大体上以梁山山脉为界，南北分属两国郡县。晋朝“永嘉之乱”后，大批中原人“衣冠南渡”，向闽南大规模移民。

隋统一中国后，漳州境域结束分属两郡的局面，属建安郡龙溪县。唐代，陈政、陈元光父子奉旨率兵 3600 人入闽平獠，并奏请朝廷批准设置漳州，带来大量中原移民，开启了漳州历史文化的新篇章，奠定漳州作为闽南文化重镇的基础。

宋代，漳州始“筑土为子城”，由于地处东南一隅，战祸较少，社会比较安定，人口迅速发展；朱熹知漳州，重视办学，对漳州文化教育事业影响巨大；时漳州城已成为闽西南政治、经济、文化中心。

元代，撤州，漳州省升为路，战争和人口流失使文化发展与城市建设稍有停滞；政府重视文化教育，兴办路学县学书院，崇学重教之风兴起；佛教、道教、伊斯兰教、天主教等多宗教流行。

明代是漳州发展的鼎盛时期，漳州月港作为明朝唯一合法的海上贸易始发港，与 47 个国家与地区有直接商贸往来；月港对外贸易的繁荣兴旺，

---

① 漳州市城乡规划局、杭州市城市规划设计研究院、漳州市城市规划设计院建筑设计分院．漳州市历史文化名镇名村保护体系规划 [R]. 漳州市．2014.

极大地促进了漳州地区的发展，城市开始大规模修筑，社会文化空前繁荣。漳州城不仅是闽西南政治、经济中心，且号称“东南一大都会”。

清代，漳州成为郑成功与清军主战场，城市受毁严重，再加之月港逐步衰落，被厦门港所替代；漳州逐渐衰落，作为闽西南经济中心的作用日益受到抑制，但仍是闽西南重要的货物集散地。

民国时期，援闽粤军进漳，成立闽南护法区政府，拆城墙、修马路，古城遂毁，然也建公园与新式学校、拓宽街道、筑骑楼，使漳州向新型城市迈进了一步，被称为“模范小中国”“闽南俄罗斯”；中西文化碰撞交融，大众文艺活跃发展，林语堂、许地山、杨骚等文学巨擘声名显赫、蜚声海外。

中华人民共和国成立后，漳州历经撤区改市等诸多事件，社会主义新文化百花齐放，服务、拼搏、奉献、大局、艰苦创业的精神在这片大地上茁壮生长。

在历史的长河中，漳州历经唐宋、明代、民国几大发展高峰，积淀了灿烂的文化，留下了丰富的历史遗存。城市发展与文化繁荣相互促动，文化促进了经济繁荣、创造了独一无二的城市精神气质，城市与经济的繁荣又给文化发展提供了环境基础，而文化的高峰就是城市的高峰。

漳州地域文化的形成，经历了漫长曲折的独特历史过程，大体上包括以下四个阶段。

第一阶段是夏商周及史前的闽族文化阶段。此时的漳州为古闽族聚居地，古闽族先民们渔猎采集、刀耕火种，在漳州这块热土上生息繁衍，并能够造船航海跨越台湾海峡，促进了海峡两岸民间文化交往和海洋文化与农耕文化相互交融。

第二阶段是春秋战国至两晋南北朝的闽越文化阶段。越族入闽使吴越文化与七闽文化融合，形成闽越族部落。由于漳州地僻海隅，交通闭塞，又远离中原地区，此时汉文化在漳州的影响不大，闽越土著文化保持着相当独立的状态，地域特色鲜明且自成体系。

第三阶段是隋唐至清代的闽南文化阶段。隋唐时期，中央政权加强了对福建的治理和开发，为汉文化大规模传入揭开了序幕，唐代陈政与陈元光开漳平獠带来了大量的中原移民，闽南文化在中原文化基础上孕育成长。宋元时期，以宋儒理学为核心的社会文化模式逐渐在福建地域占据统治地位，朱熹知漳兴办书院促进了闽学文化在漳州大地上的传播。明代，月港兴起，海上贸易繁盛，外来宗教文化传入，中西文化交融形成了灿烂的海丝文化。漳州与台湾地区社会文化联系紧密，明代有颜思齐组织上千人赴台垦殖，清代有吴沙、林成祖等人开发台湾，蓝廷珍治理与开拓台湾，大批漳州人向台湾移民，对当地文化产生巨大影响；目前台湾居民中有超过1/3的祖籍在漳州，涉台文物数量也居全省首位，这使漳州的闽台文化地位突出。除此之外，客家文化、畲族文化也在漳州大地上蓬勃发展。这些文化共同交织影响，形成了独具特色、兼容并包、一体多元的闽南文化。

第四阶段是近代中西文化交融阶段。此时期西方文化传入，新文化运动兴起，闽南传统文化经历着与近代西方文化的交融和激荡，对中国思想文化界产生了巨大的影响，漳州涌现出一批杰出人物，如世界文化名人林语堂等。近代移居海外的闽南华侨们也归漳创办实业，促进了本土文化与外来文化的融合。此外，红文化也在漳州这片大地上燃起，留下歪嘴寨、闽粤边区乌山游击队指挥部旧址、中国工农红军东路军领导机关旧址等一批重要史迹。

三、名村重要文化价值要素

基于漳州市历史文化名村的发展研究与分类，研究认为其中具有重要文化的价值要素主要包括以下四个方面。

（一）选址与环境格局

漳州的名村均十分讲究“风水”。翻开各个名村的历史典故，关于祖先择址创业、村落风水的记载比比皆是。尤其开基创业择址的好坏，决定了以后漫长时世的裔孙发展。为了追求门族昌盛，人文发达，人们对于村落选址非常慎重。从现存名村的实例中可以见到“风水”对村落环境的作用，固然某些方面是针对心理状态和传统观念，就总体布局而言，一般古村落的环境与自然生态是吻合的，村里村外的环境空间也是优美的。名村之所以能获得这些环境效应，这与他们按照前人总结出的“风水学”去择基选址有关。

（二）空间肌理与序列

漳州地区现有的大部分居民，主要渊源于汉唐以来中原、北方汉民（严格地说是外省汉民）的不断南迁、繁衍，以及与“重巫尚鬼”的闽越土著（先住民）长时段的族群融合。在向“蛮荒之地”拓展生存空间的过程中，入闽汉人逐渐学会了与地域生态环境的良性调适，形成了聚族而居的习惯和注重神灵祭祀的传统，深刻地影响了名村聚落结构。村落的景物、房舍等都会使人触景生情，引起共鸣。空间肌理与序列的形成非朝夕之事，而是文化浸染的结果。

一方面，在以“礼”为中心的文化形态影响下，村内一族人的祠堂构成村落的中心，并选择最好的位置。民居的平面布局也因袭着千年不变的格式，堂屋居中，为一家人起居中心，设立供案，立祖宗牌位，堂屋左右设卧室，按老幼尊卑居住。中国大多数农村社会以“礼”来维护村落社会的秩序，用以保持人与人之间关系，维护家庭、村落及一大姓氏族之间的和谐、安宁。

另一方面，在宗教信奉的影响下，以榕树、樟树和松树为主的树神崇拜和供奉神祇的庙观在乡土社会的文化心理中能保境安民、福荫子孙，在名村聚落空间中往往成为布局的重要纽带，或位于村头、村尾，或位于聚落的四界，或散布于聚落中各个位置，成为组团的中心。

（三）特色建筑及构筑物

作为世界遗产，土楼民居也是具有闽南地方特色和文化内涵的传统民居形式，是漳州最著名的文化名片。华安、南靖、漳浦、诏安、平和、云霄、龙海等县（区）均有土楼民居分布，据土楼普查统计共有一千五百多座。土楼平面形式和空间造型多姿多彩（圆形、方形、弧形、椭圆形、凸字形、半月形、马蹄形、交椅形、曲尺形、八卦形、围裙形、雨伞楼等），建筑结构精巧，建筑材料和技术高超。除土楼外，分布于各名村中的以砖木石结构、红墙赤瓦的传统古厝民居是漳州最为典型和常见的民居建筑形式，以独具特色的布局形式（一条龙式、三合院式、四合院式、多护龙式及前后多进式等）、建材与建造方式（“胭脂砖”“雁字砖”“五行燕尾脊”等）、装修与装饰手法（华丽繁复的砖墙装饰、技法多样的石雕装饰、装饰精彩绝伦的木雕、彩绘泥塑和瓷片剪贴等）、中西合璧的民居形式成为中国传统建筑艺术宝库中的精彩组成部分，在中国传统民居首次全面调查形成的《中国传统民居类型全集》中，福建民居十大类型中的“客家民居”“闽南民居”“土楼”等大类均在漳州市有所分布。这些特色建筑以鲜明的个性诠释了漳州的建筑特质和人文习俗、思想观念，成为漳州历史文化名村文化的重要载体。此外，作为一座有 1300 多年历史的文化名城，其市域范围内也分布着多种形式的构筑物，是名村文化价值重要的载体。

（四）非物质文化遗产

漳州市历史文化名村中承载着丰富的非物质文化遗产，表现为一些民间戏剧、谣曲、歌舞、民居故典、风俗礼仪、民间信仰、地方神话传说、饮食习惯、营造、手工艺、生活方式等方面，具体反映在人际交往、节日喜庆活动、生产方式、生活环境的安排和居住房屋的形式等方面。

四、名村内建筑特色

通过大量调研和史籍检索，将名村内分布的建筑特色归纳为以下六个方面。

一是漳州历史文化名城保护体系内的重要组成。漳州城址 1300 多年的发展轨迹，历经兴废变迁，始建云霄，徙治李奥川（今漳浦），定州龙溪，现在漳州市域内保存有大量与之相关的文化遗存。另外，漳州拥有世界文化遗产、中国历史文化名镇、中国历史文化名村、中国传统村落、全国特色景观旅游名镇、全国特色景观旅游名村等众多历史文化资源，还有27处全国重点、151处省级、1036多处市县级文保单位，以及数量众多的木偶戏、剪纸等非物质文化遗产。这些都是认识漳州城市发展及历史文化价值不可或缺的要素，也是构成漳州市历史文化遗产的重要组成部分。

二是漳州发展进程全面、连续的见证。名村内分布的古建筑见证了漳州整体的演进过程和变迁的历史脉络，古建筑承载着漳州发展的重要历史文化信息，以古建筑为代表，建筑形制和人员类型随着时间而变化，阐述了在中国近代城市现代化进程中社会、经济的演变过程，为研究漳州早期发展过程提供了重要依据。

三是多元文化融合发展的社会和物质反映。

（1）中国传统文化与西方近现代文化交流的重要佐证。名村内分布的近现代建筑，体现出当时的中西交融建筑特色，是研究近代中西建筑文化交流和漳州近代建筑史的重要佐证。

（2）多元文化的交融。名村内分布的近现代建筑在宗教、民俗、手工业、商业都形成特色鲜明的地域文化特色，总体上为各个不同地域文化的聚合体。

宗族文化：名村内的古建筑很大部分是宗祠庙宇，各类宗族活动、祭祀活动在这些古建筑中开展，使宗族氛围得到很好的传承。

客家文化：漳州客家文化底蕴丰厚，积淀良久，是中华文化中一座珍贵的宝库。漳州客家人经过上千年的艰苦创业，丰富了许多优秀的客家文化，凝聚成了鲜明的客家精神，以客家独特的语言、风情、民俗，体现革命老区、中央苏区县的奋斗精神内涵。

朱子文化：自唐代以来，漳州县儒学相继建首，书院兴盛，私塾逐渐遍布城乡，文化教育蔚然成风。朱子遗迹、府学、县学、书院化等八闽第一书院，也是全国最早的书院即松洲书院便诞生此地。

疍民文化、少数民族文化：漳州疍民在九龙江流域的繁衍生息有着悠久的历史，由于疍民终年食住于船，具有不同于陆地居民的独特民俗文化。少数民族文化主要是畲族及高山族等少数民族文化。

海丝文化：闽南地区濒海的自然地理环境，使一部分移民毅然走向大海，或耕海牧渔，或从事海上贸易。在明代，闽南是贸易中心，起着承上启下的连结作用。它是闽南文化进行海外传播的重要窗口，也是吸收外来文化的重要窗口。大量漳州人出海谋生，促进了与海外文化的交流，一方面涵盖了“安土重迁”的观念，另一方面又拥有海阔天空的海洋性格。无论从骑楼建筑形式，还是建筑门窗柱饰细部上，均明显地刻上了海洋文化的印迹，中西合璧成了传统民居的一大特点。

侨乡文化：漳州市是沿海著名的侨乡，是广大海外侨胞重要的祖居地，自古便有移民东南亚国家的传统。

四是漳州近代传统建筑演进的集中体现。名村内的古建筑从明清传统建筑到民国建筑多谱系的集中体现和多元建筑类型的集中体现，为研究闽南民居建筑演化提供了完整而系统的参考。

五是漳州革命先驱的前沿阵地。名村内的古建筑体现了爱国精神源远流长，同时爱国华侨的汇聚，是近代革命前沿。

六是漳台“五缘”的力证。漳台两地有着血肉般的“五缘”渊源，即地缘相近、血缘相亲、文缘相承、商缘相连、法缘相循，名村内的古建筑正是漳州与台湾“五缘”的直接证物。历史上漳台人民患难与共，结下难解之缘。漳州名村内的古建筑保存着漳州与台湾同根同源的生活基础，通过研究漳州名村内传统建筑的历史传承与台湾传统建筑历史传承，可以充分体现两岸是不可分割的。

第五章
漳州名村现状保护价值与评价

漳州市历史文化名村现状保护价值与保护状况评价包括物质文化遗产评价与非物质文化遗产两大部分。其中，物质文化遗产评价从单个古迹，到格局肌理，再到背景环境，又分为三个方面的评价，具体包括文物古迹与传统建筑保护状况评价、传统格局肌理与历史风貌保护状况评价、历史环境格局保护状况评价（见表 5-1）。

表 5-1　现状保护价值与保护状况评价要素

评价要素	文物古迹与传统建筑	传统格局肌理与历史风貌	历史环境格局	非物质文化遗产
子因子	价值的稀缺性与典型性	核心保护区风貌的完整性	选址布局的科学文化价值	丰富度与影响力
	保护的原真性	传统格局肌理的延续性	历史环境格局的协调性	延续性与活态性

第一节　文物古迹与传统建筑的保护状况评价

文物古迹与传统建筑是历史文化名村的精华，其数量、规模、年代、保存状况体现了名村的悠久历史和文化价值的稀缺性、典型性、代表性、原真性。

一、文物古迹与传统建筑价值的稀缺性与典型性评价

综合考虑名村中现存文物古迹与传统建筑修建年代、文保单位的等级、传统建筑的规模、建造工艺等因素，进行评价分级。

A 级（价值高）：现存文物古迹、传统建筑最早修建年代早（明代及以前），文保单位的等级高（省级以上），传统建筑的规模大（村 0.5 公顷以上），同时传统建筑建造工艺独特、细部装饰精美，在漳州市具有典型性和代表性。

B 级（价值较高）：现存文物古迹、传统建筑最早修建年代较早（清代及以前），文保单位的等级较高（市县级），传统建筑的规模较大（村 0.35~0.5 公顷），同时传统建筑建造工艺较有特色、细部装饰较精美，能体现当地建筑特色。

C 级（价值一般）：现存文物古迹、传统建筑最早修建年代较近（民国为主），文保单位的等级一般（列入第三次文物普查的登记范围），传统建筑的规模一般（村 0.25~0.35 公顷），同时传统建筑有一定特色。

二、文保单位与传统建筑保护的原真性评价

主要针对名村中现存文保单位和传统建筑保存状况、修缮情况、使用功能等历史原真性评价分级。

A 级（原真性较高）：现存文保单位和传统建筑保存状况较好，有定期的修缮，仍体现传统建筑原貌，延续原有使用功能。

B 级（原真性一般）：现存文保单位和历史建筑保存状况一般，部分有修缮，少部分已破败、废弃，未延续原有使用功能。

C 级（原真性较差）：现存文保单位和历史建筑保存状况较差，缺少修缮维护，大部分已破败、废弃，未延续原有使用功能。

三、文物古迹与传统建筑的现状评价结论

文物古迹与传统建筑的现状评价如表 5-2 所示。

表 5-2　文物古迹与传统建筑的现状评价

名称	级别	文物古迹与传统建筑价值的稀缺性与典型性评价		文保单位与历史建筑保护的原真性评价	
南靖县书洋镇田螺坑村	中国历史文化名村	最早建筑修建于明代洪武（江夏堂），国保 1 处（田螺坑土楼群包括步云楼、和昌楼、振昌楼、瑞云楼、文昌楼共 5 个点），历史建筑 1 处，其他第三次文物普查点 1 处，传统建筑群集中修建于清代。古官道 2 处、古井 7 口、古树 5 棵	A	文物建筑本体保护较好，内部临时搭建的小卖铺、遮阳棚破坏景观，低层基本都作为店铺，二层以上仍延续居住功能，部分作为青年旅社	A
龙海区东园镇埭尾村	中国历史文化名村	最早建筑修建于明代（天后宫），市（县）级文保 1 处，其他第三次文物普查点 2 处；历史建筑 14 处、古码头遗址 2 处、古树名木 3 处	A	文物建筑保存相对较好，传统建筑存在局部建筑立面有瓷砖材质贴面	A
平和县霞寨镇钟腾村	中国历史文化名村	最早建筑修建于清代（钟腾黄氏宗祠），省保单位 1 处，县保 4 处、其他第三次文物普查点 1 处；历史建筑 5 处，古桥 1 处、古井 3 处、古树名木 3 处	B	在文保单位中，榜眼府保护修缮较好，余庆楼与朝阳楼两座土楼保存较差，四角坍塌严重，基本处于废弃状态，无居住功能	B
南靖县书洋镇石桥村	中国历史文化名村	最早建筑修建于清代，县保单位 2 处（顺裕楼、长源楼），其他第三次文物普查点 1 处，古墓 1 座、古桥 2 处、古井 3 处、古树名木 1 处	B	大部分已废弃，传统建筑外围搭建严重	C

续表

名称	级别	文物古迹与传统建筑价值的稀缺性与典型性评价		文保单位与历史建筑保护的原真性评价	
南靖县书洋镇塔下村	中国历史文化名村	最早建筑修建于明代，全国重点文物保护单位1处（德远堂），县级文保3处，其他第三次文物普查点8处。古树名木群2处、古亭3处、旗杆石群1处、古桥11座、古官道1条	A	德远堂整体保护较好，其他传统建筑功能延续性较好	A
南靖县书洋镇河坑村	中国历史文化名村	最早建筑修建于明代（1617~1623年）。村有13座土楼列入《世界文化遗产名录》；省保1处，其他第三次文物普查点1处，古墓1处、古桥2座	A	传统建筑保护较好，原居住功能延续	A
龙文区蓝田镇湘桥村	省级历史文化名村	最早建筑修建于清代，其他第三次文物普查点5处，古桥1处、暗渠1条、古树名木3处	B	保护建筑修缮不当，均为落架大修，原来的真实性差	B
诏安县西潭乡山河村	省级历史文化名村	最早建筑修建于清代，省保1处（山河震山祖祠），县保8处（山河叶太恭人祠、震山古寨、怡和公厅、省山祖祠、沈氏家庙、“大夫第”祠堂、文山祖祠、友敬祠—五马拖车）；古井3处、古寨门1处、古树名木5处	B	至今保存基本完好的“女人祠堂”——叶太恭人祠，是现在全国存留可考查的三座女人祠堂之一。传统建筑保护较好，原居住功能延续	A
华安县马坑乡和春村	省级历史文化名村	最早建筑修建于清代，县保1处，其他第三次文物普查点24处，古桥1处、古井4处、古石刻2处、古树名木9棵	B	传统建筑保护一般，文物古迹和历史建筑因年久失修显得破败，名村街巷内，传统建筑外围随意搭盖现代简易房屋；部分原居住功能延续	C

续表

名称	级别	文物古迹与传统建筑价值的稀缺性与典型性评价		文保单位与历史建筑保护的原真性评价	
龙海区港尾镇城内社（村）	省级历史文化名村	最早建筑修建于清代，市（县）保 2 处，其他第三次文物普查点 2 处，古井 2 处	B	传统建筑保护较好，原居住功能未延续	B
漳浦县佛昙镇轧内村	省级历史文化名村	最早建筑修建于明代（陈氏家庙），县保 2 处，古树名木群 2 处	A	传统建筑保护较一般，原居住功能未延续	B
平和县秀峰乡福塘村	省级历史文化名村	最早建筑修建于清代早期，省保 8 处、县保 2 处，其他第三次文物普查点 9 处；古井 28 个、古碑 2 处、古树名木 2 棵	A	文物保护单位现状保存较为良好，传统建筑格局保存较为完整，部分建筑还有村民居住，生活气息浓厚	B
南靖县奎洋镇上洋村	省级历史文化名村	最早建筑修建于清代乾隆时期（聚精堂），省保 1 处、县保 3 处，其他第三次文物普查点 3 处，历史建筑 8 处、古井 9 处、风水林 1 处、古树 3 棵、古道 3 条、古墓 1 处、古寨墙 1 处	A	文物建筑保存相对较好，传统建筑保存一般。原居住功能延续	B
长泰区岩溪镇珪后村	省级历史文化名村	最早建筑修建于明代（追远堂），省保 8 处，2 处历史建筑，古井 8 处、古渠 1 处、古树名木 7 棵	A	传统建筑保护较好，原居住功能未延续，有活化利用	B
长泰区枋洋镇林溪村	省级历史文化名村	最早建筑修建于明代（林墩寨），县保 5 处，古井 1 处、古树 5 棵、古寨门 2 处	B	传统建筑保护较一般，原居住功能未延续	C
诏安县桥东镇西沈—西浒村	省级历史文化名村	最早建筑修建于清代（七圣宫），县保 5 处，古城墙遗址 1 处、古城门 4 处、古树名木 6 棵、古庙 6 座	B	传统建筑保护较一般，因年久失修显得破败，有的甚至垮塌成为危房，环境质量较差。原居住功能未延续	C

续表

名称	级别	文物古迹与传统建筑价值的稀缺性与典型性评价		文保单位与历史建筑保护的原真性评价	
诏安县金星乡湖内村	省级历史文化名村	最早建筑修建于明代（义士祖祠），国保1处、省保1处、县保4处，其他第三次文物普查点3处，历史建筑3处、遗址2处、古石刻群5处、古石洞3个、古井12处、古树名木20棵	A	由于缺乏专业知识和正确指导，无论是建筑修复还是旅游开发等，均存在着一定的盲动性，拆真建假、弄巧成拙的情况屡有发生，有些甚至已经严重地破坏了原有景观，如变石头路为水泥路、改变墙体铺装结构和屋顶、门窗样式等，造成了特色历史元素的流失	C
云霄县火田镇西林村	省级历史文化名村	最早建筑修建于明代（张氏家庙），省保2处，县保1处、其他第三次文物普查点3处，古渡口遗址1处、古井2处、古树名木1棵	A	传统建筑保护较好，但原居住功能未延续	B
云霄县火田镇菜埔村	省级历史文化名村	最早建筑修建于明末（菜埔堡），省保1处，古庙5处、古井4处、古树名木1处	A	传统建筑保护较差，原居住功能延续	B
云霄县莆美镇阳下村	省级历史文化名村	最早建筑修建于明洪武（方氏宗祠），省保3处、县保1处、其他第三次文物普查点5处，城门4座、土地庙4座、水门4座、古城墙1处、古桥遗址1处、沉船遗址1处、古石碑1个和古树名木3棵	A	传统建筑保护较好，原居住功能未延续，有活化利用	B
云霄县和平乡莆顶村	省级历史文化名村	最早建筑修建于明代（莆阳楼），县保3处、其他第三次文物普查点2处，古桥1座、古井4口、古碑7处、庙宇4座、山洞遗址1处、私塾遗址1处、古树名木9棵	B	现存文保单位和传统建筑保护较好，部分未修缮，原使用功能延续	B

续表

名称	级别	文物古迹与传统建筑价值的稀缺性与典型性评价		文保单位与历史建筑保护的原真性评价	
诏安县深桥镇仕江村	省级历史文化名村	最早建筑修建于明代（灵惠大庙），县保7处、其他第三次文物普查点3处，古城门2座、古码头1处、古桥1座、古井6口、古树名木5棵	B	现存文保单位和传统建筑保护较好，部分未修缮，原使用功能延续	B

资料来源：漳州市国家历史文化名城保护中心。

四、现状保护存在的主要问题

一是传统建筑中存在保护不佳、修缮不力的问题，如局部坍塌、毁坏、废弃，未能延续原有功能。其中，土楼建筑存在内外部搭建问题。

二是文保单位与第三次文物普查点的修缮缺乏监管。

三是部分宗祠、庙宇等文物保护建筑修缮过度，造成二次破坏，如立面采用现代的瓷砖贴面。

四是村民自发保护的意识不够，在保护过程中会有反作用。

第二节　传统格局肌理与历史风貌保护状况评价

传统格局肌理与历史风貌的完整性、延续性和协调性往往是表征历史文化村镇保护价值、保护状况的最重要的指标。

一、核心保护区风貌完整性评价

针对核心保护区的规模、历史建筑及环境用地面积占核心面积比例、历史风貌的完整性等因素进行综合评价分级。

A级（风貌完整性高）：核心保护区面积6公顷以上，核心区现存历史建筑及环境用地面积占核心区全部用地面积的比例在80%以上，现状整体建筑高度协调，仍体现传统的历史风貌。

B级（风貌完整性较高）：核心保护区面积2~6公顷，核心区现存历史建筑及环境用地面积占核心区全部用地面积的比例在60%~79%，现状整体建筑高度协调性较好，有少量新建筑突出不协调，大部分区域体现传统的历史风貌。

C级（风貌完整性较一般）：核心保护区面积2公顷及以下，核心区现存历史建筑及环境用地面积占核心区全部用地面积的比例在59%以下，现状整体建筑高度协调性一般，局部突出的新建建筑较多，一定的集中区域体现传统的历史风貌。

二、传统格局肌理延续性评价

根据历史水系格局、历史街巷格局、传统院落空间肌理及其功能特色的延续性进行评价分级。

A级（传统格局肌理完整延续）：核心保护区保持良好的传统格局肌理，历史水系、历史街巷体系完整，消防、给排水、防盗、防御等特殊功能延续性较好，仍反映原规划布局特色理念。

B级（传统格局肌理较完整延续）：核心保护区基本保持了传统格局肌理，历史水系、历史街巷体系较为完整，消防、给排水、防盗、防御等特殊功能基本延续，局部仍反映原规划布局特色理念。

C级（传统格局肌理基本骨架延续）：核心保护区保留了一定的集中连片格局，保持了较为完整的骨架体系，能较为完整地看出原有的历史水系、历史街巷体系，消防、给排水、防盗、防御等特殊功能有局部延续，能部分反映原规划布局特色理念。

三、传统格局肌理与历史风貌的现状评价结论

传统格局肌理与历史风貌的现状评价如表5-3所示。

表 5–3 传统格局肌理与历史风貌的现状评价

名称	级别	核心保护区规模与风貌完整性评价		传统格局肌理延续性评价	
南靖县书洋镇田螺坑村	中国历史文化名村	核心保护范围面积 8.85 公顷，全部传统建筑占村庄建筑总面积的比例为 80%，整体风貌的完整性与协调性高，村庄没有新建的农居	A	现状螺坑土楼群仍保持“四菜一汤”传统格局，由 1 座方楼（步云楼）、3 座圆楼（和昌楼、振昌楼、瑞云楼）和 1 座椭圆形楼（文昌楼）组成，方楼步云楼居中其余 4 座环绕周围，依山势错落布局	A
龙海区东园镇埭尾村	中国历史文化名村	核心保护范围面积 10.8 公顷。核心区现存传统建筑及环境用地面积占核心区全部用地面积的比例为 85%，整体风貌的完整性与协调性较高，村落南侧新建农居建筑 4 层较高，与原有 1 层传统建筑对比强烈	B	留有历史水系 1 条，历史街巷 5 条。传统格局肌理完整延续，按照“九宫”格局布局，街巷格局也十分规整。东西向的街巷为主街，主要由每座大厝前十几米宽的红砖大埕组成，是交通联系的主要通道；南北向的小巷隐于一排排整齐划一的古厝山墙之间，每条巷子都整齐划一，300 多米长的南北向可以从村头看到村尾	A
平和县霞寨镇钟腾村	中国历史文化名村	核心保护范围面积 5.5 公顷。核心区现存历史建筑及环境用地面积占核心区全部用地面积的比例为 70%，整体风貌的完整性与协调性一般。传统建筑周边新建农居高度较高，风貌不协调	B	村落内保存有历史水系 3 条，历史街巷 7 条（古驿道、后坑墩路、溪岸路、下学巷、后门路、章厝路、径仔路）。传统格局肌理较为完整延续，建筑依山而建，围绕古村落土楼穿插，纵向的巷道依山蜿蜒，起到“通山达水”的作用，横向巷道将不同高程的传统建筑相贯通	B
南靖县书洋镇石桥村	中国历史文化名村	核心保护范围面积 7.98 公顷，核心区现存传统建筑及环境用地面积占核心区全部用地面积的比例为 85%。整体风貌的完整性与协调性较高	B	村落内保存有历史水系 1 条，三团溪穿流而过，将村子一分为二，凭自然地势形成了四片集中的住宅区。村呈团状分布，在 500 多年的漫长历史长河中，共建造了 20 多座土楼。形态多变的土楼像是从溪石滩上自然生长出来，美不胜收	A

续表

名称	级别	核心保护区规模与风貌完整性评价		传统格局肌理延续性评价	
南靖县书洋镇塔下村	中国历史文化名村	核心保护范围面积14.4公顷，全部传统建筑占村庄建筑总面积的比例为80%，整体风貌的完整性与协调性较高，水街主路像大树树干，从水街主路上延伸出许多巷道连接主路和各家各户，故形成主路似脉、巷道支状延伸的格局	A	塔下古村落地形为“一水依两岸”的狭长地带，村落内保存有历史水系1条，书洋溪穿流而过，土楼水街成为塔下的骨架和主要道路，传统格局肌理完整延续	A
南靖县书洋镇河坑村	中国历史文化名村	核心保护范围面积16.76公顷，全部传统建筑占村庄建筑总面积的比例为95%，整体风貌的完整性与协调性较高，仍体现出传统历史风貌	A	村落内保存有历史水系1条，河坑溪穿流而过，土楼水街为主道，两侧逆着等高线向村里延伸，传统格局肌理完整延续	A
龙文区蓝田镇湘桥村	省级历史文化名村	核心保护范围面积4.2公顷，全部传统建筑占村庄建筑总面积的比例为40%，周边新建农房建筑较多，破坏了整体风貌	C	南侧九龙江西溪，支流九十九湾内河绕村而过，传统格局肌理基本骨架延续	C
诏安县西潭乡山河村	省级历史文化名村	核心保护范围面积4.8公顷，全部传统建筑占村庄建筑总面积的比例为90%，整体风貌的完整性与协调性较高，仍体现出传统历史风貌	B	境内有诏安县域的最大河流—东溪溪流和东溪支流。现状保留的传统古街巷主要有忠君巷、大夫巷和友敬巷3条。街巷空间基本以友敬巷为中心，东西两侧的主要街巷呈“雁形”向外围辐射扩张，连接外围的山体和水系，内部又有分布于房前屋后贯通传统建筑的支巷	B

续表

名称	级别	核心保护区规模与风貌完整性评价		传统格局肌理延续性评价	
华安县马坑乡和春村	省级历史文化名村	核心保护范围面积50.7公顷，全部传统建筑占村庄建筑总面积的比例为45%，周边新建农房建筑较多，破坏整体风貌	C	孔雀溪贯穿和春村，传统格局肌理较完整延续	B
龙海区港尾镇城内社（村）	省级历史文化名村	核心保护范围面积2.83公顷，全部传统建筑占村庄建筑总面积的比例为50%，除浦西城堡整体风貌完整外，新建农房建筑较高，局部影响整体风貌	C	核心保护区基本保持了传统格局肌理，街巷体系完整，消防、给排水、防御倭寇贼匪入侵等特殊功能基本延续，仍能反映原规划布局特色理念	B
漳浦县佛昙镇轧内村	省级历史文化名村	核心保护范围面积2.98公顷，全部传统建筑占村庄建筑总面积的比例为70%，新建农房建筑较高，影响整体风貌	B	村内有鉴湖；随着经济水平的提高，村民“拆旧建新”现象更加频繁，建筑高度出现失控现象，新建建筑高度均在3层以上。新建建筑在体量、高度、形式、色彩等方面均与传统建筑形成鲜明对比，对村落的传统格局造成很大的破坏	C
平和县秀峰乡福塘村	省级历史文化名村	核心保护范围面积17.4公顷，现存传统建筑占核心区全部用地面积的比例为65%，整体风貌的完整性与协调性较好，但沿溪有部分新建农房建筑较高，局部影响整体风貌	B	贯穿村落的福塘溪（仙溪）呈S形蜿蜒，村落整体风貌保存较好，形态完整、传统风貌延续的有6条街巷古道，至今仍是村民出行的主要步道。沿仙溪保留着一条古代商旅古驿道	B

续表

名称	级别	核心保护区规模与风貌完整性评价		传统格局肌理延续性评价	
南靖县奎洋镇上洋村	省级历史文化名村	核心保护范围面积16.9公顷，现存传统建筑占核心区全部用地面积的比例为80%，整体风貌的完整性与协调性较好，旧村落与新村点分离	B	核心保护区保持良好的传统格局肌理；后溪呈现东西走向穿村而过，溪面较宽，流经主村部分的驳岸已硬化	B
长泰区岩溪镇珪后村	省级历史文化名村	核心保护范围面积7.1公顷，现存传统建筑占核心区全部用地面积的比例为80%，整体风貌的完整性与协调性一般，周边新建农房建筑较高，影响整体风貌	B	传统格局肌理基本骨架延续	C
长泰区枋洋镇林溪村	省级历史文化名村	核心保护范围面积8.9公顷，现存传统建筑占核心区全部用地面积的比例为50%，整体风貌的完整性与协调性一般，周边新建农房建筑较高，影响整体风貌	C	南侧油车溪、西侧林墩溪两条历史水系，有一条穿越林溪村的长泰“茶马古道”，传统格局肌理较完整延续	B
诏安县桥东镇西沈一西浒村	省级历史文化名村	核心保护范围面积4.7公顷，现存传统建筑占核心区全部用地面积的比例为60%，整体风貌的完整性与协调性一般，周边部分新建农房建筑较高，影响整体风貌	B	“大西沈”坐落于浒溪河畔，村落景观与水域风光连成一体，浑然天成。村落整体保存完整，组团分明，每家每户面水而居，村落充满生机	A
诏安县金星乡湖内村	省级历史文化名村	核心保护范围面积9.93公顷，现存传统建筑占核心区全部用地面积的比例为90%，整体风貌的完整性与协调性一般，周边部分新建农房建筑较高，影响整体风貌	B	有一条贯穿湖内村的湖内溪；巷道宽度1~3米不等，现状仍然保持着传统街巷的尺度和比例关系	B

续表

名称	级别	核心保护区规模与风貌完整性评价		传统格局肌理延续性评价	
云霄县火田镇西林村	省级历史文化名村	核心保护范围面积9.93公顷，现存传统建筑占核心区全部用地面积的比例为60%，整体风貌的完整性与协调性一般，周边新建农房建筑较高，影响整体风貌和天际轮廓	C	从村中高处四望，秀丽的漳江西北二条支流，紧挨着村子的东西两侧，在村子南端汇合，缓缓向南流去；村内七星塘，道路体系等重要组成要素保存完整	B
云霄县火田镇菜埔村	省级历史文化名村	核心保护范围面积8.5公顷，现存传统建筑占核心区全部用地面积的比例为60%，现古村菜埔堡保存较完整，周边新建农房建筑较高，影响整体风貌	B	漳溪绕村而过，有一座古代筑成的溪破（水坝），称新埔墩破，水渠蜿蜒2公里，灌溉水田约200亩。古村内街巷空间肌理保存较好，有比较完整的历史风貌	B
云霄县莆美镇阳下村	省级历史文化名村	核心保护范围面积10.17公顷，现存传统建筑占核心区全部用地面积的比例为80%，整体风貌的完整性与协调性一般，新建筑层数四层至五层，多集中在绥阳东路及村庄主干道两侧，但古村落内仍基本维持着较好的高度控制，村落周边视觉环境也基本得到保障	B	村域东侧有漳江南江蜿蜒而过，主要的水系为北部的月溪，主要巷道的走向以东南或西北互为纵横交错，汇成“九宫”格局。直至今日，阳下村的街巷尺度基本保留原状	B
云霄县和平乡莆顶村	省级历史文化名村	核心保护范围面积1.59公顷，现存传统建筑占核心区全部用地面积的比例为90%，整体风貌的完整性与协调性一般，周边部分新建农房建筑较高，影响整体风貌	C	境内水网发达，水系由溪流、灌溉渠、村内水圳等组成；主要的水系为西溪（莆顶溪），其发源于乌山山脉，自西向东流经村境蜿蜒汇入漳江。内部格局肌理清晰，小巷基本上都保留比较完整，整体布局严谨，功能布局合理，反映了土楼聚落建设的一种形式与发展模式	B

续表

名称	级别	核心保护区规模与风貌完整性评价		传统格局肌理延续性评价	
诏安县深桥镇仕江村	省级历史文化名村	核心保护范围面积9公顷。核心区现存传统建筑及环境用地面积占核心区全部用地面积的比例为75%，整体风貌的完整性与协调性一般，传统建筑周边部分新建农房高度较高，风貌不协调	B	以“葫芦形”的仕渡堡为核心，堡内百余小巷以长东巷、乌门巷、石路巷为中心，形成许多“井”字状，起到防军事防御、防匪盗、防火灾作用，传统格局肌理完整延续，西溪流经仕江村	A

资料来源：漳州市国家历史文化名城保护中心。

漳州历史文化名村核心保护区风貌完整性较高，部分村落存在新建农房穿插其中，破坏整体风貌的协调。传统格局肌理延续性整体较高，但部分名村存在如下问题：

（1）历史水系被填，水质污染，水塘干枯（垃圾散落、堆放）。

（2）历史街巷空间尺度、路面材质等传统风貌的改变。

（3）历史水系、历史街巷沿线建筑高度与立面风貌的改变。

第三节　历史环境格局保护状况评价

历史文化名村往往布局于山水环境优越的地段，运用了传统的风水理念，在村落选址、规划、营造方面反映了科学、文化、历史、考古价值，因此名村与周边优美的自然山水环境或传统田园风光的和谐共生关系也是评价的重要内容。

一、选址布局的科学文化价值评价

A级（选址布局的科学文化价值高）：名村选址、规划、营造具有典型的地域、特定历史背景或民族特色，村落与周边环境能明显体现选址所蕴含的深厚的文化或历史背景，有很高的科学、文化、历史、考古价值。

B 级（选址布局的科学文化价值较高）：名村选址、规划、营造具有一定地域和文化价值，村落与周边环境能体现选址所蕴含的深厚的文化或历史背景，有较高的科学、文化、考古、历史价值。

C 级（选址布局的科学文化价值一般）：名村选址、规划、营造保持本地区普遍的传统生活特色，村落与周边环境勉强体现选址所蕴含的深厚的文化或历史背景，科学、文化、历史、考古价值一般。

二、历史环境格局的协调性评价

A 级（历史环境格局的协调性较好）：名村周边环境保持良好，与名村和谐共生，清晰体现原有选址理念，重要的历史格局轴线、廊道保持较好。

B 级（历史环境格局的协调性一般）：名村周边环境有一定程度改变，但与名村较和谐，能够体现原有选址理念，重要的历史格局轴线、廊道保持一般。

C 级（历史环境格局的协调性较差）：名村周边环境遭受较为严重的破坏，与名村历史空间格局相冲突，几乎不能体现原有选址理念，重要的历史格局轴线、廊道无法体现。

三、历史环境格局的现状评价结论

历史环境格局的现状评价如表 5–4 所示。

表 5–4　历史环境格局的现状评价

名称	级别	选址布局的科学文化价值评价		历史环境格局的协调性评价	
南靖县书洋镇田螺坑村	中国历史文化名村	田螺坑四周群山环抱，藏风聚气，一年四季日照时间长，因地形像田螺，四周群山高耸，中间地形低洼，形似坑而得名。从地理位置上看，田螺坑地理位置处在八卦方位上的乾、坎、艮为三吉方。在上、中、下三元运势中，乾、艮行吉运时间最长。田螺坑为艮方，三吉方之一。 一方四圆的土楼在基址穴位的选择上，遵循中国的风水文化。步云楼为“扑虎”位，和昌楼为“螃蟹地”位。据专家考证，五座土楼之间采用黄金分割比例 2 ∶ 3、3 ∶ 5、5 ∶ 8 而建造；史学家、地理学家称这五座土楼为《周易》金、木、水、火、土的杰出代表	A	现在仍完好地保持了原有的历史环境格局。五座土楼依山势起伏、高低错落，疏密有致，居高俯瞰，像一朵朵盛开的梅花点缀在大地上，又像是飞碟从天而降，仰视田螺坑土楼群，像西藏的布达拉宫，构成人与自然环境和谐共存的绝景	A
龙海区东园镇埭尾村	中国历史文化名村	埭尾村环抱于鸡笼山、大帽山、鹅蛋山之中，位于绿水环抱的小岛上，环村水系长 3.2 公里。村落选址既深合传统的风水理念，又有利于取水与排水，多水的环境还营造了宜居的小气候，有利于传统的耕田“耕”海的生活方式。村落地势西高东低，村庄的南北边低，中间高。村中的古民居全部朝北，即朝向笔架山的方向，其用意有二：其一，北望中原，不忘陈氏故土；其二，面向笔架山，有利于村中启文运，发科甲	A	现在周边的历史环境格局保存较好，站在村外的高处环视这里，远山、田园、水道、小舟、古民居、古榕融为一体。近年南侧新建农居较高，局部破坏了整体环境格局	B

续表

名称	级别	选址布局的科学文化价值评价		历史环境格局的协调性评价	
平和县霞寨镇钟腾村	中国历史文化名村	钟腾村位于群山谷中，古村落选址布局体现科学性，背依望月山走势，傍钟腾溪两侧而建，前抱双尖山、溪平山、径子山，四周为山坳，呈负阴抱阳围合之势。村落建筑以方形、圆形或一字单元式土楼为一组，村落空间布局呈现带状分布。村落布局充分体现哲学、风水土木学说及天人合一的生态环境观	A	现在周边的历史环境格局保存较好，现民居仍依山就势布局，但部分新建民居较高，破坏了与山体的天际轮廓关系	B
南靖县书洋镇石桥村	中国历史文化名村	石桥村聚落北障高峰——大窠岽，地势高爽，排水甚便，既御风寒又纳阳光，东西山峦对峙，构成土楼群美丽的衬景。南面近有“案”——溪背崎，远有“朝”——蝙蝠山，成为聚落绝妙的对景。西南与东南沿溪流的方向视野较为开阔。整个聚落依山傍水，处于地势低的背风处，冈峦环抱，中部平坦，涓涓细流，蜿蜒而过，其围合状就如风水说中的“聚宝盆”	A	石桥村是一个客家村落，这个处在清流如带、十分静谧的高山溪谷畔的村庄，三面环山，一面临水，三团溪两条溪流从村里蜿蜒穿过，古民居临水鳞落，独占风光	A
南靖县书洋镇塔下村	中国历史文化名村	塔下村是一个中国典型客家村落。整个村落前有溪水为临，后有高山作依靠，四周群山环抱，又有“铁扇关门”，阴阳相合，正是天时地利人和的天人相合的融洽之境，自然生意盎然。这样的环境既有利于通风、挡寒、排水、去污，又能获得农业社会所需的一切生存资源，营造了一个自给自足又相对安谧的“世外桃源”	A	现在仍完好地保持了原有的历史环境格局。河流从塔下自然村曲折穿过，成“S”状，把村落分为东西两部分，村落房屋依山沿水，不经意间形成了太极八卦图案	A

续表

名称	级别	选址布局的科学文化价值评价		历史环境格局的协调性评价	
南靖县书洋镇河坑村	中国历史文化名村	河坑土楼群以“法天象地”作为规划布局理念，14 座方圆土楼一次规划分批建设，单体土楼采用夯土墙与穿斗式架构共同承重的方法建成两层以上封闭式围合型民居建筑。楼群坐落于不足 1 平方公里的山地溪畔间，是福建土楼中最密集的土楼群。建筑依山就势，布局合理，错落有致，体现了人与大自然融为一体	A	现在仍完好地保持了原有的历史环境格局	A
龙文区蓝田镇湘桥村	省级历史文化名村	湘桥村的选址凸显古代择吉地而居的文化内涵，是古村理想山水格局的真实写照。湘桥布局符合“枕山、绕水、面屏”的理想模式，曾经是“三面环水，七星贯水”的历史格局，村庄西侧为九十九湾，北侧为湘水（上面曾横跨一座桥，故名湘桥），南面为九龙江，村庄的三面被自然水体围绕的格局	C	现在滨水环境遭到破坏，水系堵塞，原来水乡风貌和生活状态消失，人们择水而居的生活方式随着城镇化的推进而改变	C
诏安县西潭乡山河村	省级历史文化名村	山河村选址在鸡笼山南面山脚下，背靠该村与本县红星乡接壤的连绵群山，东傍本县母亲河东溪源头主流；南迎东溪数条支流；西接连绵数百亩的肥沃田园，在村落与田园连接处，卧躺着两条汇聚群山泉流的水带，与东溪支流交汇。 背山面水，且处于河流（东溪支流）弯曲内侧，各方面均符合古代村落选址要求，属于风水中的“澳位”。从风水的角度看，山河村的地理“枕山环水，藏风聚气”，是明显的“阳基”理想模式。可概括为：“北枕青山，南襟碧水，中轴对称，雁形布局”	A	现在比较好地保持了原有的历史环境格局	B

续表

名称	级别	选址布局的科学文化价值评价		历史环境格局的协调性评价	
华安县马坑乡和春村	省级历史文化名村	和春村有“闽南西藏”之称，村四面高山环绕，村中的古寺宗祠、古民宅都围绕七星坠地，各建筑物大小排列，高低都依山大小，水的远近而定，强调天地人合一的理念。地理形胜呈“葫芦”形状，整个村落布局为东南向西北走向，葫芦谐音“护禄”“福禄”，人们认为它可以祈求幸福。有俗称“两大学四大洋”的地名，既“上学、下学，下洋、北洋、深洋、东洋”。“学”含义是：既是私塾，也是接待来宾的场所；“洋”是指地势较平、有大片的水田	B	和春村整体格局与空间形态呈现山林、古树、历史建筑遗产为一体的有机组成，村落保存有以龙兴堂、安仁堂、崇源堂为代表的众多历史古迹，整体历史风貌一般，有一定规模	B
龙海区港尾镇城内社（村）	省级历史文化名村	浦西城堡坐北朝南，三面环山，背靠狮山，左引龟山，右傍内湖山，前有自西向东蜿蜒流淌的浦西溪及广阔的峡谷平原，远处群山层峦叠嶂。城堡选址于山清水秀，环境宜人的藏风聚气场所，形势合乎中国传统风水观念在村落选址中所追求的“理想空间模式”思想，深合传统“山环水抱、负阴抱阳”的风水格局，堡内生活功能完善，街巷按“九宫”格布局，横竖整齐、主次分明，对于研究中国古代村镇规划具有较高的科学价值	B	现在构成城内社古村选址特征的狮山、龟山、内湖山等山体整体保护状况较好。流经古村南部的浦西溪，全河段水泥渠化，在浦西溪北面有一处积水潭，原为浦西海湾一部分，现在面积达三千余平方米，芦苇丛生，水质较差	B
漳浦县佛昙镇轧内村	省级历史文化名村	因村庄处在从开阔地转入小山山谷下的方地而得名（“轧”字是方言音形象字）。从唐代开始，轧内村是从广东潮州、经漳浦、至泉州的必经之道，是唐代漳州南北交通驿道。古代有五个天然淡水湖，即鉴湖、莺湖、南湖、庵湖和草湖。五湖风景优美，山环水抱，湖光山色，渔歌唱晚。轧内古村落区域在历史上具有重要的作用和地位，防御性质的古寨堡、古兵营历经千余年至今能矗立在狮子山上，是唐初开漳时期与行台相配套的三十六座“堡所”之一，是东南区域重要的海防建筑。古村村落依山而建，紧靠兵营，村庄内建筑厚重高大，具有一定的防御功能	B	山水格局完整，周边自然山体整体保护状况较好，山体植被及山体轮廓线基本得到较好的保护。村落内至今仍保存着数座古厝和古兵营遗址，村落自然生长，海防作用日益弱化，千百年来，轧内村落演化而成如今的样子	B

续表

名称	级别	选址布局的科学文化价值评价		历史环境格局的协调性评价	
平和县秀峰乡福塘村	省级历史文化名村	福塘村选址于五凤山盆地，有着精美绝伦的传统建筑，建筑依山傍水，以南北朝向为主，布局合理。南宋理学家、教育家朱熹的18代子孙朱宜伯，根据福塘村的自然条件、山川地形精心筹划始建而成。从高处看，全村宛如一个道家阴阳太极图，一泓溪水成S形状流入村中，此溪当地人称为仙溪，正好是一条阴阳鱼的界限，将村庄南北分割成“太极两仪”，溪南“阳鱼”、溪北“阴鱼”，鱼眼处各建有一座圆形土楼，即南阳楼、聚奎楼，体现了我国传统的村落选址和规划布局经典理论，是传统聚落风水营造、改善人居环境的典型案例，具有极高历史价值	A	现在周边的历史环境格局保存较好，“两山一水，茂林绿叶”。两山指五凤山和秀峰山，一水指由东向西穿过村庄的福塘溪，山水相依，自然环境优美。只有局部沿山边“拆旧建新”出现挖山现象	B
南靖县奎洋镇上洋村	省级历史文化名村	上洋村四面山峦连绵，后溪穿村而过，整个村庄地形似莲花盆地，村北侧有一片郁郁葱葱的风水林，村中与西南侧有大片广袤的农田，村中土楼均向溪而建，与青山、绿水、古道、农田构成统一和谐的有机整体。其布局体现了“因天时、就地利、融自然”的中国传统“风水”理念，对地理环境因势利导，是风水学里的最佳村址处	B	现在周边自然环境保护状况较好，没有对山体造成较大破坏	B
长泰区岩溪镇珪后村	省级历史文化名村	珪后村西边远处的良冈山，由西向东有董凤山，连绵的山脉环抱珪后村，村前一马平川，远处的龙津江由东向西蜿蜒而过。村落选址体现“天、地、人”统一的思想。符合风水理论中“负阴抱阳、背山面水”的基本格局，是乃“藏风聚气”的宝地	B	现在周边自然环境保护状况较好，没有对山体造成较大破坏，但由于居民近年新建建筑多与传统风貌不协调	C

续表

名称	级别	选址布局的科学文化价值评价		历史环境格局的协调性评价	
长泰区枋洋镇林溪村	省级历史文化名村	林溪村布局依山傍水，聚散有序，在具有和谐自然美的同时，还具有极为丰富的历史文化内涵，并寓有一种人文之美	C	现在周边自然环境保护状况较好，没有对山体造成较大破坏，但由于居民近年新建建筑多与传统风貌不协调，对村落内的街巷、沿山景观都造成一定的影响	C
诏安县桥东镇西沈一西浒村	省级历史文化名村	“大西沈”背靠河港山，北部高大的山脉阻挡了南下的寒冷气流，为山谷开阔地带营造了一个相对温暖的环境；谷地平坦开阔，阳光充足，是为明堂；村落往南面向浒溪，潺潺流水婉转而过，为此地增添了生机与灵动，同时充足的水源也便于饮用和农田的耕作；村落西南部的南山等山脉与河港山、大坪山相望，朝拱之山营造了山间谷地相对幽静的小环境	B	现在周边自然环境保护状况一般，部分村民在古城墙附近搭建房屋，侵占古城墙及其周边用地，破坏了古城墙的传统风貌	B
诏安县金星乡湖内村	省级历史文化名村	湖内村庄基地背后有座山——九侯山，其北有连绵高山群峰——乌山山脉众峰为屏障；左右有低岭岗阜“青龙”“白虎”环抱围护；前有河流——湖内溪婉转经过，西面有西湖厝、山尾山形成的水口山，溪流在此曲折南下，意味为湖内村财不外流，邪不入内；水前又有远山近丘的朝案对景呼应。基址恰处于这个山水环抱的中央，内有千顷良田，山林葱郁，河水清澈，是藏风聚气的龙穴之所在，自然生意盎然，是村落选址的理想之地	A	高山盆地，四面为山，中间溪流穿过，溪流两侧为村落，村落背靠山体，面朝开阔的农田，形成了山一田一村一水界面格局，村落布局与自然地形完美地结合在一起	B

续表

名称	级别	选址布局的科学文化价值评价		历史环境格局的协调性评价	
云霄县火田镇西林村	省级历史文化名村	西林旧村中部略微隆起，被称为“龙脊”；西侧军营山东坡山脚下是平埔地。西林村东部的漳江原名绥安溪。漳江在西林村南侧接纳南溪，河道宽 60~80 米，水流平缓，水质优良，自然植被与态环境保存较好，下游经县城注入东山湾流向台湾海峡	B	村落格局未发生重大变化，“山、宅、田、园”的历史环境特征保存完好	B
云霄县火田镇菜埔村	省级历史文化名村	菜埔村属滨江平原地形，村庄地势平坦，西北略微高于东南，整体呈北略微向南倾斜的地势，古村坐落于漳江边上，依山傍水，东西北三面有丘陵浅山围绕，植被茂盛	B	现在周边自然环境保护状况一般	C
云霄县莆美镇阳下村	省级历史文化名村	这里地处漳江中下游的三角洲地带，土地肥沃，地势平坦。阳霞城堡平面呈椭圆略成长方型，四面辟有大小城门共 8 个：南大门“协恭”，北大门“拱辰”，东大门“若华”，西大门“韶镛”；这四大城门各于其左侧 20 米处辟一小门，称“水门”。这四大城门均为石拱券形筑成，其南大门为全村的礼仪之门，历来但凡村里迎宾送客、婚丧吉庆、迎神赛会，仪仗队伍均需通过此门。若华门与韶镛门亦遥相峙立，城中主要通衢巷道，平面交叉而成一个大型“井”字线，蕴含“桑榆市井长兴永盛”的寓意和愿景	A	现阳霞古堡整体格局风貌保存完整，城堡平面呈椭圆略长型。堡内原有的环保设施较为科学，辟有壕沟、水浚与池塘，为排洪清污起到相应的作用，但新建建筑大多为现代样式，造型及颜色与传统风貌不同，缺乏闽南建筑元素的传承	B

续表

名称	级别	选址布局的科学文化价值评价		历史环境格局的协调性评价	
云霄县和平乡莆顶村	省级历史文化名村	莆顶村由“山、水、林、田、居”相互交融而成，整体形似一个聚宝盆；“山环水绕，林田相交，村在其中”，构成了莆顶村独特的韵味。村内山峦叠嶂，景色优美，植被茂密，郁郁葱葱，青山和广东山四面环村，其中青山海拔最高处可达501.2米，视野开阔。村落选址凸显出“择吉地而居”的文化内涵，是聚落理想山水格局的真实写照，布局符合“枕山、环水、面屏”的理想模式，反映了土楼聚落营建中的人文、生态内涵，是人类适应自然、人与自然和谐的典范模式	A	莆顶村不仅在空间山水格局上的独特价值，同时“山—水—田—居”的景观风貌也凸显了闽南传统聚落在宏观整体环境上的特色。这种传统的聚落居住、农业生产与生态景观三者之间的关系十分和谐	A
诏安县深桥镇仕江村	省级历史文化名村	仕江村的选址通过融合周边自然地理环境，结合“出水莲花”风水宝地之意象，并巧妙地引用北斗七星的布局，将村落规划成坐北朝南，“葫芦形”的土堡，龟形墩埠为仕渡堡的主山，在风水布局上的作用是将龙脉引入土堡。村域地形走势南高北低，南面为南山，中部为西溪，北侧为村庄居民点所在地，形成青山、良田、溪流、村居交错，风景秀丽的景象	A	仕江村整体格局与空间形态呈现出山林、田园、溪流、村落、城堡为一体的有机组成风貌。村落自建村至今已有700多年历史，保留着较为完整的古村格局	A

资料来源：漳州市国家历史文化名城保护中心。

漳州的历史文化名村选址都充分运用了传统的风水理念，布局因地制宜、各具特色。大部分名村与自然山水环境格局和谐，主要布局轴线清晰可见，但存在最突出的问题是周边新村建设对外部田园景观环境的破坏较严重。

第四节　非物质文化遗产保护状况评价

历史文化名村的非物质文化遗产是指民风民俗、传统手工艺、节庆活动、名人诗词、传说、戏曲歌赋、民间艺术，以及原著民的传统生活方式、行为景观、邻里关系等。

一、非物质文化遗产的丰富度与影响力评价

A 级（非物质文化遗产丰富、影响范围广）：拥有传统节日、传统手工艺和特色传统风俗的类型与数量丰富，具有世界级、国家级的非物质文化遗产；同时当地诗词、传说、戏曲、歌赋等流传度广，在全国范围内有影响力。

B 级（非物质文化遗产较丰富、影响范围较广）：拥有传统节日、传统手工艺和特色传统风俗的类型与数量较丰富，具有省级的非物质文化遗产；当地诗词、传说、戏曲、歌赋等流传区域较广，在全省范围内有影响力。

C 级（非物质文化遗产数量一般、影响范围较小）：拥有一定数量的传统节日、传统手工艺和特色传统风俗，具有市级的非物质文化遗产；当地诗词、传说、戏曲、歌赋等有一定的流传区域，在全市范围内有影响力。

二、非物质文化遗产的延续性与活态性评价

A 级（非物质文化遗产的延续性与活态性高）：非物质文化遗产至今

连续传承时间长，在 200 年以上；现状传统节日、风俗、礼仪等传承活动规模大，名村内原住民普遍参与；传统手工艺、戏曲歌赋、民间艺术等有明确代表性传承人，且为省级以上；非物质文化遗产相关生产材料、加工、活动及其空间、组织管理、工艺传承等内容与历史文化名村特定物质环境紧密相关，不可分离。

B 级（非物质文化遗产的延续性与活态性较高）：非物质文化遗产至今连续传承时间较长，在 100 年以上；现状传统节日、风俗、礼仪等传承活动规模较大，名村内大部分原住民参与；传统手工艺、戏曲歌赋、民间艺术等有一定地方代表性传承人，且为市级；非物质文化遗产活动空间、工艺传承与历史文化名村空间具有一定依赖性，活动组织与原住民联系密切，具有民间管理组织。

C 级（非物质文化遗产的延续性与活态性一般）：非物质文化遗产有一定连续传承时间，在 50 年以上；现状传统节日、风俗、礼仪等传承活动有一定规模，名村内部分原住民参与；传统手工艺、戏曲歌赋、民间艺术等有传承人；非物质文化遗产活动组织、工艺传承与村落较为密切，为本地域共有特色遗产，具有代表性。

三、非物质文化遗产的现状评价结果

非物质文化遗产的现状评价结果如表 5–5 所示。

表 5–5　非物质文化遗产的现状评价

名称	级别	非物质文化遗产的丰富度与影响力评价		非物质文化遗产的延续性与活态性评价	
南靖县书洋镇田螺坑村	中国历史文化名村	省级非物质文化遗产 1 个，土楼客家山歌，相关器具有二胡、树叶、竹叶；宗教文化、孝文化、客家文化；传统技艺有土楼营造技艺、木偶戏、潮戏、酿酒等	B	有确定的传承人，传承良好，传统活动规模在 10 人以下，连续时间在 100 年以上，不需要依托村落存在	B

续表

名称	级别	非物质文化遗产的丰富度与影响力评价		非物质文化遗产的延续性与活态性评价	
龙海区东园镇埭尾村	中国历史文化名村	芗剧，原名歌仔戏，亦称子弟戏；锦歌，古称弦管、锦曲，今又名“什锦歌仔”“走唱”；划龙舟、木偶戏、三朝清醮等。历史名人陈淳（1159~1223年）是中国南宋理学家，朱熹传人，著有《北溪全集》等	B	有确定的传承人，传承良好，传统活动规模在10~30人，连续时间在100年以上，与村落密切关系	B
平和县霞寨镇钟腾村	中国历史文化名村	作为传统单姓聚落，族亲之间具有很强的凝聚力，对祖先遗留下来的文化遗产具有较高的认同感，保护意识很强。在2008年被评为国家级中国民间文化艺术（龙艺）之乡；省级非物质文化遗产2处：三平祖师信俗、闽台乞龟民俗（2009年）；还有当地传统的婚床放松柏枝、第六批县级非物质文化遗产石万岁信俗、龙艺表演、博济宫祭祀、挑礼巡村、二月初一大平一世祖祭墓等民俗，是一个研究地方历史文化发展演变的“活教材”	A	传承良好，全村参与传统活动，连续时间在50年以上，必须依托村落存在	B
南靖县书洋镇石桥村	中国历史文化名村	石桥村公王庙专门用来做“春福”和“冬福”，“两福”是石桥村最热闹的民俗活动	B	有确定的传承人，传承良好，全村参与传统活动，连续时间在100年以上，必须依托村落存在	A
南靖县书洋镇塔下村	中国历史文化名村	宗祠文化、尚学文化、孝文化、客家文化；省级土楼营造技艺传承人；潮戏等	A	有确定的传承人，传承良好，全村参与传统活动，连续时间在100年以上，必须依托村落存在	A

续表

名称	级别	非物质文化遗产的丰富度与影响力评价		非物质文化遗产的延续性与活态性评价	
南靖县书洋镇河坑村	中国历史文化名村	河坑地处山区，民风淳朴，崇尚礼仪，素有敬祖睦宗、尊老爱幼的优良传统，时至今日，河坑土楼人家的岁时节庆、婚丧祭祀等礼仪仍保留着中原古代风俗的特色；土楼马拉松活动	A	传承良好，全村参与传统活动，不需依托村落存在	C
龙文区蓝田镇湘桥村	省级历史文化名村	湘桥的龙舟赛由来已久。一边是蜿蜒的九龙江，另一边是九十九湾，造就了湘桥村隆重热烈的赛龙舟文化；华佗庙农历十月十五日祭	A	现在原住民参与传统节日、风俗、礼仪等传承活动有一定规模；湘桥村的华佗庙是福建省内唯一一处华佗信仰的体现，有着较强的独特性	B
诏安县西潭乡山河村	省级历史文化名村	传统节日如走“三献”、元宵挂花灯、中秋火烛节，其中中秋火烛节是山河村独具特色的节日，是其他地方和姓氏都没有的一种敬祖尊贤的传统节日	A	现在原住民参与传统节日、风俗、礼仪等传承活动有一定规模，与村落较为密切，为本地域特色遗产	B
华安县马坑乡和春村	省级历史文化名村	和春传统坐龙艺及刀轿，每年正月初十举行，是邹应龙文化艺术节保留项目之一	B	有确定的传承人，传承良好，传统活动规模在30人以上，连续时间在100年以上，必须依托村落存在	B
龙海区港尾镇城内社（村）	省级历史文化名村	“保王存赵”“筑堡抗倭”等历史事件；“送王船”庆典活动、浦西黄氏祭祖活动	C	现在传统节日、风俗、礼仪等传承活动有一定规模，名村内部分原住民参与；非物质文化遗产活动组织与村落较为密切，为本地域特色遗产，具有代表性	C
漳浦县佛昙镇轧内村	省级历史文化名村	玄天上帝巡安、上帝公诞辰民俗、端午节龙舟文化节；民间艺术“绝活世家”陈木火一家7口人，二胡、月琴、大广弦、竹箫、笛子、竹管等人人至少有一项绝活	B	轧内村绝活世家的继承人是陈忠平，传承良好	B

续表

名称	级别	非物质文化遗产的丰富度与影响力评价		非物质文化遗产的延续性与活态性评价	
平和县秀峰乡福塘村	省级历史文化名村	普济堂王公信俗是平和县第六批非物质文化遗产，举办“王公走寨”“王公走桥”“王公跳火坑”等活动；文艺活动有八士会诗社、八音班、福塘醒民潮剧团；传统技艺有龙艺制作、根雕艺术创作；特色名产蜜柚、特色红酒等	B	有确定的传承人，传统活动规模在10人以下，连续时间在100年以上，必须依托村落存在	C
南靖县奎洋镇上洋村	省级历史文化名村	第三批国家级非物质文化遗产代表性项目土楼营造技艺；庄亨阳文化，庄亨阳（1686~1746年），是清代著名的文学家、数学家和水利专家，名载《中国名人大辞典》；红色文化；民俗文化有拜祖、春祭、秋谢、巡安活动等	A	非物质文化遗产活动组织与村落较为密切，有确定的传承人，传承良好，传统活动规模连续时间在200年以上，为本地域特色遗产，具有代表性	B
长泰区岩溪镇珪后村	省级历史文化名村	“三公爷下水操”为省级非物质文化遗产；叶氏家庙上元点灯、大树碱面、莲子	B	非物质文化遗产活动组织与村落较为密切，有确定的传承人，传承良好，传统活动规模连续时间在200年以上，为本地域特色遗产，具有代表性	B
长泰区枋洋镇林溪村	省级历史文化名村	大鼓吹、九三埔盛会、攻炮城、看烟花吃面龟、元宵排大猪等丰富的传统民俗文化	C	现在住民参与传统节日、风俗、礼仪等传承活动有一定规模	C
诏安县桥东镇西沈—西浒村	省级历史文化名村	拥有诸如恭请迎游武德侯祖出社巡安、朝拜武德侯祖和七圣夫人以及纪念朝拜西沈姑婆妈等民俗风情类的活动	C	现在住民参与传统节日、风俗、礼仪等传承活动有一定规模。依托着厚重的历史文化底蕴，这些民俗活动在现代社会散发着独特的光辉	C

名称	级别	非物质文化遗产的丰富度与影响力评价		非物质文化遗产的延续性与活态性评价	
诏安县金星乡湖内村	省级历史文化名村	县级非物质文化遗产开漳圣侯巡安活动、湖内歌册；庆贺佛诞、地头公生、宗祠祭祖、请火、辇轿神像等民俗；剪瓷雕、茶叶制作等传统技艺；猫仔粥、荷叶包、糯米甜粿等	B	非物质文化遗产活动组织与村落较为密切，有确定的传承人，传承良好	B
云霄县火田镇西林村	省级历史文化名村	圣王巡安、木偶戏、歌仔戏等	B	民俗文化的传承和保存程度较高，传统活动规模连续时间在200年以上，成立管理机构，颁布保护制度，确认责任单位，村民参与范围极广，形成了浓厚的民俗特色	B
云霄县火田镇菜埔村	省级历史文化名村	“圣王巡安”是祭祀开漳圣王陈元光的传统节日风俗。它起源于闽南“开漳圣地”云霄威惠庙，流传于福建、台湾及东南亚地区；“九月半”节拜英济夫人；农历五月二十五日拜城隍神；老玉彩兴班；“全家乐”潮乐队	B	有确定的传承人，村民参与传统活动规模广，连续时间在200年以上，必须依托村落存在	B
云霄县莆美镇阳下村	省级历史文化名村	宗祠文化、海丝航运文化；传统民俗活动有“开漳圣王·巡安赐福”“端阳古韵·龙舟竞赛”“上元礼俗·元宵灯花”“天穿节与五味粥”“花朝节”“云阳方氏‘祭冬’祀祖礼俗”等。民间艺术素有“医术、武功、堪舆、戏曲和理卦五不敢入”阳霞城的盛誉	B	民俗文化的传承和保存程度较高，村民参与范围极广，形成了浓厚的民俗特色	B

续表

名称	级别	非物质文化遗产的丰富度与影响力评价		非物质文化遗产的延续性与活态性评价	
云霄县和平乡莆顶村	省级历史文化名村	传统民俗（元宵灯花、祭祀活动、“林太师巡安”活动、“关帝祭祀巡安活动”、开漳圣王巡安、端午节等）、民间艺术（莆顶李氏戏曲班社、史料传说5篇、宋代艺文歌赋10首、“口服心服”民间讲述）、建造工艺（古代土楼设计图，明代古帆船模型）	B	现在传统节日、风俗、礼仪等传承活动有一定规模	C
诏安县深桥镇仕江村	省级历史文化名村	迎祖公、王公王妈巡安、洗云龙等；国画大师沈耀初等；书画艺术、造船及船舵手、竹工艺等	B	核心保护范围中常住人口中原住居民比例在76%以上，有确定的传承人，传承良好，传统文化活动连续时间在200年以上，必须依托村落存在	A

资料来源：漳州市国家历史文化名城保护中心。

漳州的历史文化名村普遍都延续了传统的宗族文化，民俗文化，节庆祭祀、传统生活方式传延，不同文化片区内的名村保留了各自独特的民俗节庆，区域特色的差异性较大。总体来看，非物质文化遗产的丰富度、延续性和活态性较高，但正式列入国家级、省级的非物质文化遗产数量不多，整体影响力不够。

第五节　发展基础与现状评价

发展基础与现状评价主要包括区位综合评价、人口结构评价、产业与历史文化的相关度评价及基础设施完善程度评价四个部分。

一、区位综合评价

综合考虑名村的地理区位、交通区位、功能区位进行评价：

A 级（综合区位具有优势）：名村距离地区发展核心或重点发展区域近（半小时车程以内）；对外交通可达性强，通过县道、省道或高速公路可便捷的与外界联系；名村在区域发展中承担功能比较重要，或影响范围较大。

B 级（综合区位一般）：名村距离地区发展核心或重点发展区域适中（半小时至一小时车程）；对外交通可达性较好，通过县道可与外界保持联系；名村在区域发展中承担的功能较重要，或具有一定影响范围。

C 级（综合区位不具优势）：名村距离地区发展核心或重点发展区域较远（一小时车程以上）；对外交通可达性一般；名村在区域发展中承担一般性功能。

二、人口结构评价

综合考虑人口的流入流出情况、人口的收入情况及人口的年龄结构进行评价。

A 级（人口现状结构及发展趋势较好）：常住人口大于户籍人口，人口呈流入趋势；人口年龄结构均衡，青少年人口占比例较高。

B 级（人口现状结构均衡，发展趋势稳定）：常住人口约等于户籍人口，人口呈稳定状态；人口年龄结构较均衡。

C 级（人口现状结构需要优化，发展趋势需要调整）：常住人口小于户籍人口，人口呈流出趋势；人口年龄结构不平衡，老龄化趋势明显，青少年比例较低。

三、产业与历史文化相关度评价

主要考虑现有主导产业对名村保护与发展的支持程度。

A 级（产业与历史文化相关度高）：名村主导产业对文化遗存保护与发展有积极作用（如景观协调的现代农业、文创产业、以保护为出发点的旅游业等）。

B 级（产业与历史文化相关度一般）：名村主导产业与文化遗存保护与发展基本中立，同时并未对历史文化遗存造成破坏。

C 级（产业与历史文化相关度差）：名村主导产业影响历史文化遗存保护与发展。

四、基础设施完善程度评价

主要考虑交通、市政及公共服务设施对名村发展的支持程度。

A 级（基础设施较完善）：交通、市政、教育医疗文化体育等公共服务设施满足名村发展现状，并考虑了未来发展的需求，可持续性强。

B 级（基础设施完善程度一般）：交通、市政、教育医疗文化体育等公共服务设施基本满足名村发展现状，但未来发展中会出现支撑不足的问题。

C 级（基础设施完善程度较差）：交通、市政、教育医疗文化体育等公共服务设施基本不能满足名村发展现状。

五、发展基础与现状评价结果

发展基础与现状评价结果如表 5-6 所示。

表 5-6　发展基础与现状评价

名称	级别	区位综合评价		人口结构评价		产业与历史文化相关度评价		基础设施完善程度评价	
南靖县书洋镇田螺坑村	中国历史文化名村	距南靖县城 60 千米，所处区位文化要素集中受益于旅游开发对外，交通便利	A	常住人口 532 人，户籍人口 671 人	B	景观协调的现代农业、旅游产业，主导产业与文化遗存保护和发展有积极作用，居民参与度较高	A	基础设施及配套服务设施较好	B
龙海区东园镇埭尾村	中国历史文化名村	距离龙海及漳州市区较近，在高速公路出口边，交通便利	A	常住人口 2375 人，户籍人口 3267 人	B	一产 70%，二产 0%，三产 30%。以养虾为主，产业相关度较差	C	基础设施及配套服务设施较好	B
平和县霞寨镇钟腾村	中国历史文化名村	国道 357 由南至北贯穿钟腾村，距县城 24 公里，镇政府 6 公里。钟腾村处在古时由漳州府通往广东大埔的交通要道之上，地理位置尤显重要	A	常住人口 1750 人，户籍人口 2038 人	B	种植水果琯溪蜜柚		基础设施及配套服务设施较好	B

续表

名称	级别	区位综合评价		人口结构评价		产业与历史文化相关度评价		基础设施完善程度评价	
南靖县书洋镇石桥村	中国历史文化名村	所处区位文化要素集中，交通较为便利，梅塔线穿境而过，距书洋镇约15公里，南靖县约55公里，北达梅林镇约5公里，南至塔下村仅2公里	B	常住人口376人，户籍人口1106人	C	以种植业为主，产业相关度高，居民参与度较高	A	配套设施缺乏	C
南靖县书洋镇塔下村	中国历史文化名村	塔下村距离书洋镇政府15公里，距离南靖县城55公里，县道562（梅塔线）穿境而过，塔下村处于福建土楼景区内，与梅林镇交界，周边拥有丰富的土楼资源	B	常住人口1300人，户籍人口1487人	C	茶叶产业、产业相关度高，居民参与度较高	A	基础设施及配套服务设施较好	B
南靖县书洋镇河坑村	中国历史文化名村	河坑村距离书洋镇政府12公里，距离南靖县城58公里，处于福建土楼景区内，周边拥有丰富的土楼资源，已良好地融入于土楼旅游线路中	B	常住人口688人，户籍人口1210人	C	茶业制作加工、旅游餐饮服务业。主导产业与文化遗存保护与发展中立，并未对文化遗存造成破坏	B	基础设施及配套服务设施一般	B
龙文区蓝田镇湘桥村	省级历史文化名村	南侧紧邻漳州中心城区主要干道北江滨路，北侧建元东路，东距沈海高速互通口6公里，距漳州动车站约6公里，交通便利	A	湘桥自然村（东社村）人口1100人，外来人口多	B	无农业生产，纳入中心城区	B	基础设施较完善	A

续表

名称	级别	区位综合评价		人口结构评价		产业与历史文化相关度评价		基础设施完善程度评价	
诏安县西潭乡山河村	省级历史文化名村	山河村位于闽粤交界处，诏安县西南部，西潭乡中部；座落于诏安县县城西北10公里处，诏安火车站东侧约6公里处，交通便利	A	人口3100人	C	主导产业种植业和文化遗存保护与发展基本中立，同时并未对历史文化遗存造成破坏	B	基础设施及配套服务设施一般	B
华安县马坑乡和春村	省级历史文化名村	距贡鸭山风景核心区小道5公里左右，距离华安县城36公里，距离漳州97公里，距离厦门168公里	C	现有村民326户，1300多人，常住人口400人	C	漳州“十大最美乡村”之一，村落毗邻“天然基因库”——贡鸭山森林公园	B	内部基础设施落后，生活环境较差	C
龙海区港尾镇城内社（村）	省级历史文化名村	距离疏港高速港尾支线约2里，距离港尾镇区约3公里，距离厦门大学漳州校区约5公里，距离“闽南第一峰”南太武山约6公里，区位条件优越	A	城内社户籍人口约570人，常住人口约550人。堡内现有常住人口约50人	C	主导产业和文化遗存保护与发展基本中立，同时并未对历史文化遗存造成破坏	B	基础设施及配套服务设施一般	B

续表

名称	级别	区位综合评价		人口结构评价		产业与历史文化相关度评价		基础设施完善程度评价	
漳浦县佛昙镇轧内村	省级历史文化名村	村庄距离佛昙镇 3.5 公里；距离沈海高速公路赵家堡出入口 12 公里；距离漳浦县城关 40 公里，漳州市 50 公里，处在漳州市 1 小时经济区范围内。周边景点、旅游资源丰富	A	人口 2350 人	B	以种植业、养殖业、捕捞业为主，主导产业和文化遗存保护与发展基本中立，同时并未对历史文化遗存造成破坏	B	基础设施及配套服务设施一般	B
平和县秀峰乡福塘村	省级历史文化名村	距县城 34 公里，省道秀秀线穿境而过，上接龙岩永定，下通广东大埔、潮汕，云平高速公路在秀峰邻近设有互通口，极大提升福塘村的交通条件	B	户籍人口 4350 人，常住人口 1958 人	C	产业以农业为主，主导产业和文化遗存保护与发展基本中立，同时并未对历史文化遗存造成破坏	B	基础设施及配套服务设施一般	B
南靖县奎洋镇上洋村	省级历史文化名村	上洋村位于奎洋镇西南部，北接岭头村，东邻店美村、东楼村，西、南均与梅林镇接壤。距南靖县约 60 公里	C	户籍人口 2885 人，常住人口 1650 人	C	村民主要经济收入为外出打工、水电业和种植业。主导产业与文化遗存保护与发展基本中立，同时并未对历史文化遗存造成破坏	B	基础设施及配套服务设施一般	B

续表

名称	级别	区位综合评价		人口结构评价		产业与历史文化相关度评价		基础设施完善程度评价	
长泰区岩溪镇珪后村	省级历史文化名村	岩溪镇珪后村位于岩溪镇的中心腹地，距县城15公里。省道207与县道592穿过本村，交通十分方便	A	户籍总人口5050人	B	主导产业和文化遗存保护与发展基本中立，同时并未对历史文化遗存造成破坏	B	基础设施及配套服务设施一般	B
长泰区枋洋镇林溪村	省级历史文化名村	距厦门机场仅58公里，福广高速落地互通口，省道联五线穿境而过，国道纵四线、省道206线，路网完善，交通条件十分优越	A	户籍总人口约为3350人	B	主导产业与历史文化相关度高	A	基础设施及配套服务设施一般	B
诏安县桥东镇西沈一西浒村	省级历史文化名村	中兴大道（原324国道）贯穿“大西沈”东西，诏安大桥和东西沈新桥跨越东溪，南侧沈海高速经过，该村距离诏安汽车站约3公里，距离诏安火车站约14公里，距离诏安东收费站约7公里，对外交通便捷	A	总人口6480人	B	基本农作物、植物种植，主导产业和文化遗存保护与发展基本中立，同时并未对历史文化遗存造成破坏	B	基础设施及配套服务设施较差	C
诏安县金星乡湖内村	省级历史文化名村	距诏安县城约10公里，位于九侯山和乌山山脚下，是九侯山景区和乌山景区的入口地，对外交通较完善	A	常住总人口为4415人	B	一个农业产业村，主导产业和文化遗存保护与发展基本中立，同时未对文化遗存造成破坏	B	基础设施及配套服务设施较差	C

续表

名称	级别	区位综合评价		人口结构评价		产业与历史文化相关度评价		基础设施完善程度评价	
云霄县火田镇西林村	省级历史文化名村	位于云霄县火田镇西南部，距镇政府14公里，距云霄城关5公里。西距乌山红色旅游景区17公里，东距漳江口国家自然保护区红树林7.2公里	A	户籍人口2298人	B	以种植业为主，主导产业和文化遗存保护与发展基本中立，同时并未对历史文化遗存造成破坏		基础设施及配套服务设施薄弱	B
云霄县火田镇菜埔村	省级历史文化名村	距县城云陵镇四公里，县道云七线从云陵镇往北经下楼、西林到菜埔，再经瑞堂、溪口、大坑、火田与国道324线相连接	A	户籍人口2298人，常住人口3773人	B	以农耕经济为主，主导产业和文化遗存保护与发展基本中立，同时未对文化遗存造成破	B	基础设施及配套服务设施一般	B
云霄县莆美镇阳下村	省级历史文化名村	距云霄县城2公里	A	总人口5707人	B	以农业为主，主导产业和文化遗存保护与发展基本中立，同时未对文化遗存造成破坏	B	基础设施及配套服务设施一般	B

续表

名称	级别	区位综合评价		人口结构评价		产业与历史文化相关度评价		基础设施完善程度评价	
云霄县和平乡莆顶村	省级历史文化名村	位于云霄县西北部，距离县城9公里。东与坎顶村毗邻，西与径仔村接壤，南与河塘村相连，北沿青山山脉与孙坑村交界	A	户籍人口2465人，常住人口1600人	C	以农业种植为主，主导产业和文化遗存保护与发展基本中立	B	基础设施及配套服务设施一般	B
诏安县深桥镇仕江村	省级历史文化名村	村庄北邻诏安县中心城区，距沈海高速诏安东、西两个互通口各仅6公里，交通十分便利	A	常住人口2800人，户籍人口3287人	C	以种植粮食、蔬菜为主，部分兼营商业销售，产业相关度较差	C	基础设施及配套服务设施一般	B

资料来源：漳州市国家历史文化名城保护中心。

六、发展基础与现状评价存在的问题

一是历史文化名村的综合区位较好，但少数村庄区位较为偏远，与重点发展区域联不紧密，需要提升交通联系、加强文化宣传。

二是大部分名村人口流失，老龄化、空心化、青壮年劳动力不足等问题不同程度地出现。

三是大部分名村的发展与历史文化遗存的关系紧密，但仍有少数名村并未良好地利用历史文化遗存资源突出自身特色。

四是基础设施普遍完善，但公共服务设施普遍需要提升，否则将影响人居环境和旅游体验，影响名村发展。

第六节　名村治理工具现状评价

从是否设置了相应的部门或人员负责历史文化遗存的保护工作、是否制定了相应规章制度或工作办法、是否编制了较为全面的保护规划、历史文化遗存保护工作的资金支撑是否充足等方面进行评价。

一、治理部门、人员设置及事权评价

A 类（部门人员齐全，事权分明）：有负责文化遗存保护相关工作的专职部门或人员，出台了相应的规章制度或工作办法。

B 类（部门人员基本到位）：文化遗存保护工作的负责人和部门较明确。

C 类（部门人员不到位，事权混乱）：相关工作的负责人和负责部门不明确。

二、保护规划编制情况评价

A 类（规划体系完善）：历史文化名村保护规划和相关规划（风貌控

制、局部设计、旅游发展等）齐全。

B 类（规划体系较完善）：完成历史文化名村保护规划，相关规划有所欠缺。

C 类（规划体系不完善）：未完成历史文化名村保护规划编制。

三、资金及其他支撑评价

A 类（支撑充足）：历史文化遗存保护工作资金充足，来源多元或稳定，相关设施设备配备齐全。

B 类（支撑满足要求）：历史文化遗存保护工作资金基本充足，来源单一或不稳定，相关设施设备配备较好。

C 类（支撑不足）：历史文化遗存保护工作资金不充足，相关设施设备缺乏。

四、治理工具的评价结果

治理工具的评价结果如表 5–7 所示。

表 5–7　治理工具的评价

名称	级别	治理部门、人员设置及事权评价		保护规划编制情况评价		资金支撑评价	
南靖县书洋镇田螺坑村	中国历史文化名村	土楼管委会	A	根据省直部门意见及审查要点修改完善，尚未完成修改	B	国家拨款及地方投入为主	B
龙海区东园镇埭尾村	中国历史文化名村	埭美文管会	B	省政府已批	A	地方政府投入为主	B
平和县霞寨镇钟腾村	中国历史文化名村	县自然资源局	B	已报省厅征求相关部门意见，尚无意见反馈	B	地方政府投入为主	B

续表

名称	级别	治理部门、人员设置及事权评价		保护规划编制情况评价		资金支撑评价	
南靖县书洋镇石桥村	中国历史文化名村	土楼管委会	B	根据省直部门意见及审查要点修改完善，尚未完成修改	B	地方政府投入为主	B
南靖县书洋镇塔下村	中国历史文化名村	土楼管委会	B	省政府已批	A	国家拨款及地方投入为主	B
南靖县书洋镇河坑村	中国历史文化名村	土楼管委会	B	保护规划未通过市级技术审查，正根据专家意见修改完善，尚未完成修改	B	地方投入为主	C
龙文区蓝田镇湘桥村	省级历史文化名村	区自然资源局	B	保护规划已通过市级技术审查，正根据专家意见修改完善，尚未完成修改	B	国家和地方投入为主	B
诏安县西潭乡山河村	省级历史文化名村	村成立了文化名村规划保护管理领导小组。领导小组负责对村历史文物、古建筑的规划、建设、管理、保护以及其他日常性工作，下设四个分组。制定出台《山河村历史文化名村保护管理工作制度和工作措施》	A	保护规划已通过市级技术审查，正根据专家意见修改完善，尚未完成修改	C	地方投入为主	C

续表

名称	级别	治理部门、人员设置及事权评价		保护规划编制情况评价		资金支撑评价	
华安县马坑乡和春村	省级历史文化名村	村成立了文化名村规划保护管理领导小组，制定出台《和春村历史文化名村保护管理工作制度和工作措施》	A	根据省直部门意见及审查要点修改完善，尚未完成修改	B	地方投入为主	C
龙海区港尾镇城内社（村）	省级历史文化名村	区自然资源局	B	已上报省政府待正式批复	B	地方投入为主	C
漳浦县佛昙镇轧内村	省级历史文化名村	县住建局	B	保护规划未通过市级技术审查，正根据专家意见修改完善，尚未完成修改	C	地方投入为主	C
平和县秀峰乡福塘村	省级历史文化名村	县自然资源局	B	已报省厅征求相关部门意见，尚无意见反馈	B	地方投入为主	C
南靖县奎洋镇上洋村	省级历史文化名村	县自然资源局	B	根据省直部门意见及审查要点修改完善，尚未完成修改	B	地方投入为主	C
长泰区岩溪镇珪后村	省级历史文化名村	成立珪后传统村落保护领导小组	A	根据省直部门意见及审查要点修改完善，尚未完成修改	B	国家和地方投入为主	B
长泰区枋洋镇林溪村	省级历史文化名村	区自然资源局	B	根据省直部门意见及审查要点修改完善，尚未完成修改	B	国家和地方投入为主	B
诏安县桥东镇西沈—西浒村	省级历史文化名村	村委会	C	根据省直部门意见及审查要点修改完善，尚未完成修改	B	地方投入为主	C

续表

名称	级别	治理部门、人员设置及事权评价		保护规划编制情况评价		资金支撑评价	
诏安县金星乡湖内村	省级历史文化名村	村委会	C	根据省直部门意见及审查要点修改完善，尚未完成修改	B	地方投入为主	C
云霄县火田镇西林村	省级历史文化名村	县自然资源局	B	保护规划未通过市级技术审查，正根据专家意见修改完善，尚未完成修改	B	地方投入为主	C
云霄县火田镇菜埔村	省级历史文化名村	县自然资源局	B	名村保护规划还未报市级技术审查	C	地方投入为主	C
云霄县莆美镇阳下村	省级历史文化名村	县自然资源局	B	保护规划已通过市级技术审查，正根据专家意见修改完善，尚未完成修改	B	地方投入为主	C
云霄县和平乡莆顶村	省级历史文化名村	县自然资源局	B	已报省厅征求相关部门意见，尚无意见反馈	B	地方投入为主	C
诏安县深桥镇仕江村	省级历史文化名村	村成立了历史文物、古迹保护领导小组，制定了《诏安县仕江村“历史文物、古迹保护领导小组”工作范围、工作责任、保护措施》	A	已征得省直相关部门无意见，待正式上报省政府批复	B	地方投入为主	C

资料来源：漳州市国家历史文化名城保护中心。

五、治理工具评价存在的问题

一是名村的保护部门设置不一，事权不明确，工作规章制度普遍缺失。

二是保护与发展工作缺少顺畅的上下级行政体系和横向的部门协作。

三是大部分名村均完成了保护规划编制，但保护规划经省政府批准不多，且缺少相关专项规划。

四是资金不足是困扰保护利用工作的普遍性问题。

第六章
漳州历史文化名村保护传承与利用总体策略

第一节　总体思路

一、基本思路

习近平总书记提出："要保护弘扬中华优秀传统文化，延续城市历史文脉，保留中华文化基因。要保护好前人留下的文化遗产，包括文物古迹、历史文化名城名镇名村、历史文化街区、历史建筑、工业遗产以及非物质文化遗产，既要保护古代建筑，也要保护近代建筑，既要保护单体建筑，也要保护街巷街区、城镇格局。""让人们记得住历史、记得住乡愁，坚定文化自信，增强家国情怀。"

树立高度的文化自觉与文化自信，处理好传统与现代、继承与发展的关系，更好地体现地域特征、民族特色、时代精神的要求，是漳州名村保护体系的重要指引。

在此要求下，漳州名村保护体系应将文化价值的保护视为根本出发点，通过名村的保护，将漳州文化的魅力长久留存，同时展现出地域特征与民族特色。因此，我们应将保护与发展的紧密结合作为基本思路，从而实现传统与现代共生、继承与发展兼顾的大格局。

目前国家正在深化改革，“国家治理”的概念使“管制—管理—治理”的转型成为了我国社会发展中的重要转折。在“国家治理”转型理念的引导下和漳州名村的保护体系中，也应将管理作为重点引导的内容之一。

综上，漳州历史文化名村保护体系的基本思路有两点。

（1）树立可持续的保护与发展理念。要树立正确的保护意识，将文化价值的保护视为保护工作的本源，在原真性与完整性分析的基础上采取正确保护手段。在保护的同时，要正视保护与发展的关系，保护是为了更科学地发展，发展是为了更有效地保护。名村应在保护与发展相互促进的良性循环中实现可持续的发展。

（2）形成保护、发展与管理的融合体系。在重点关注保护与发展的同时，也将管理体系的梳理、管理依据的完善、管理支撑的优化等工作摆在同等重要的地位，提高名村保护体系的可操作性，建立健全“保护—发展—管理”三位一体的框架体系。

保护要求：选址布局与环境格局的保护、传统格局肌理与历史风貌的保护、文物古迹与乡土建筑的保护、非物质文化遗产的保护。

发展引导：人口发展的引导、空间扩展的引导、产业发展的引导、景观风貌优化的引导、配套设施提升的引导。

管理建议：多部门协作的治理机制、多层次的管理模式、多规衔接的控制方式、多元主体的建设实施、多角度的支撑巩固。

二、主要原则

（一）历史真实性原则

真实的历史遗存由于能够直观地提供遗存外表及内部的信息，是传递历史信息的重要来源，具有不可再生性。历史名村的价值在于其历史性，保护村落的本原面貌就是保护村落的核心价值。因此，在历史名村的保护与利用过程中，必须把历史真实性的原则放在首要位置，对各类建筑，历史文化遗产进行相应的修复、保护、整治和更新，以恢复其历史原真性。整治要坚持“修旧如故、以存其真”的原则，维修是使其“延年益寿”而不是“返老还童”，修补要用原材料、原工艺、原式原样，以求达到原汁原味，还其历史本来面目。①

（二）保护历史环境原则

历史名村与周围的环境是相互依存的，失去原先的环境，就会影响对历史信息的正确提炼与把握。在历史村镇中，一个历史文化遗存是连同其环境一同存在的，保护不仅保护其本身，还要保护其周围的环境。

历史环境不仅包括自然环境，而且包括历史人工环境和人文环境。自然环境不仅是古村空间的视觉背景，而且也影响和制约着古村空间的整体格局和空间形态，脱离了环境，古村的空间意义就不完整。整体性还包含其文化内涵及形成的要素，如古村落脱离了村民的生产生活活动就失去了活力。历史村镇保护是一项系统工程，自然环境、人工环境和人文环境之间相辅相成、互相依存，他们对于历史名村保护的作用是同等重要的，正是这三者才完整地构成名村特色的全部内涵。②

（三）以人为本原则

《世界人权宣言》规定天赋人权，人一生下来就具有平等、自由的人权，以人为本的观念被普遍接受，并在各领域得到充分应用。村民是村落的主人，是历史名村的活力来源。保护与利用历史名村，就是对村民

① 林铎．文化生态视域下历史文化名村保护规划研究：以福州市闽安村为例 [D]. 福州：福建农林大学，2018.

② 张强．历史文化名村保护规划研究：以岳阳县张谷英村为例 [D]. 西安：长安大学，2009.

赖以生存的环境进行保护和发展。以人为本，是以村民为主要部分，以社会各界参与人员为次要部分的主体内容划分。在历史名村的保护中，一定要充分体现以人为本的思想，把村民的利益摆在第一位，在处理保护与经济发展，保护与村民生产生活等矛盾时，要以历史保护为前提，大力提高村民生活质量，并以提高村民物质和文化生活水平为根本出发点与落脚点。①

（四）多学科合作原则

历史名村保护是一个极为复杂的综合系统，在保护与利用中，要涉及多方面的学科，如文物保护、规划设计、建筑学、旅游开发、历史地理、人文社会科学等相关学科，其中在每一个学科环节中，保护措施的制定都要统筹兼顾，形成一个完整、互相关联的系统。②

三、保护目标

（一）基于文脉传承的系列保护

漳州作为一个特殊的文化地域，历史文化名村的保护不应局限于单个名村保护，应遵循不同的文化脉络与分区展开村落遗产的系列化保护，要以文化线路和遗产廊道的思路，将历史文化资源进行重新整合，使原先零散的历史文化遗产成为区域性的整体，形成线性历史文化遗产廊道或斑块状历史文化遗产聚落。以历史文化价值深入挖掘为基础，以传统历史文化资源为纽带，以文化主题的挖掘和提炼为切入点，将主题性较强、地方特色明显的文化资源整合串联起来，形成漳州名村遗产系列体系的架构。

① 宋博文．历史文化名村实用性保护规划研究：以邢台市英谈村为例 [D]. 石家庄：河北工程大学西安建筑科技大学，2016.

② 张强．历史文化名村保护规划研究：以岳阳县张谷英村为例 [D]. 西安：长安大学，2009.

（二）基于文化价值的特色保护

对于漳州历史文化名村的保护要以文化价值评价为标准进行特色保护。历史文化价值评价中核心价值的提炼非常重要，要以世界文化遗产的价值评述为参考，在漳州整体的名村保护体系下，对于具体单个村落的保护应抓住其“突出普遍价值”的特征进行保护，通过比较分析说明其独特性与重要性。在价值评价的基础上，围绕特色价值保护建立有针对性的保护规划，并确定具体的保护措施。

（三）基于整体性的全面保护

基于漳州历史文化名村文化脉络的研究，这些村落的形成与发展都与山地、沿海、临河等特殊的地理环境有关，同时也与特定的文化影响圈层、特有的民俗文化内涵有关。因此，在历史景观的整体保护和文化复兴的理念指导下，漳州名村保护包含了更全面的内容，其既包括了文物古迹、乡土建筑、街巷和水系格局肌理、景观环境格局、选址布局形态等物质文化遗产，又包括了民风民俗、传统手工艺、节庆活动、戏曲歌赋、地方神话传说、饮食习惯、民间艺术等非物质文化遗产。

（四）基于原真性的科学保护

漳州历史文化名村保护体系不仅应构建一个全面完善的保护内容框架，还应形成一个原真、活态的科学保护方法系统。一方面，强调聚落与自然环境的相互作用及整体协调性。其环境原真性保护包括自然要素本身所具有的美学特征、传统科学的土地利用模式、农业景观特征等。另一方面，强调生活延续性与非物质遗产的重要性。应尽可能地保留名村中尚存原著民、原生态的生产生活方式、传统的行为景观与邻里关系等，这是构成了名村社会生活的主体，也是名村原真性科学保护的重要组成内容。

（五）基于名村发展的动态保护

历史文化名村是“活”的遗产，随着村落的发展将不断变化，因此漳州历史文化名村保护体系应是多元综合目标下动态、开放的体系。首先是在申报储备方面，应做好大量拟申报名村的基础保护工作，为可持续的申报做好准备，并避免有保护价值名村的破坏。其次是对现有历史文化名村的动态保护，根据名村的具体发展变化情况，提出阶段性、有针对性的保护措施，从而确保保护的实时性、有效性。

第二节　保护传承与利用策略

一、保护要求

（一）选址布局与环境格局的保护要求

1. 保护山水环境格局

漳州的先人们在村落选址布局中秉承“天人合一”的风水理念，把环境放在首要地位，使村落依附环境，采取“依山傍水、坐实向虚、环溪谷居”的居住图式。

漳州的名村不论是山地型、水岸型、沿海型，地形如何复杂，都离不开“水、山、谷、原”四类环境元素，体现了农业模式，辐射出农居的环农业特征，形成了“环山抱水”的理想居住模式，根据“龙、穴、砂、水”四大要素及其相互关系不同，村落或住宅地址、朝向、布局因地制宜各不相同。

对于名村山水环境格局的保护重点主要有三个方面：一是不随意改变历史地形地貌、山形地势。“山、水、田、塘、林”过度的改造都使背景环境下的空间特征发生改变。二是重点研究新建民居点的选址布局和原有村庄空间拓展，重视自然环境格局，体现“天人合一”的哲学。新建的村庄，尤其是集中安置的农房安置点，多以行列式布局民居，缺乏对周边自然环境的协调考虑，缺少对“天人合一”人文内涵的延续。三是区域性的主要道路不应破坏整体的山水格局。

2. 延续传统布局法则

中国是尊祖礼贤的国家，漳州是中国文化的重要一支代表，是闽南文化的发祥地和核心区，它是以盛唐中原文化为主体，与闽越文化、海洋文化等多种文化在特定的自然地理和社会环境中融合发展、积淀成熟形成独具特色的闽南文化。先人在营建家园时同样遵循“宗庙为先、厩库为次，居室为后”的公建优先原则。漳州是宗族文化传统较好的地区，大部分名村仍延续宗祠至上的特征。全族共同祭祀的总祠称为家庙或大宗祠，每个房派有分祠、支祠或厅。大部分宗祠仍具有“继承祖业、纪理宗规、会聚族人”三大作用。

居住文化强调“里仁为美”，注重各种公共空间的聚会乡亲、教化民风作用，都以宗祠、大树、桥头、码头、清水塘为公共活动的中心。漳州大部分名村的村口都有廊桥、村亭、大树，这可视作一村的“点睛”之笔，但部分村落由于外围的新村建设，这样的标志空间和公共活动空间已不复存在或被周围的环境掩盖。新村公共建筑和公共活动空间的布局建设应尽可能延续古村落公共建筑布局的这一特色。

（二）传统格局肌理与历史风貌的保护要求

1. 突出肌理格局的保护

连片完整的传统肌理格局与历史风貌是名村最突出的历史文化价值。传统格局肌理包括历史街巷格局、历史水系格局、建筑空间肌理。漳州的历史文化名村在此方面保护相对重视不足。对于历史街巷和水系格局的保护重点是骨架肌理，肌理走向的改变将无法识别原有真实的村落空间关系。对于建筑空间肌理的保护重点是民居建筑围合关系与排布的空间序列关系。现有新村建设中行列式的民居局部形式通常情况下是不可取的，但对于有此布局传统的特定村落应给予延续，不可一概而论，如埭美古村。

2. 延续历史空间尺度与风貌特征

在延续历史街巷和水系格局肌理走向的同时不能忽视历史空间尺度保护。宜人的街巷尺度和传统的风貌空间是保护历史街巷的真正价值。在控制好街巷的 D/H 比（街巷宽度与两侧建筑的檐口高度）的基础上，还应重点控制街巷历史风貌特征包括路面材质、排水设施等。

3. 控制整体建筑高度

历史风貌整体控制的另一个关键要素是建筑高度。漳州历史文化名村中大部分村都存在保护建筑与新建民居建筑高度之间的矛盾。按《福建省农村村民住宅建设管理办法》的要求“层高控制应符合当地的实际情况，一般 3 米左右。”同时在实际建设管理中也要求一般层数应控制在 3 层以内（局部可加 1 层）。但在实际操作中多数新建农居建筑层高都超出 3 米，且部分新建农居还在 4 层及以上，与 1 层古民居的高度对比强烈，如漳浦县轧内村由于建设发展空间不足，新建多层建筑连绵，已较难找到相对集中的传统风貌片区。

漳州历史文化名村整体建筑高度控制的重点：一是核心保护范围内应严格控制，禁止新建农房破坏整体高度，已有较高的农房建筑应逐步整治降层或拆除，以保证整体风貌的连续性；二是建设控制地带内也要进行明确的分区控制，已确保周边建筑空间环境的协调；三是进一步规范农村村民住宅建设管理，对于名村应进一步增加细则。

（三）文物古迹与传统建筑的保护要求

1. 建立分级保护制度

针对现在漳州历史文化名村内文物古迹和传统建筑的保护层级不清的问题，提出建立由“文保单位（文物普查点）—历史建筑—传统风貌建筑”三层次组成的层次清晰的分级保护制度。各层级保护措施应参照相应的法律法规和规范标准。

2. 以地域建筑特征为主导的保护修缮

针对现在名村内文物建筑和传统风貌建筑修缮不当、缺少专业指导和保护监管的问题，应牢牢抓住古村落的地域建筑特征实施修缮，根据土楼、五凤楼、合院大厝、石厝、土堡等不同的民居形式，在建筑结构构架、材质等各方面都应保持原真性的保护修缮。

3. 突出建筑空间群落保护

保护传统的民居建筑必须突出建筑群落空间的保护，应研究各个古村落建筑群落布局上的特色，提出相应的保护要求，并指导新建农房的建筑空间布局。

（四）非物质文化遗产的保护要求

1. 突出多样性的非物质文化遗产保护

保护多样的非物质文化遗产，包括民风民俗、传统手工艺、节庆活动、名人诗词、传说、戏曲歌赋、民间艺术等，同时还应延续传统生活方式、行为景观、邻里关系等。既要保护已列入名录的非物质文化遗产，又要保护世代相传普遍的非物质文化文化遗产。

2. 重视传承人的培育与活态的延续

非物质文化遗产必须由人来实现传承。传统节日、风俗、礼仪等应扩大传承活动的规模，让名村内的原住民普遍参与，漳州民间传统节日具体有哪些如表 5–8 所示；传统手工艺、戏曲歌赋、民间艺术应重点培养代表性传承人，并创造一定的空间环境给予展示。目前，已公布两批 25 名漳州市传统建筑工匠名单，大力弘扬传统建筑工匠精神，厚植传统建筑工匠文化，加强传统建造技术的传承发展。

表 5–8　漳州民间传统节日

节日名称	农历日期	节日名称	农历日期
春节（俗称过年）	正月初一	土地公生	六月二十九
迎神	正月初四	秋祈	七月初二

续表

节日名称	农历日期	节日名称	农历日期
天公生	正月初九	中元节	七月十五
元宵节	正月十五	灶君节	七月二十四
春祈	二月初二	（开山圣侯）大伯爷公生	七月二十五
祖公生	二月二十二	祖公生（山河村特有的中秋火烛节）	八月十三至十四
清明节	古清明：农历三月初三；新清明：公历四月五日前后	中秋节	八月十五
五谷帝生	四月二十六	重阳节	九月初九
端午节（五月节）	五月初五	地头公生（五显大帝）	九月二十八
关帝公生	五月十三	冬至	十二月二十一至二十三日（新历）
广平王公生	六月二十五	扫除	十二月十六至二十四
十二月二十四日	送神		

资料来源：漳州市国家历史文化名城保护中心。

3. 创造非物质文化遗产传承的空间载体

非物质文化遗产的保护是通过人与人的社会交流达到保护传承和发展的目的，通常有两种传承途径：一是靠民间故事口头传承；二是靠文化行为动作传承。非物质文化遗产的传承必定有场所载体，可通过宗庙、老年活动室、文化活动场等公共空间实现。

二、发展引导

漳州历史文化名村发展引导的目标是实现：

（1）文化特色与时代精神并重的科学发展。从时代的视角审视历史的问题，以历史的特色引导新时代的发展，实现尊重传统的发展观和动态发展的保护观。

（2）保护要求与发展诉求兼顾的和谐发展。在村落发展与历史保护之中取得最优平衡，应协调村落发展中涉及建筑、土地利用、环境、产业、风貌、景观等方面的需求，及其对名村保护影响（正面需求、负面影响）之间的关系，实现发展与保护的和谐。

（3）高效发展与潜力保持平衡的永续发展。注重村落发展的速率，及满足当下发展的要求，也为未来发展保留一定的潜力。

（4）经济发展与社会事业共进的全面发展。人口、空间、产业、景观风貌、配套等角度的全面发展，实现经济发达，民生幸福的良好局面。

（一）人口发展的引导

传统民居的保护离不开居民的居住和使用，非物质文化遗产的传承更离不开人的薪火相传，名村的人口发展对文化保护起着重要影响。

1. 保留原住民

原住民对故土和祖宅的感情是他们参与历史文化遗存保护的动力，而他们的生活习惯与语言风俗更是名村历史文化遗存的重要组成部分。对原住民的保留是漳州名村人口发展的重要任务。

2. 优化常住人口结构，吸纳回归的年轻人

漳州名村的现状常住人口结构普遍呈现严重的老龄化，通过提供就业机会、提高宜居品质等手段，吸引年轻人回到故土，助力名村的发展。

3. 吸引外来人口，发展乡村旅游

名村的发展应该呈现包容性。在保留原住民、吸引本地年轻人回归的同时，也应该增强对外来人口的吸引。一方面提高村落发展的活力，同时也带来新时期历史文化的交融。

（二）空间扩展的引导

特色的平面肌理、空间序列以及聚落与自然的和谐发展是漳州名村历史文化的集中体现，而村落发展中带来的空间总量扩展、建设强度的

提高均对肌理、序列与格局产生影响。

1. 调控空间扩展总量与速率

严格控制人均用地要求、执行一户一宅政策，在满足保护要求与合理建设要求的基础上，引导名村土地有序扩展。

2. 引导空间扩展方向

以整体的山水格局为基础，在不破坏人地关系的前提下，引导村落空间向合理方向发展。同时，考虑新老区的风貌控制，可以考虑飞地式的扩展方式或风貌协调带的隔离方式。

3. 优化空间建设强度

控制名村核心保护区周边区域的开发强度、防止高度过高、体量过大的建筑影响空间序列。

（三）产业发展的引导

漳州名村的经济发展是促进历史保护工作的重要动力之一。应在充分剖析自然文化特色和资源的基础上，引导与历史文化保护相关度高的产业发展，控制对保护负面影响较大产业的引入。

1. 第一产业——引导以观光与体验为主的现代农业

在保护现有传统耕作文化的基础上，引导现代农业的发展。在对传统风貌影响较小的区域，可以适当引入现代化设施农业。在需要与传统风貌进行协调的区域，应将农业作为展示名村生产与生活气息的“活态博物馆”，通过观光和体验丰富名村来访者的体验。

2. 第二产业——推动以文创产业为主的传统工业及手工业转型

传统工业较低的绩效和较高的环境影响对名村发展起到了制约作用，传统手工业也因为产品流通有限而难以发展。漳州名村浓厚的文化氛围是传统产业转型发展的重要推动力，在此基础上，可以将文创产业与传统手工业作为重点转型发展方向，一方面增加村落居民的收入，另一方面也提升了名村的活力。

3. 第三产业——以旅游业为龙头发展现代服务业

发展现代服务业是名村较为常见的一种发展方式。漳州名村所蕴含的秀美的自然风光和厚重的历史文脉为现代服务业的发展奠定了坚实的基础。以特色民宿、驴友基地、土楼访古、郊野休闲、侨胞寻根、游客游赏等旅游产品为核心，串联市域的景点与村落，形成各具特色的游线，塑造多元化的旅游市场，从而带动现代服务业的大发展。

4. 制定产业发展负面清单

漳州名村的发展与居民的生活高度相关，而文创与旅游产业的多样性也较强。因此，名村的产业发展应该充分体现市场应有的活力，鼓励产业多元发展。但是，多元化的产业发展也会对文化保护带来更大冲击。为了在发展与保护中取得平衡，名村应根据实际情况，将不得引入的产业和业态及运作方式通过负面清单的方式提出，以确保文化遗存得到较好的保护。

（四）景观风貌优化的引导

名村发展必定带来景观风貌的变化，负面变化会破坏历史遗存，而良性的变化是展现时代精神的重要载体。为此，在保护的基础上，引导景观与风貌的进一步发展就显得尤为重要。

1. 结合山水格局和文化特色，因地制宜地建设特色景观

漳州明秀的山海格局、山水景观是名村落诞生与发展的摇篮。在对其进行保护的同时，也应进一步弘扬与发展。在符合文化特色的基础上，通过微地形营造、农作物间作、观赏植物种植、摩崖石刻等造景的方式，进一步丰富市域景观，助力名村的美丽发展。

2. 推动“漳派民居”的研究，引导城乡风貌

为了彰显漳州的民居建筑文化，在城乡广大地域体现漳州历史文化的独特韵味，不仅要保护名村，还要系统地推进一般村庄的布局优化和农房改造的景观效果。针对目前乡村民居建设中存在的问题，应通过深

入挖掘漳州民居建筑的深厚历史文化，积极探索适应现代民居的方案设计和推广路径，以“漳派民居”引导市域城乡风貌的协调统一。

（五）配套设施提升的引导

与任何城乡聚落相类似，名村的发展也离不开公共服务设施、环境整治、道路交通与市政基础设施等配套的支撑。

1. 丰富公共服务设施的类型，提高公共服务设施的品质

针对名村的实际情况，对教育、卫生、文化等公益性公共服务设施进行重点强化，以提高当地居民的宜居品质，并为吸引当地年轻人的回归，吸引外来人口的入住提供更充分的条件。此外，也要对零售、商贸、餐饮、住宿等与产业发展密切相关的营利性公共服务设施进行强化，从丰富类型与提高品质两个角度为当地居民提供更加便利的生活，为游客提供更舒适的体验，形成“宜居、宜业、宜游”的名村新风。

2. 推进名村环境的连片整治

在传统依山傍水的择居理念下，人类生产生活的副产品均是通过自然消解的。随着名村的发展，自然环境已经无法消解污水、垃圾等对环境造成的影响，造成了村落环境、土壤、河流的污染。为此，应该大力推进环卫设施的建设以及河道的疏浚与清污。以村落环境的连片整治提升名村的环境品质。

3. 优化道路交通，提升村镇的可达性

道路交通设施是否便利，是影响旅游发展的重要因素。加强名村的外部交通建设，将有效提高游客对名村的可达性，使更多人便利地访问名村，从而使历史文化更广泛地被传播出去。同时，便利的交通也会加快物流效率，为当地产业发展与居民生活带来极大便利。在不破坏历史肌理与环境的基础上，也应对村落的内部道路进行梳理与优化，提升居民生活和游客游览的体验。

4. 提升基础设施承载力与敷设方式

供水、供电设施和污水处理设施是构成名村发展承载能力的重要组成部分。为了实现漳州名村的永续发展，应该稳步提高基础设施的承载水平，防止基础设施的瓶颈制约名村的未来发展。同时，也应对基础设施管线的敷设方式进行优化，避免裸露的取水管线、架空的电力电信线对村落风貌的破坏。

5. 提升名村安全

在漳州市内的名村中，山地型名村易受到地质灾害、水岸型名村易受到洪涝灾害，而沿海型的名村也存在台风的潜在危险。这些自然灾害将会对名村的历史文化遗存和正常生活秩序造成极大的破坏。除此之外，火灾等人为过失也会造成历史文化遗存不可恢复的破坏。应研究并出台完整的灾害应急预案，针对不同类型的名村风险，提出应对方案，并加强硬件设施建设，保障村落安全。此举将不仅仅对历史文化的保护有所助益，也是保证名村全面长治久安的重要举措。

第三节　保障措施

一、多部门协作的治理机制

漳州市名村的管理体系包括市直、县（区）、镇村三级管理层次和自然、住建、文旅、农业农村、生态环境等多个管理部门与管理机构构成。在漳州市现有的名村保护管理工作中，出现了机构设置不充分、机构事权不清晰、协调机制不明确等问题，一些工作无法实现责任到部门，责任到人，影响了名村保护管理工作的顺利进行。因此，应该从机构设置、权责梳理和事权分解等方面进行优化。

（一）构建水平协作治理体系

机构的水平协作主要基于管理部门的功能，在设置中需要结合名村动态监测与保护管理的具体对象。漳州由市政府成立漳州市城乡景观风貌管理工作领导小组并下设办公室（简称“风貌办”），挂靠在市自然资源局，下设规划协调组、工程指导组、文化保护组，负责具体协调和实施全市城乡建筑风貌管理工作。2020 年 8 月，市级成立历史文化名城管理委员会，归口市自然资源局管理，负责统筹规划、综合协调历史文化名城保护、开发、建设和管理的具体工作。形成市风貌办、名城委牵头，自然资源、文旅、住建、城管等部门建立常态化协调机制，基于各自的行业领域和管辖权限，进行协调和补充，将名村保护与管理的实际工作划分出较为清晰的责权清单，各部门各司其职紧密对接，工作信息共享，从而形成了高度协作的管理体系。

（二）构建垂直对接治理体系

目前我市名村、历史建筑、传统风貌建筑保护工作有些县（区）级部门间存在一些问题，主要是在同级部门间职责交叉、边界不明，且上下级职能部门主要职责、内设机构未做到上下对应，如市级成立名城委，而县（区）级没有对应机构。

建议构建同一行政部门垂直对接体系，按照“一类事项原则上由一个部门统筹、一件事情原则上由一个部门负责”的要求，调整理顺部门间职责交叉事项，做到各级部门职责、机构基本对应，保证上下贯通、执行有力。镇村级负责日常巡查管理工作，并采取实际处置措施，并负责本行政区域内的保护管理数据收集、分类且完成数据上报。

二、多层次的管控模式

在多部门协作管控的基础上，漳州市名村还需建立多层次的精细化、动态化地控制管理模式。

（一）分类型的精细化管控

精细化管理是指在针对不同的保护内容和保护区划分类管理与分区管理，明确管控方式和主体责任，采用不同的管理手段实现差异化管理控制。

1. 基于保护内容的分类管控

在名村保护内容体系中，包括文物保护单位、历史建筑、传统风貌建筑、历史街巷、历史水系、古树名木、山林、田园环境等物质文化遗产，以及民风民俗、传统手工艺、节庆活动、戏曲歌赋、民间艺术等非物质文化遗产，这些保护内容要素有不同的保护要求，也有不同的管控部门。细化保护内容的分类管控要求各部门在明确和依照自身管理职责的同时，统筹考虑整体保护和发展的需求，具体分类管控内容如表 5-9 所示。

表 5-9　漳州市历史文化名村保护具体分类

<table>
<tr><th colspan="2">保护内容分类</th><th>管控主体部门</th><th>管控协作部门</th><th>管控重点</th></tr>
<tr><td rowspan="2">文物古迹与历史建筑</td><td>各级文物保护单位、其他第三次文物普查点</td><td>文旅部门</td><td>自然资源部门</td><td rowspan="2">规范已有资源点的测绘建档、保护图则、挂牌工作；强化普查，完善保护目录；加强动态监管工作，以免村民自发修缮过度和旅游开发造成破坏</td></tr>
<tr><td>历史建筑、传统风貌建筑</td><td>自然资源部门</td><td>文旅、住建部门</td></tr>
<tr><td>传统格局肌理</td><td>历史街巷、历史水系</td><td>自然资源、住建部门</td><td>水利、交通、生态环境部门</td><td>强化水系整治、街巷道路与地下管线等基础设施建设管理；强化沿线用地的建设管理</td></tr>
<tr><td rowspan="2">历史环境要素</td><td>古树名木</td><td>住建、林业部门</td><td rowspan="2">自然资源部门</td><td rowspan="2">规范古树名木的挂牌工作；重视历史环境要素与周边历史环境空间关系的管控；重视古井古桥使用功能的延续</td></tr>
<tr><td>古井、古桥（未列入文物古迹）</td><td>住建、交通部门</td></tr>
</table>

续表

保护内容分类		管控主体部门	管控协作部门	管控重点
历史环境格局	田园环境	自然资源、农业农村部门	住建、生态环境部门	村落历史环境格局重要组成部分的农田、山川空间严格管控
	山林植被环境	自然资源、林业部门		
	水系环境（河流、河塘）	水利、自然资源部门		重视流域河道生态环境维护监管，控制河塘随意填挖
	村落布局形态	自然资源部门	文旅、住建、交通部门	在名村建设发展规划的审查中重点管控历史村落布局形态
非物质文化遗产		文旅部门	自然资源、住建部门	进一步完善非物质文化遗产的上报机制；重视传承人的培养

资料来源：漳州市国家历史文化名城保护中心。

2. 基于保护区划的分区管控

目前，涉及福建省域内历史文化名村保护区划划定的法规和技术标准有三部。

2008年颁布（2017修正）的《历史文化名城名镇名村保护条例》对保护区划的规定，见于其第十四条第四款：“保护规划应当包括下列内容：（四）历史文化街区、名镇、名村的核心保护范围和建设控制地带；”其所规定的区划变成一个由“核心保护范围——建设控制地带”组成的二级体系。

2012年出台的《历史文化名城名镇名村保护规划编制要求》（试行）和2014年12月29日施行的《历史文化名城名镇名村街区保护规划编制审批办法》对历史文化名镇名村保护规划的要求中规定：确定保护范围，包括核心保护范围和建设控制地带界线，制定相应的保护控制措施；其规定的区划仍延续《历史文化名城名镇名村保护条例》是由“核心保护范围——建设控制地带”组成的二级体系。

2017年通过的《福建省历史文化名城名镇名村和传统村落保护条例》建立在《历史文化名城名镇名村保护条例》的基础上，同样采用由“核心保护范围——建设控制地带”组成的二级体系。

上述法规和技术标准，目前均有效。从最新的“历史城市景观、场所精神”等保护理念出发，背景景观环境的保护越来越被重视，建议漳州市历史文化名村的保护体系采用二级保护体系，保护区划的划定与管理按“核心保护范围——建设控制地带”二级体系控制如表5-10所示。

表5-10 漳州市历史文化名村保护体系

保护区划分级	划定原则	管控主体部门	管控协作部门	划定的要点
核心保护范围	历史文化名村内传统格局和历史风貌较为完整、历史建筑或者传统风貌建筑集中成片的地区应当划为核心保护范围	自然资源、文旅部门	住建部门	核心保护范围内应体现文物保护单位、历史建筑、环境要素等各层次保护内容的空间分布情况与保护范围
建设控制地带	在保护范围之内、核心保护范围之外划定建设控制地带			核心保护范围周边影响整体风貌景观，需建设控制的区域

资料来源：漳州市国家历史文化名城保护中心。

（二）分阶段的动态化管控

健全漳州市历史文化名村保护的动态管控体系，需要探索合理的框架结构。保护监管体系由相关的管理机制和管理阶段组成，环环相扣，形成一个有机、闭合式、动态化的管控系统。具体由“挖掘与储备—申报与评定—规划编制与实施—管理与监督—监测与反馈”五大环节组成。

1. 挖掘与储备阶段：建立预备清单，做好基础性保护

在对漳州市域的名村全面普查基础上，做好历史文化资源的整理和

历史文化价值的初步梳理，建立名村的基础资料档案，并核对申报条件，建立拟申报预备清单，并按其遗产价值、现状保护状况等情况进行申报时序和申报层级初步评定，为下一步申报做好准备。同时，要做好现存文物保护单位、历史建筑等日常维护工作，尤其应对传统风貌建筑、历史街巷、历史水系、历史环境格局、非物质文化遗产等加强基础性的保护工作，以免还未申报就已遭受破坏。

2. 申报与评定阶段：规范申报材料，强化部门协同申报，完善可持续的动态申报机制

现在漳州市历史文化名村的申报主要由各县（区）、镇自主上报，上报材料深度大部分未按标准、质量不高，有些村落实际保护价值较高，但由于材料准备不充分，存在价值低估的问题，应分别对照《中国历史文化名镇名村评价指标体系》等评价标准，规范性地填报申报材料。现在漳州市历史文化名村申报主体、程序较为规范。

3. 规划编制与实施阶段：做好前置规划，规范规划编制与审批实施

《历史文化名城名镇名村保护条例》规定，保护规划应当自历史文化名村批准公布之日起 1 年内编制完成。但是从实际操作来看，如果公布之后再编制保护规划，在申报过程中需要提交的现在传统格局和历史风貌、历史文化街巷和历史建筑清单、保护范围的规模等内容资料，不先编保护规划是无法提供符合标准、高质量的申报材料。应建立申报与规划编制同步开展的前置工作，对于保护积极性较高的名村可直接编制保护规划，对于积极性一般的村可配合村庄规划的编制，进行历史建筑和传统格局的调查，即便将来申报不成功，其调查研究内容也可以编入村庄规划，作为规划修编的重要组成部分。

现在漳州市历史文化名村保护规划编制质量情况不够理想，保护规划编制主体主要是镇、乡政府，由于编制经费不足，导致保护规划编制质量不能保证，部门仅编制了镇总体规划或村庄规划，无法满足基本的

保护。应按《历史文化名城名镇名村保护条例》规定，历史文化名村所在地县级人民政府组织编制历史文化名村保护规划。强化地县级人民政府负责编制制度，规范规划编制工作和具体项目的实施。

4. 管理与监督阶段：完善多部门的行政监督与公众监督机制

漳州市历史文化名村的保护管理和监督应在强化自然资源（名城委）部门监管的同时，突出住建、文旅、财政、发改、农业农村、交通、生态环境等多部门间的协作管理。借鉴法国 ZPPAUP 制度和我国现推行的乡村规划师制度，建立历史文化名村的保护责任规划师制度，并在部门规章中规定保护责任规划师的职责、配置、工作方式和工作程序，在具体建设实施过程中起到有效的监督作用。同时还要调动村民、群众、专家等公众的积极性，参与到名村的保护与监督工作中。

5. 监测与反馈阶段：启动监测预警机制，实现动态化实效管理

历史文化名村实行动态监测管理。《福建省人民政府办公厅关于加强历史文化名城名镇名村传统村落和文物建筑历史建筑传统风貌建筑保护利用九条措施的通知》（闽政办〔2020〕53 号）明确建立定期评估监测机制，市、县（区）人民政府应当对行政区域内历史文化名村保护情况进行动态监测，并将监测结果向社会公开，接受社会监督。省级主管部门组织开展定期检查和跟踪监测，如发现存在不及时组织编制保护规划、违反保护规划开发建设、对传统格局以及文物建筑、历史建筑、传统风貌建筑保护不力等问题的，应当及时向所在地市、县（区）人民政府提出整改意见。明确建立预警退出机制，对历史文化名村保护不力，导致历史文化价值受到严重影响的，经省级主管部门组织专家评估论证后，将名村列入濒危名单并向社会公布，责成所在地市、县（区）人民政府限期整改，采取补救措施，整改不到位的，撤销称号，并依纪依规依法追究相关人员责任。

在国家、省级层面监测的基础上，漳州市也同时加强国家级、省级

历史文化名村的动态监管，通过采购第三方服务实施动态监测机制，启动监测预警机制，对历史文化资源的保存状况和保护规划实施跟踪监测，掌握变化情况，及时发现问题，并提出相应措施，实现动态化实效管理。

三、多规衔接的控制方式

在漳州市现有名村相关规划中，出现的主要问题是不同村之间的同类规划在内容框架上差异较大，同一村的各项规划之间的保护要求、发展目标不对等，规划实施不彻底等问题，未能较好地引导名村保护与发展。为此，应衔接相关规划的重点内容，形成多规衔接的控制方式，并规范规划编制与审批，确保各项规划在保证高品质的同时，形成推动名村保护与发展的合力。

（一）衔接各项相关规划的内容

完成规划衔接评估报告——相关部门应组织技术力量，对每个名村已完成或正在编制的保护规划、村庄规划、旅游发展规划和国土空间规划等相关规划及上位规划中的与名村保护发展高度相关的重点内容进行衔接评估，将各项内容的衔接情况和不衔接的具体内容综合，形成评估报告。

对规划不衔接的内容进行分析，提出修正建议——通过专家咨询与实地走访，对规划不衔接的内容进行二次校核，结合名村的实际情况，提出符合保护与发展要求的规划内容，实现“多规衔接”。

（二）形成“一个村一本规划”的规划机制

在各项规划内容衔接的基础上，组织编制各村保护管理规划。以此规划统筹保护与发展，协调落实各项保护要求与居民发展的诉求。将“多规衔接”的结果写入一本规划，解决规划冲突问题，并一本规划引导名村的历史保护与建设发展。“一本规划”对名村而言具有极高的重要性，因此其编制和审批应该谨慎。由村、镇政府、上级政府各相关部门和市级专家进行联合审查，以确保规划的严肃性。

（三）制定各项相关规划编制导则与审批办法

除了对一本规划的编制与审批进行管理外，还应该通过编制导则与审批办法的方式，规范其他相关规划的内容，提升规划品质。规划编制导则应注重刚性与弹性并重，对相关规划的框架和内容设置刚性的最小值，但也允许各项规划结合实际情况进行弹性的扩展，扩展的前提是其内容、必须与“一本规划”相协调。规划的审批办法中应对各项规划的审批参与部门提出要求，以保证规划的科学性，并控制每个村镇规划编制的类型与数量，防止出现过度规划的情况。

四、多元主体的建设实施

漳州历史文化名村保护以政府为主导，利用市场的多方力量展开，建立多元化建设投入机制。在确保文物安全、产权为国家所有的前提下，以“谁投资，谁受益”“谁使用，谁管理，谁维修”、减免税收等，以合作的方式保护和利用各类文物资源，加大历史文化名村的保护力度。同时，鼓励各市、县制定名村保护奖补办法，对在历史文化名村保护中经济发展或个人利益受到影响的，给予政策优惠或资金补偿。

（一）分保护项目，建立保护资金配套使用制度

建立保护资金配套使用制度，以国家、省、市级专项资金带动地方投资，广泛吸纳企业资金，用于文物古迹和历史建筑的维护、修缮和合理利用；在坚持以国家保护为主、加大政府投入的同时，积极鼓励单位和个人维修、依法购买或租用古建筑。

（二）建立“PPP”模式

名村 PPP 模式即公私合作模式，是以参与方“双赢”或“多赢”为理念的融资模式，是指为了完成某些公共设施服务（包括公共服务领域其他服务内容）而在公共机构与私人机构之间达成伙伴合作关系，签署

合同明确双方的权利和义务以确保这些项目的顺利实施。名村的保护是一个系统工程，PPP 模式与保护改造项目的结合，以政府作为主导方，可以积极地制定激励政策引导私人机构的进入，一方面可以缓和政府的财政压力，另一方面从公共管理的角度看，私人机构的高效率带入公共部门，有利于提高政府公共部门的绩效水平。

名村内主要有三种基本社会力量在推动其发展，分别是“政府”“企业”“村民”。其保护性更新的实施模式是根据不同的保护要求、不同的产权单位、不同的更新项目，通过不同的形式落实到各不同的实施主体，形成有机的、渐进式、微循环和不间断的实施秩序。漳州市历史文化名村的建设实施可以引入“PPP”模式，对各别条件成熟的名村做试点尝试，推动村落的保护与发展工作。例如，华安县马坑乡的和春村已有台湾商人投资建有机蔬菜园、特色花卉观光等项目；南靖县打造塔下村青普文化行馆、田中赋大学楼等一批经典作品，为社会资本参与历史建筑活化利用起了模范带头作用。

五、多角度的支撑巩固

名村的保护与管理离不开执行具体工作的人员、支撑工作开展的资金、提高工作效率的硬件设施，而良好的社会治理也离不开公众的参与。因此，漳州名村保护与管理的支撑巩固主要从以下四个部分开展。

（一）广泛吸纳专业人才

根据问卷调查数据和访谈结果，受访名村和管理部门的专业技术人员比例较少。专业技术人才的短缺已成为制约名村保护管理工作发展的瓶颈之一。做好基础和理论研究是名村保护与利用的重要前提，而人才队伍是做好研究工作的关键。为此，应大力加强名村保护人才队伍的建设，在人员引进和编制上向专业技术人员倾斜，同时强化业务学习和培训，迅速提高在职职工的业务水平。

加拿大丽都运河的保护管理人才资源建设为漳州名村保护管理工作提供了较好的借鉴。加拿大公园局拥有广泛的专业人才资源，这些专家包括规划师、考古学家、景观设计师、建筑师、翻译、史学家、生态学家、策展人和工程师等。这些办事处的工作人员通过参加大学和学院的课程接受培训，并拥有从联邦公共工程部访问受保护的专业知识的权限，这些知识储备使他们有技能和能力承担自己的职责。然而，大量的培训成长多是在工作中进行的，因为重要的知识和技术是通过熟练技工传授的。此外，主管部门会定期举办研讨会和讲习班，开设如“加拿大公园局的文化资源管理政策取向课程”内容，以确保员工对保护原则和做法有充分的理解。

（二）加强名村保护资金筹措与管理

资金投入是漳州名村保护中规划编制、设备购置、人才引进、工程建设等工作难以有效实施的重要原因。面对系列名村分布地域广的特征，市级资金的总量显得捉襟见肘，而村镇及所属县（区）的社会发展水平参差不齐，一些经济发展较为落后的村镇难以自筹资金进行必要的保护、展示和利用等基础设施建设，整体保护管理水平较低。因此，应采用“开源”与“节流”并举的方式，建立多层次专项保护基金体系、扩大保护资金的融资渠道等，加强名村保护管理的资金筹措。

开源——应考虑设立“漳州历史文化名城保护基金”，其来源包括政府财政投入、旅游经营收入、社会、个人捐赠等多个层面。此基金以财政投入为基础，通过多渠道吸纳社会资金来解决名城街区名镇名村和传统村落保护资金不足的问题。还可争取国内民间慈善组织、文化组织等的支持与捐助，争取社会、个人的支持，包括多种志愿者、有名村保护倾向或可以通过合作取得共赢的企业支持与捐助。同时，也可以通过制定有关税收减免的政策鼓励社会投资，用于名村的保护与维护。

节流——应加强对名村保护与发展相关资金的管理，提高资金的利用效率。从资金分配管理的角度，对现有多个部门的资金支撑进行统筹，并给予欠发达地区或亟待保护资金支撑的名村更大的倾斜，使资金的指向性更强。从资金利用管理的角度，对资金的去处基于一定的指导和监管，防止出现利用宝贵的资金进行过度规划、过度修缮等资金利用不当的问题。

（三）提升保护管理的硬件设备和技术平台

目前在漳州名村的保护中，多采用人员巡视为主，仪器监测的手段相对较少。这种管理方式基本可以应对目前的保护工作要求，但从长远来看，仍应将名村的科学化保护管理作为重要发展方向。

（1）引进技术设备助力名村保护。有计划地采用先进测量测绘、监控、探测仪器。例如，通过三维激光扫描仪，开展对历史建筑、可移动文物的测绘扫描和建模工作，快速地采集固定形状物体的结构信息，并通过无损检测技术监测建筑材质等设备与技术，提高基础数据采集的精度、效率和自动化水平，逐步实现自动、即时的数据采集。

（2）注重大数据的收集与应用，搭建历史文化名村保护管理数字化平台。漳州市历史文化名村的文化遗存要素种类多样，分布的空间跨度也很大，保护管理工作所涉及的信息也较多。随着大数据时代来临，可以通过数字化的手段来提高保护管理工作的效率。将通过技术设备收集的建筑单体、环境改变等数据纳入数字化平台作为基础，并结合 OA 自动化办公信息平台、档案管理信息平台、地理信息平台等管理信息系统，可加快信息流转的速度，加强名村的统筹管理和协调管理，大大地提高了日常管理工作的效率。此外，还应研究数据的二次开发应用，通过数据的标准加工和共享，不仅提供管理者可以利用的预警和应急联动处置功能，而且提供科学分析和科普教学等功能。使平台成为管理者操作指南的同时，也成为学者的研究工具和老百姓的科普读物。

（3）鼓励新技术研发。按照摩尔定律，技术的进步速度已经达到了日新月异的地步，随着名村镇历史文化遗存留存时间的增长，影响名村真实性与完整性要素的变迁，保护管理面临的问题也在同步变化着。为此，应该充分研究名村保护管理提出的新要求，不断通过技术创新，为保护管理工作提供支持。

（四）构建名村保护的公众参与体系

名村的保护是一项专业的、行业的、技术的、部门的工作，但却并不是政府的专利，也不是自然资源、住建、文旅行政部门的专利。名村的保护管理不仅关系名村及周边居民的利益，同时也与整个社会公众的利益相关。所以，名村保护应该是一项全民共同参与的工作。只有当地民众倾心地、自觉地守护名村，才能实现名村应有的尊严，而有尊严的名村才有强盛的生命力。

在漳州名村管理体制的构建中，应确保公众能够有效行使村落保护管理的知情权、参与权、监督权，并使权力在程序上相互支撑。应适当保证保护管理成果信息的公开性和透明性，不断扩展民众参与名村保护的途径和方式，加强对公众名村保护意识的宣传，建立一个政府主导下的机构，拓宽公众参与名村管理的渠道。

（1）保证保护管理对公众的公开透明。要让民众真正参与到名村的保护中，就必须建立和完善名村保护相关信息公开制度，政府保证公民能够知道名村和管理的实情，让公众知道目前名村保护的立法情况、相关规划、日常管理程序、管理部门工作人员的职责、办事程序等，增强名村保护管理工作的透明度。

（2）鼓励公众参与名村管理决策。公众参与必须是一个能充分反映公众要求的制度，而不能流于形式。要举办听证会、专家座谈会，通过多种途径让那些和名村保护管理活动关系密切的，尤其是居住在名村内及周边的公众能够充分的发表意见，对名村的管理政策、总体规划、重大项目计划进行公示和听证，在决策阶段征求公众的意见和建议。

（3）建立专家库支撑名村的保护管理决策。为进一步加强漳州市历史文化遗产保护事业科学发展，充分发挥专家的研究、咨询、评审和指导作用，提高历史文化遗产保护利用工作的公正性、公平性、合理性。市文旅局、自然资源局、住建局联合邀请博物馆类、环境整治类、工程预决算类、传播学类、保护规划类、建筑类、安全防护类、地方史革命史类、专项类等多个与名村保护相关方向的来自科研院所、高等院校和民间专业人士，经组织推荐、审核、公示等环节，漳州市成立市级历史文化遗产保护利用专家库，凡是涉及名村保护发展规划或者重大工程开发的，必须经过专家委员会的论证，保证名村保护管理的科学性。

（4）注重多样化教育宣传及展示。应利用多种手段丰富文化展示方式，如通过书籍、影视、展览等媒介激发公众参与名村保护的热情，尤其是对名村原住民宣传名村保护的价值和重要性，以推动相关保护工作的落实。此外，还可以通过节庆等公众事件强化公众的保护意识，如福建土楼（南靖）文化节暨漳州旅游文化节，已经取得了较好的成效，通过搜集整理土楼山歌曲目、民间工艺等多项措施对土楼非物质遗产进行抢救性保护，土楼营建技艺、土楼山歌等一批民俗文化分别被列为国家、省、市、县级非物质文化遗产。

（5）鼓励成立 NGO（非政府组织）和民间保护组织。重视科研院所、NGO、大学等机构对名村监测管理的协作作用，将促成区域公共管理主体的多元化。政府是刚性的，NGO 则是柔性的；政府是托底的，NGO 则是丝丝入扣、无时不在的。鼓励 NGO 及其背后有能力、有爱心的人，付出时间、精力、爱心乃至金钱，加入共同保护漳州名村的队伍之中。

第七章 漳州历史文化名村保护规划典型案例——龙海区埭美村

一、村庄基本情况

埭美村位于漳州市龙海区东园镇西部、九龙江南溪下游，距东园镇政府约 1.5 公里，距龙海区约 15 公里，距漳州市区约 30 公里，距厦门市区约 30 公里。全村土地总面积约 2.32 平方公里，人口有 928 户、3307 人。[①]

埭美村环抱于鸡笼山、大帽山、鹅蛋山之中，四周环绕“两道水”，即绵延数里、环绕村庄的内河和通往外界的南溪港。村庄地处第四系全新机海积层为主的沉积地带，地形平坦开阔。村庄规模较大且成群落状布局，又因村庄山环水抱，景观俊美，因此俗称为“埭美水上古民居”，也有“闽南周庄”的形象称呼。

村口迎客榕绿树成荫，是村民们迎接各方贵宾来古厝群观光旅游的吉祥树，是当地居民休闲纳凉的好地方。万（旺）丁河据说是埭美祖先特意请风水师所布置的，由于形象“万（旺）丁”，所以村民们把它称为“万丁河”，意为“旺丁生财，生生不息”。因为埭美在古代与外界

① 资料来源：《中国历史文化名村龙海埭美村保护规划（2014—2030）》。

有经贸往来，所以村民们就建造天后宫庙，供奉保佑海上平安贸易的妈祖，天后宫是埭美古民居群的主庙，至今已有 360 多年历史。跨河古榕也称“卧（榕）龙”，至今已有 360 多年的历史，曾是市村民跨河通行的重要“桥梁”。明末清初古码头遗址，是明末清初村民们与外界连接的历史见证，也是以月港为中心的海上丝绸之路和漳州海上贸易的重要遗址。“前祠堂”是埭美社的官厅，始建于明末清初，目前保存较为完整，前祠堂的木雕、砖雕、泥塑等工艺极为精湛，美伦美焕，里面的“苏彩”与“斗拱”更是文物中的精品。“后祠堂”是埭美社的宗祠，始建于明代。观音大士木建小庙，是村庄重要民俗节日“三朝清醮”的活动场所。观景楼，可以纵观整个埭美水上古民居的全貌。埭美社后祠堂路宽 22 米的红砖大埕始建于明末清初，是古村落最宽阔的古代街道，是埭美社民俗活动的中心场所。

埭美村现有的 49 座明清古厝是村庄最古老的建筑群，保留着村庄最初发展的街巷格局。最初于北侧沿头前河横向建造 9 座古厝，后排再对准前排依次向后建造，古厝旁边还附带着纵向排列的“护厝”。从而形成东西横向四排建筑、每排九座的“九宫”格局。这一格局形式只有拥有显赫家世背景的家族才能建造，可见当时埭美陈氏家族的显赫地位。后期受族规严格、公平公正、统一安排、团结和谐等因素影响，宅基地分配面积一致，新建房都按照原先的规划格局且不能超过祖厝的高度，即实行统一坐向、统一造址、统一风格、统一配套、统一排水。由此形成了现在规模庞大、规格一致、布局有序的古民居群。

埭美的绝大多数后建民居延续了“九宫”格局的布局形式，整体格局十分规整。在埕巷格局中，东西为埕，主要由红砖铺设，位于古厝门前，是闽系红砖建筑衍生的重要作品，其既是交通联系的主要通道，也是村民重要活动聚集的主要场所。南北为巷，隐于古厝的山墙之间，一般仅有一至两米宽，每条巷子都整齐划一，兼具了通行与排水的功能。

村中还有一种东西向隐形的道路。古厝东西两侧都留有边门，每家每户皆是如此，古厝边门对着边门。当所有边门都打开时，便形成一条东西方向栖身于古厝檐口之下的通廊，在闽南潮湿多雨的气候下通行于村中而不被淋湿，成为埭美又一特点。东西向与南北向的埕巷组成了秩序井然的“井”字形格局，整齐划一。这种特殊的格局，体现的不仅是一种建筑布局的巧思，还蕴含了一种人人平等的人文精神，互相关照，守望相助，多样和谐。

埭美民居不仅在平面上中轴对称、主从分明，还营造出了形式多样的艺术表现手法。比如，埭美村建筑屋顶统一为闽南传统建筑特有的硬山式曲线燕尾脊形式。屋顶多数为一段式，悬出山墙外，以保护其下的墙体。屋面顶部高耸两端翘起，形成大弧度曲线组合成的丰富的天际轮廓，极具闽南特色，使建筑显得具有生机和活力。屋脊曲线不尽相同，挺直厚重与弯曲轻巧并存，曲率平缓柔和而富有韵律。屋顶加上总体整齐、多层次进深的布局，形成整个村落优美动人的天际轮廓线，充满节奏感与韵律感，使人印象深刻。

经过五百多年历史的洗礼，埭美给后人留下了许多历史文化记忆，而这些记忆最直接的载体便构成了埭美的历史环境要素，主要包括古码头遗址、古榕树、古炮楼遗址、古旗杆遗址、古墓、五角等。比如，九龙江南溪古码头遗址是以漳州月港为中心的“海上丝绸之路”的一个重要节点，位于南溪东侧，曾为明清时代埭美与外界往来的水上交通枢纽，也是埭美古代海丝文化的重要史证；跨河古榕是全村最具观赏性的古榕树，又称“卧龙榕”，树龄超过360年。榕树枝繁叶茂，枝干粗壮，横跨河两岸。埭美村古时候遇到发洪水时，木板桥经常被冲走，古榕就被村民当成桥梁使用，被称作“功劳古榕”。

崇宗敬祖、恪守祖训是埭美村民坚守的传统信仰特色，也是维持古村整体传统风貌延续至今、未被破坏的重要原因。在宗教信仰方面，为典型的多神崇拜特点。村中建有天后宫、三王公庙与观音大士的神龛，供奉妈祖等多位神明，组成与日常生活息息相关的信仰体系。“三朝清醮”是埭美村最为热闹的一个民俗节日，时间为两年一次，择日大多选在农历十一月。每当节日来临之际，全村张灯结彩，炮竹连天，每家每户都杀猪宰羊来祭拜“观音大士”。

由埭美村历史发展衍生多个民间传说，主要有“妈祖显身买姻脂”“太保公显身请戏”“三王公庙”“姑婆祖的启示”“榕树当见证”“鹿石山”“龟山和镇龟石”等。民间传说生动丰富，富有埭美特色，具有相当生命力和感染力。

二、历史文化价值评估

按照整体与专项相结合、物质与非物质并重的原则对埭美村的自然与历史文化遗产资源进行价值评估，主要分为整体价值、历史价值、艺术价值、科学价值、文化价值五个方面。

（1）整体价值。“有埭尾厝无埭尾富，有埭尾富无埭尾厝”是埭美人最为骄傲和广为流传的一句古语，其中蕴含了埭美村最核心的整体价值，依据其核心价值重要程度，可概括为四个价值特色。①海上丝绸之路文化的生动展现。九龙江南溪、北溪、西溪这三条重要的支流流域，共同见证了漳州地区海丝文化的起源和发展，为当时整个东南沿海地区的海上贸易注入了强大的活力和鲜明的闽南特色。埭美南溪古码头正是海上贸易线路中一处重要的历史文化遗迹。埭美村依靠临近九龙江南溪码头的优势，将当地农副产品、手工艺品等源源不断地运往海外进行贸易交换，从而使整个埭美富甲一方，也为埭美的长久发展积累了更多的财富，展现了海上丝绸之路所带来的贸易繁荣和文化交流。②闽南传统村落山水格局与村落选址的典型代表。埭美村以“三山环抱、绿水环绕”为山水格局，具有古代传统村落选址的典型特色。同时，依托地处河流冲击平原、海拔较低的优势，使周边水系能够有机地与村落进行渗透，形成了具有“闽南水乡”特色的水上古民居群。③闽南建筑文化与村庄特色格局的综合展示。以“闽系红砖建筑”为主要建筑艺术形式，以“苏彩、斗拱”等稀有的民间建筑结构及装饰艺术为突出特色，以闽南传统“硬山式曲线燕尾脊”“剪黏”“水车垛”“三雕”等传统建筑工艺与装饰艺术为典型代表，以富有贵族气息的“九宫建筑布局”为村庄特色格局，埭美不仅完美体现了传统闽南建筑文化，同时又融合了独具历史韵味与家族文化内涵的特色格局。④闽南传统明清古建筑集中保存的有力典范。整个闽南地区现今得以保存的传统明清古建筑数量众多，但多数规模较小，整体风貌不完整。得益于其村民严格恪守祖训进行建设等因素，埭美的明清古建筑群具有规模大、保存完整、特点鲜明、受破坏程度小等特点，在闽南传统明清古建筑保存和传承建筑历史文化方面具有很高的示范意义。

（2）历史价值。埭美古村山水格局典型；村内历史文化遗迹分布集中、类型丰富；历史建筑众多，是闽南地区规模较大、保存较完整的明清古厝群，具有一定的代表性；埭美村在演化变革、聚落结构、建筑形制、环境遗址等方面保留了大量的历史信息，对研究闽南地区传统社会经济文化具有很高的历史价值。

（3）艺术价值。埭美村以“碧水红厝”为特色，其中“三山环抱、绿水环绕”，形成临水望山景观格局；建筑布局规整统一，屋脊群貌灵动优美，俯瞰全局极具震撼力和感染力；建筑外形独具特色，空间组合变化丰富；建筑色彩红白交替、和谐美观；建筑装饰工艺纯熟、内涵深刻；总体体现出极高的艺术水平，具有很高的艺术价值。

（4）科学价值。埭美村在聚落选址方面秉承了古代堪舆思想，融合了传统风水布局与对景借景等造景手法，地势选择利于取水排水，免受洪水灾害，这对研究古代村落选址原则中趋利避害的原则与方法具有较高的科学价值。另外，排水渠下设置砂石用以过滤以及屋顶燕尾脊可避雷击等方面也是古代科学的体现。

（5）文化价值。埭美村将多种代表性传统文化相融合；开漳文化、理学文化底蕴深厚，流传至今，影响广泛；宗族文化遵守有序，保障古村传统风貌永世留存；是国家级非物质文化遗产芗剧和锦歌重要的传承地，是“漳州海丝文化”的重要见证，更是以红砖建筑为代表的闽系文化典范。

三、古村保护存在的主要问题

保护古村落整体环境包含社会、经济、文化、教育等多个方面，保护历史文化特色就是要使古村落特有的历史文化得到保护、继承和发扬。保护工作是一项长期而艰巨的任务，其中会有来自时间、空间、人口、地域发展、自然变迁等诸多方面的影响，如何正确看待这些问题，是制定合理有效的保护措施的关键因素之一。从可持续发展角度综合考虑，村庄保护目前存在和将要面临的主要问题有以下三个方面。①自然性破坏。主要为风雨侵蚀和洪水、泥石流、地震、台风等自然力的破坏以及白蚁、蛀木蜂等对古建筑木结构的破坏，这是一些重点物质文化遗产所面临的主要破坏因素。②建设性破坏。住宅建设方面，村民翻修原有住宅或新建住宅，建筑体量风貌与传统建筑不符，对古村整体风貌格局与建筑形态存在较大负面影响。商业建设方面，随着埭美水上古民居被发现、各大国内外媒体的纷纷关注以及当地政府的高度重视与大力支持，埭美旅游产业面临一次发展机遇。旅游业的发展是否会将古村原有的宁静打破，是否会改变古村原有的生活规律与传统，都是不可知的。如何加强引导，使这种生活与文化的碰撞能够给埭美带来生机与活力，在带来新鲜事物与文化的同时，继承和发扬传统历史文化是未来发展的重要一环。基础设施建设方面，在建“港尾铁路及轻轨”将对埭美整体风貌产生严重负面影响，需再规划中提出改善方式，尽量减少不利影响。市政管网规划若采用地下敷设方式，存在破坏现有地面铺装等不利影响，需采取相应措施进行原样恢复。③人口迁移。常住人口减少、村庄活力降低是古村普遍存在的问题。埭美村内大部分村民为老年人，村内长期居住的村民逐渐减少。无论对物质文化遗产的保护与维护，还是对非物质文化遗产的传承与发扬，人是其中重要的一部分，因此未来如何解决人口问题，寻找出一条可持续发展的道路是埭美面临的又一问题。

四、保护区划与措施

（一）划定核心保护范围

（1）核心保护范围。以涵盖文保单位、历史建筑及传统风貌建筑为基准确定，北至头前河，南至港内河，东至万丁河，西至港尾铁路，总面积约 10.8 公顷。

（2）保护内容。①古村落的空间街巷格局以及头前河、万丁河河道格局等。②明清时期历史建筑 49 座：前祠堂、后祠堂、天后宫等及周边环境。③保存完好的传统风貌建筑群。④历史构筑物及历史环境要素：头前河古码头遗址、跨河古榕树、庙前古榕、古桥、古学堂遗址、古炮楼遗址等。⑤村庄内生活情境的庭院及构筑物。⑥村庄民俗节日、文化习俗活动等。

（3）保护要求。①建筑物的保护与整治。针对建筑物区分不同情况，采取相应措施，以保持传统风貌的真实性和完整性。将建筑分为文物保护单位、历史建筑、传统风貌建筑及其他建筑四类，进行分类保护与整治。②历史环境要素及周边环境的保护。主要包括古树、古桥、古码头、古旗杆等能体现传统特色和典型特征的构筑物和环境要素，应分类进行合理有效的保护，并注意保护与其相关的周边环境，保持风貌的协调性。③街巷格局的保护。保持原有街巷尺度和原有沿街建筑立面的连续性，改造及新建建筑应严格遵循原有尺度格局进行布局和建设。保持街巷井字形格局，保持街巷尺度和高宽比。④道路交通的组织。合理组织道路交通，基本保持原有道路铺装材质和样式。严格限制机动车进入核心保护范围，实现内部完全步行化。⑤外部装饰和其他设施的要求。保持核心保护范围内建筑物、构筑物、街巷两侧的外部装饰、生活设施、广告牌匾等与传统风貌相协调。建筑外立面的装饰和各种设施、广告牌等应使用当地传统材料。⑥用地类型的要求。核心保护区内主要规划为居住、公共服务、道路广场和绿化四类用地，不允许发展生产设施用地。⑦视线廊道的控制。村庄核心保护范围内以南北向村庄中轴线为主要景观视廊，该廊道是观赏埭美整体风貌的最佳视廊。因此，应对该视廊所及范围进行环境整治，提高该廊道的景观效果。该视廊宽度控制为 15 米。

（二）划定建设控制地带

（1）建设控制地带。核心保护范围之外 110~170 米，北至村界，东至万丁河以东水系，南至自然村村界，西至头前河分支水系，面积约 23.91 公顷。

（2）控制对象。主要包括：村民安置区、旅游商业区、港内河以南村民居住区域、莲花岛、万丁河及外围河流、水塘及农田等。

（3）控制要求。①村民安置区。统筹考虑保护旧村风貌、对外交通便捷、土地性质可建设、便于与旧村联系、保护生态环境、尊重村民意愿等重要因素，将安置区选址于旧村及港内河以南地块。总体布局应保持古村特色格局传统，保持古村传统街巷格局和建筑朝向，体现“井”字型街巷格局，传承“九宫建筑”格局特色。保持红砖大埕功能特色，将村民生活、休闲、祭祀、经营、农耕等活动与红砖大埕紧密相连。②旅游商业区。规划于东部新建入村路以南、安置区民宅以北，与古村以港内河水系作为分隔。总体布局保持古村特色格局传统，保持传统建筑朝向，应在建筑布局组合中体现埭美古村建筑格局形式，传承古村建筑布局空间肌理。对商业、旅游服务业经营模式提出一定控制要求，应以发展古村旅游经济为主要方向，但应以不破坏古村传统聚落风貌和生活传统为前提。③港内河以南村民居住区域。统一将该区域层高控制为三层及三层以下，对现状建筑进行整治改造，使其建筑风貌特色与古村传统风貌相协调。④莲花岛。保持莲花岛生态特色，不得在岛上建设除公共服务设施以外的建筑，可适当在岛上建设戏台、公厕等建筑，但其体量及形式应与古村传统建筑风貌一致。莲花岛以生态绿化为主要形式，不宜建设服务接待及餐饮类商业建筑。将莲花岛功能定位为公共服务活动功能，同时也是未来旅游发展的主要核心景观之一。⑤万丁河及外围河流、水塘及农田。保护建设控制地带生态环境，保持河道水系通畅，保持河道原有历史岸线，保护植被农田，加强环境卫生治理，严禁向河道内倾倒垃圾等行为，防止水系污染，维护古村落与自然环境的依存关系。新村建设进行填塘造地时，应保护周边水系的岸线，禁止因施工对原有岸线及河流走向进行改变。如确因施工、场地等需要，对岸线进行破坏的，应在施工后对岸线进行原样恢复。⑥港内河至万丁河景观视廊。围绕村庄核心保护范围的港内河和万丁河，在村庄东侧形成了一道天然的屏障，它将古村与外围新村进行有效地空间分割，并通过河道绿化景观的形式起到了新旧村空间过渡的效果。因此，对这一景观视廊应加强保护，严格控制河道的岸线，通过环境整治的手段加强河道两岸景观效果，将这一景观视廊打造为以河道绿化景观为主的绿色视廊。该视廊宽度控制为 60 米。

（三）划定环境协调区

（1）环境协调区。为建设控制地带边界之外 200~800 米，以山体、河流、道路为主要边界依据，北至笔架山脚，西至南溪沿岸，东至沈海高速，面积约 168.25 公顷，包含周边河流、水塘、农田及邻村用地。

（2）协调要求。①维护协调区整体自然环境，保护现有植被、山势、水系和田园风光，保护视线视域所及范围内自然景观完整、统一、和谐。

严格限制各种有污染和不良环境影响的建设。②区域内建筑风格可以在延续历史风貌的前提下，有所创新和变化，但宜与古村落建筑风格协调。③在视觉廊道的控制方面，埭美村位于三山环抱之中，整体村落的布局在堪舆学上来讲，对视觉廊道的依赖是十分重要的，且现今村落以整齐划一的规模布局特色为主要景观风貌，因此对于视觉廊道的控制是十分必要的。依据对村落布局堪舆学特色分析，埭美的视觉廊道主要以北向为主，以笔架山与村落之间的视觉廊道最为重要，其余三个方向以远山包围为主要特色。埭美村距北侧笔架山 1.1 公里，山脚下的茶斜村建筑以 3~4 层村民住宅为主，在茶斜村和埭美村之间以成片农田水塘为主，根据现状特点及对埭美村落传统布局的分析，北部视廊范围内埭美村头前河至邹岱村南部环村河之间约 600 米，以保持自然田园风光为主，不宜建设新村建筑，对该范围内的现有建筑进行适当改造，以符合本地传统风貌特色为标准。在北部视廊范围内，邹岱村环村河至鹿石山约 400 米，进行建设引导与协调，该域为茶斜村用地，其中北部建设用地内现有大量 3~4 层新式住宅，已对整体景观产生一定的负面影响。规划提出该建设用地内建筑高度应控制在 4 层以下，减少 3 层以上建筑建设，建筑色彩及风貌应与传统红砖建筑相协调。北部视廊范围内，笔架山由鹿石山、鸡笼山和西侧笔架形山脉共同组成，对山体风貌应整体保护，避免开山、凿石等生产活动，在建港尾铁路已在山体中部建成隧道，应加强对周边区域的环境管控，通过植树造林、景观改造、旅游开发利用等方式合理对山体进行保护与改造，使埭美景观视廊始终保持完整、村落布局风水不被破坏。

五、物质文化遗产保护

（一）历史街巷的保护

（1）现状概况。村内现状保存较好的历史街巷有头前河路、后祠路、新埕路、南北路、后壁路以及四排明清古厝所在区域的南北向的小巷。

这些街巷整体状况良好，并且随着岁月的积淀，其历史文化韵味愈加浓厚，形成了各种具有闽系红砖建筑文化的特色空间，是整个村落保护内容的重要一环。

（2）保护要求。①历史街巷是古村的重要组成部分，也是居民生活空间与环境的一部分，应予以充分保护和合理利用，从而体现历史文脉和时代生活的延续性，但在完善或改造各项基础设施与配套设施时，必须以不影响和破坏其历史风貌环境为前提。②保持现有街巷界面，对主要街巷破损的部分应考虑按原材料、原工艺修复。保护“井”字形街巷肌理，按照埭美特色，对传统特色街巷的尺度和高宽比进行保护，对街巷两侧不符合传统风貌的建筑必须在专家指导下区别不同情况进行外观改造、拆除或搬迁，使其与周围古建筑、古巷相协调。

（3）保护措施。①街巷小品（如路灯、路牌、电表箱、垃圾箱等）应具有地方特色，严禁采用现代城市的做法，电线杆架空线应考虑逐步采用地下埋设方式。②历史街巷禁止机动车穿行。对于因自然破损和必要的市政设施改造等建设工程造成的街巷路面破损，以红砖、条石等当地材料为主进行铺砌，恢复传统特色；对于重要街巷的原有铺地材料（如砌筑雨水明沟的条石、红砖等），应视其破损程度，以最大限度保护和恢复为主要方式，利用原有材料对街巷破损部位进行修复。

（二）文物保护单位的保护

（1）现状概况。2011 年，埭美村 49 座明清古厝建筑群被龙海区列为市（县）级文物保护单位。目前，建筑群内大部分建筑主体结构良好，整体建筑风貌保存良好，是闽南地区发现保存最为完整的明清古厝建筑群。

（2）文物保护区划。规划按照文物保护单位的保护模式，对埭美村文物保护单位采用分层分级的保护模式，即以文物保护单位为核心，划分文物保护单位的保护范围和建设控制地带，并提出相应的保护要求和措施。文物保护单位保护范围：指对文物保护单位本体及周围一定范围实施重点保护的区域。本规划按照建筑外墙外扩 2~3 米划定保护范围。文物保护单位建设控制地带：指除文物保护单位的保护范围外，为保护文物保护单位的安全、环境、历史风貌，对建设项目加以限制的区域。本规划按照文物保护单位保护范围外 10 米划定文物保护单位建设控制地带。

（3）保护工程。文物保护工程是对文物古迹进行修缮和相关环境整治的技术措施。文物保护工程分为保养维护工程、抢修加固工程、修缮工程、保护性设施建设工程、迁移工程等。①保养维护工程：是指针对文物的轻微损害所作的日常性、季节性的养护。②抢险加固工程：是指文物突发严重危险时，由于事件、技术、经费等条件的限制，不能进行彻底修缮而对文物古迹损伤所采取的加固措施。③修缮工程：是指为保护文物本体所必须的结构加固处理和维修，包括结合结构加固而进行的局部复原工程。④保护性设施建设工程：是指为保护文物而附加安全防护设施的工程。⑤迁移工程：是指因保护工作特别需要，并无其他更为有效的手段时所采取的将文物整体或局部搬迁、异地保护的工程。

（4）文物保护单位的现状及保护修缮措施。文物保护单位现状保存相对较好，个别建筑受损较严重，需要大修，因此保护措施主要以保养维护和修缮两类工程为主，其中需要修缮建筑 19 座，保养维护建筑 30 座。

（5）建设控制地带的保护和管理。在文物保护单位的建设控制地带内进行建设工程，不得破坏文物保护单位的历史风貌，其形式、体量、高度、色彩应当与文物保护单位相协调。工程设计方案应根据文物保护单位的级别，经相应的文物行政主管部门同意后，报城乡建设规划部门批准。在文物保护单位的建设控制地带内，禁止进行以下活动：①建设污染文物保护单位及其环境的设施；②存放易燃、易爆、易腐蚀等危及文物安全的物品；③殡葬活动；④其他可能影响文物保护单位安全及其环境的活动。

（三）历史建筑的保护

（1）历史建筑现状。将位于村庄西部与明清古厝群相邻区域的建筑核定为历史建筑，此外还有莲花岛上的广济祖师庙。该区域建筑与明清古厝群拥有相同的街巷格局，特别是该区域的街巷是埭美五条主要历史街巷的延续，在建筑主要元素的空间性、实用性、物质性和审美性四个方面都与明清古厝群有着相同或相近的特点。目前该区域建筑保存较为完整，但在该区域内部存在个别建筑风貌和建筑质量较差的其他建筑，应予以整治改造。

（2）保护措施。①应建立完善的历史建筑档案，设置保护标志；将具有重要历史价值、艺术价值和科学价值的历史建筑推荐申报为各级文物保护单位。②对历史建筑进行保养维修，主要分为保养维护、抢险加固、加固维修和局部复原等。③实施历史建筑的保养维修，应以保存现状为主，在掌握充分依据下维修复原，应最大限度保留历史建筑所包含的历史信息。主要体现在：保护和复原历史建筑的平面格局保护、加固历史建筑的建筑结构保护、修复历史建筑的建筑构件保护、修复历史建筑的立面保护。④尊重和延续民居类历史建筑的传统功能分区，并予以合理改善，合理分配各居室空间功能。⑤民居类历史建筑的厢房、房间和护厝、偏院、后院等隐私或次要区域，应在保持内部空间尺度和保障安全的前提下合理使用，可添设现代生活起居设施，改善宜居条件。⑥寺庙、宫观等宗教类历史建筑及祠堂、祖院、书院及公共建筑类历史建筑，可更新内部设施，但设施外观应与传统风貌协调。⑦在尊重传统功能的基础上，历史建筑可利用来完善村庄公共服务设施，但不宜用于建设餐饮、旅馆、娱乐场所等旅游服务设施。埭美历史建筑仍以保持原有居住功能为主。

（四）传统风貌建筑的保护

1. 传统风貌建筑现状

由于近代的村民生活需求不断增加，以及部分村民对城市生活的向往，该区域出现了以下几类问题：住宅空置废弃，并且缺乏维修；个别区域存在废弃的牲畜棚、个人私搭乱建的生活设施用房；对于现代化生活设施引进不够统一、不够系统，如给水管线外漏、化粪池位置规模不合理、架空线繁杂、屋顶热水器影响屋顶景观、建筑门窗等构件铁艺玻璃灯现代化材质与古村风貌不符等。

2. 传统风貌建筑的保护与改善措施

（1）传统风貌建筑以保护和改善利用为主要原则。

（2）为满足居住或公共服务需要，在保持立面风貌、屋顶形式的情况下，可对部分近代建筑内部平面格局和建筑结构进行优化改造，以提升居住生活条件。

（3）传统风貌建筑的建筑立面整治，应与历史建筑立面整治协调进行，依据、方法与历史建筑立面整治一致。在外观形式、高度规模、装饰元素、色彩质感与村镇传统历史风貌协调的情况下，可使用现代建筑材料，比如修复围墙及围合墙，可使用砖混结构、空心砖墙体，墙身外观采取抹白灰或贴砌空斗墙形式，漏窗、墙帽等应保持传统做法。

（4）埭美传统风貌建筑以民居为主，应结合村民生活需求，对基础设施进行改善，另外可根据村庄旅游发展，对基础条件较好的民居进行扶持，适度开放民俗旅游农家乐等，以提升居民的经济收入和维持村庄的发展活力，但埭美的民俗旅游开发整体应以点状服务接待为主，局部可形成民俗接待片区。

（五）建筑风貌的保护

1. 建筑风貌特色及现状

埭美村建筑现状风貌特色保存完整，村民秉承了祖先的建筑工艺和装饰艺术，在村民自行的房屋修缮过程中，依然采用传统工艺，这在极大程度上保证了埭美传统风貌特色的延续。

2. 保护要求

（1）保护整体风貌格局，对建筑物进行修缮、改建等工程时，应以传统工艺为首选，以维护整体建筑风貌为目的，采取传统材料对建筑进行修缮、改建和日常维护。

（2）新建居民安置区的单体建筑设计在体量、结构、立面、材质方面要以传承历史建筑风貌特色为要求，严格控制新建建筑的风貌形式。

3. 保护措施

（1）修缮和恢复传统民居屋顶及立面，对于现状左右厢房为平屋顶的三合式住宅，采用屋顶平改坡、建筑立面改造的形式，恢复硬山式曲线燕尾脊及马背脊的屋顶形式，增强建筑风貌的整体性。

（2）保护建筑墙体及基底，从色彩、材质、历史痕迹等多方面出发，采取修旧如旧的原则，对“红砖白墙”这一风貌特色进行保护和修复。

（3）保护和修缮传统民居建筑装饰细部，以剪黏、水车垛及三雕工艺为保护重点，对建筑细部予以保护修缮，传承建筑风貌特色。

（六）建筑高度的控制

在核心保护范围内，保证整体传统风貌统一，建筑层数控制为一层，建筑檐口高度控制在6米，脊高控制在8米。在建设控制地带内，建筑层数控制为三层及三层以下，建筑檐口高度控制在10米，脊高控制在12米。

（七）历史环境要素的保护

（1）古榕树。①对埭美村跨河古榕、竹仔角沿河古榕、庙前古榕及迎客榕等9棵古榕树进行重点保护，在册古树名木统一挂牌。②严禁砍伐、倒卖等对古榕树的破坏活动，维持古榕树的生态环境。③对受到损坏的古榕树，要以科学手段进行抢救和养护。④制作并安装古树名木保护标志，定期进行检查。⑤严格控制古树周边进行施工建设行为，提出避让和保护要求。

（2）古码头遗址。①以历史真实性为原则，恢复头前河与南溪古码头遗址，展现“海丝文化”的历史原貌。②重点保护头前河路及头前河邻村水域的驳岸，保持原有历史风貌，保持风貌特色的完整性。③保护和整修有埭美特色的无棚古船，兼具实用与观赏效果。

（3）古旗杆遗址。①依据历史资料，恢复遭受损毁的古旗杆，其中前祠堂前恢复三根，莲花岛恢复一根。②保护古旗杆遗址，禁止在遗址及周边进行破坏性建设，保证遗址环境的协调性。

（4）古炮楼遗址。①规划保护古炮楼遗址，设置标牌标识以纪念古炮楼的历史存在。②因遗址现状已无任何遗迹，因此为体现古炮楼原风貌和其历史存在价值，建议将村庄南部的观景台设计为古炮楼外观风貌式建筑。③依照历史资料，古炮楼高度为3~4层，因此观景台规划为3~4层建筑。

（5）古墓。①划定古墓保护范围，在保护范围内严禁挖掘、采石、取土等对古墓有破坏影响的行为活动。②修复和恢复古墓碑刻，维持其周边环境风貌。

（6）特色空间。①规划保护以上五个具有各自特色的空间，对周边环境提出控制要求。②适当设立带有展示功能的小品或展览牌，并与周边环境相融合。

（八）自然生态景观环境保护

（1）水系河道。①规划重点保护与村庄布局风水密切相关的河道水系，如万丁河、头前河、后仓河、港内河。保护其河道岸线的原始性，对破损较严重的驳岸，采取加固措施。②定期清理河道的淤泥、垃圾，并对水质进行检测，制定水质净化体系，建设水质净化设施，保障河道水质的清洁。③休整加固河道水利设施，如防洪闸、防洪提等。保障河道水系的循环流通，保障河道不受洪水等灾害破坏。

（2）莲花岛。①疏通淤堵段水路，恢复莲花岛原始形态。②保护和恢复莲花岛的自然生态系统。

（3）水塘。①对埭美村中重要水塘（如镜湖）进行保护。禁止随意改变水塘形状和大小，不得在塘边新建有碍于景观要求的建构筑物。②养殖用的水塘为村民挖掘形成，成为自然风貌的一个重要组成部分。应保证整体基本风貌，局部区域可根据村庄发展需要进行填充和建设。

（4）耕地。①规划对埭美村西侧、北侧耕地进行重点保护，除铁路及防护林占用外其他范围进行保留。②严格执行基本农田保护制度和“五不准”原则，稳定生产，保障生活。

（5）外围河流水系、农田、乡土景观。除村庄内部的自然生态景观环境外，处于村庄外部的河流水系、农田、乡土景观也是村庄山水环境的重要组成部分，它关系着村庄水系的命脉、关系着村庄整体环境的特色肌理，因此规划对与埭美村环境关联性较大的周边范围内的河流水系、农田、乡土景观提出保护措施，以期对埭美村环境进行更好的保护。①河流水系保护措施：对与村庄内部的头前河、万丁河、港内河相连接的水系进行河道保护，禁止随意更改河道流向，禁止污染河道水系；制定防洪体系，修补加固防洪提、闸门等水利设施。②农田和乡土景观保护措施：以生态保护和可持续发展为原则，重点保护和营建生态农田，加强菜地、田园四季农作物更替引导，避免季节性抛荒；禁止乱砍滥伐现象，保护培育林地，加强水土保持林和生态涵养林的建设，对主要车行道和步行道两侧的视域范围重点培育景观植物；沿主要河道沿岸进行生态绿化，以本地植物为主，营造多元的乡土植物景观体系，保护生态体系的健康发展。

六、非物质文化遗产保护

（1）保护内容。主要包括耕读文化、宗族文化、风水文化、节庆习俗、戏剧曲艺、民间传说、建筑装饰艺术、建筑技艺，与物质文化遗产一样，必须加以保护、挖掘、展示和利用。

（2）保护措施。①建立专门保护和研究机构，充分挖掘、整理非物质文化，加大力度收集非物质文化遗产文献、音像、图片等资料及载体，建立埭美村文化档案资料库。②建立非物质文化保护专项资金，加大非物质文化保护力度。③建立非物质文化展示平台，利用现有祠堂、庙宇、民居等场所，合理布置、安排展示埭美古村历史传统风俗文化，定期举办习俗展示、戏曲表演、工艺展示等民俗活动，扩大对外宣传和交流。④重视对居民和文艺传承者的保护。⑤加强闽台文化挖掘，以“寻根祭祖”为突破口，扩大闽台文化交流合作。⑥通过网络、广告、出版物等多种手段加强对非物质文化的宣传展示，提高知名度和影响力。

（3）居民的保护。居民是古村落的守望者、文化传承者，是非物质文化遗产的主要载体。保护埭美居民对于保护埭美非物质文化遗产方面有着重大的意义。居民的定义为在古村落定居的古村落先人的后代及长期受古村落文化浸染、对传统文化具有认同感的外来常住居民。现在埭美村居民以古村传承的后代为主。居民的保护内容包括：①尊重居民的生活方式。②保护居民的基本利益。③积极提高和改善居民的生活条件和水平。④解决居民在就业转型过程中的问题。⑤鼓励居民继承和发扬传统文化。⑥严格限制古建筑私下转让。

（4）展示平台规划。埭美村现有非物质文化遗产种类较多，并且居住在村中的老人较多，他们是这些非物质文化遗产的主要继承者和宣扬者，应抓紧机遇，建立全面的展示平台，让这些非物质遗产尽快得到传承和发展，减缓因更新换代而造成文化遗失的速度。利用重要建筑和空间节点规划展示平台，主要有六处，分别为：天后宫民俗节日展示平台；前后祠堂宗族传统展示平台；大霞、大川、大笔故居埭美历史文化展示平台；莲花岛民俗文艺活动文化展示平台；头前河龙舟文化展示平台；南溪古码头海丝文化展示平台。展示的内容主要包括：埭美的发展历史、村落格局演变、宗族史料、历史人物、海丝文化、闽台文化、耕读文化、戏曲曲艺、民间传说、埭美的日常生活及有代表性的民俗活动和民间工艺品、日用品、传统食品等。

（5）产业发展引导。产业化发展需要一个完整的产业链支撑。文化产业必须打造产业链，这样才能产生规模效应和互动效应。埭美文化产业发展应以旅游业为核心，扩展与旅游业相关的产业链，从游、食、住、购、娱多角度出发，丰富埭美的产业链组成，从而带动整体文化产业的发展。埭美应注重文化展示与旅游产品的结合，在以观赏、体验为主的旅游服务内容基础上，开发具有更高营收价值的旅游产品，如戏曲服饰、手工艺品、生态采摘、美食特产等，将单一的观赏类资源与旅游体验购物有机融合，从而使以旅游产业为核心的产业链能够向生态种植、手工艺制作、服装设计制作、食品加工等上游产业链延伸，向产品包装、推广、营销、活动策划、影视制作等下游衍生产业链拓展。同时，应以广告宣传为手段，将埭美加入厦门、漳州旅游网络，通过大型旅行社的组织和推荐，实现与旅游市场的对接，为埭美拓展旅游市场。市、镇政府应全力保障埭美的旅游开发，通过加大基础设施建设的投资，鼓励生态农业种植、养殖业发展，鼓励当地村民积极参与生态环境建设，并积极策划文化活动，利用媒体平台优势，特别是做好在机场、高铁和专列等处的文化旅游宣传，做细文化旅游营销和宣传方案，从而提升文化产业和文化产品的影响力与知名度，最终拉动文化旅游全面发展。

七、空间布局规划

（1）用地现状。埭美村建设用地以居住用地为主，主要集中于古村内，少数布局于古村外南部。于村庄北侧存在少量公共服务设施用地，缺乏公共绿地。商业设施用地为村民开的商店，位于村庄东侧。村庄东部、后仓河沿岸及村庄东南部等区域有部分闲置地。村庄外围以河流、水塘为主，北侧存在少量耕地和林地。现在村庄建设用地面积约 9.65 公顷。

（2）规划原则。①保护与发展并行原则。在不破坏传统村落的空间格局和历史风貌的前提下，通过对土地使用性质的合理调整，更好地保护历史资源，弘扬传统文化，推进古村旅游的发展，改善村民现有居住生活条件和环境，为创造和谐社会奠定坚实的物质基础。②科学性、实施性和可操作性统一原则。按照新农村建设的标准和要求进行土地布局，完善各项基础设施配套，充分考虑现状条件，统一规划，分期实施。③有效利用原则。对古村土地进行整合，有效利用闲置土地，将其改造为公共绿地、广场、公共服务等用地，改善市政设施条件，提高生活质量。

（3）功能分区。埭美村域范围分为五个功能分区，分别为保护展示区、古村生活区、活动休闲区、综合服务安置区、农业生产区。①保护展示区。以文保单位明清古建筑群为主体，构建埭美村历史文化核心保护与展示区域。②古村生活区。以古村南部民居为主，继续保护和维持生活功能，适度发展农家旅游接待功能。③活动休闲区。利用古村东侧莲花岛等闲置用地补充完善休闲活动功能，以满足村民文化生活及集会活动需求。④综合服务安置区。统筹安排村民安置与旅游服务功能，将新建居住风貌及主要商业活动引导至外围区域，避免对古村传统风貌形成干扰。将综合服务安置区选址于村庄南侧、港内河以南的区域，该区域处于埭美村规划东部主入口处，对外交通条件良好，已调整为建设用地，适于村庄建设。该区域北端距离古村约 70 米，与古村之间将道路、河流及绿化带作为隔离，符合村民搬迁的距离适中要求，便于村民往来联系。同时，该区域在高度控制和高度过度等方面进行规划限制，以保证与古村建筑风貌相协调。⑤农业生产区。规划保护耕地和水域，继续发展农业种植与水产养殖产业，发展农业体验观光等功能，丰富旅游参与内容。

八、人口与用地布局规划

（1）规划人口。报据近五年来埭美村的人口变化，人口增长基本上以自然增长为主，外来机械增长很少。预测取人口自然增长率为 8‰计算，到 2030 年，埭美村总人口约为 920 人[①]。

（2）用地布局规划。规划村庄建设用地面积约 16.68 公顷。村民住宅用地规划形成两个居住区域，分别为古村生活区和安置生活区。规划住宅用地面积 10.18 公顷。古村生活区保持原有生活状态，改善居住质量，不进行大规模的拆迁建设。重点整治改造南端住宅用地，统一规划为一层住宅，与整体风貌协调一致。安置生活区以满足村民未来分户的宅基地需求进行规划，选址于万丁河南侧，与古村隔河而建，与避免干扰古村的同时又便于相互联系。安置区应延续古村街巷格局风貌，以“九宫建筑”格局为布局方式，与古村形成文化融合。安置区目前土地类型以村民自挖水塘为主，无水系河道，需进行填塘造地才能进行住房建设。填地后的地质条件需符合普通多层住宅建设标准要求，并应注意禁止破坏周边水系河道。

（3）商业服务业设施用地。在古村外沿道路设置特色旅游商业街区，引导游客进入商业街进行食宿购娱等活动，主要安排旅游接待、展示、

① 资料来源：《中国历史文化名村龙海埭美村保护规划（2014—2030）》。

售卖、餐饮等。建筑风貌应以传统闽系红砖建筑为主，建筑间距与街巷尺度应遵循古村格局标准，局部可灵活调整，形成空间丰富多变的商业内街形式。规划商业服务业设施用地面积为 0.62 公顷。

（4）公共服务设施用地。公共服务用地主要在古村内，以前祠堂、后祠堂及文化展览馆及周边区域为公共服务宣传的核心，保留和强化管理、宗教、展示等功能。规划公共设施用地面积为 0.1 公顷。根据《龙海市东园镇埭尾村村庄规划（2012–2030）》，行政、医疗、教育等村级公共设施均规划布局于埭尾行政村域中部，服务辐射包括埭美村在内的 12 个自然村。故，在埭美村内不设置上述村级公共设施用地。

（5）公共场地。以现有开敞空间为基础，结合应整治改造建筑统筹布局公共绿地与广场。共形成五处集中公共活动空间，通过主要步行路线联系成为空间体系。规划绿地与广场用地面积为 2.7 公顷。①莲花岛。莲花岛上原乱建建筑已基本拆除，整体规划为公园绿地，以恢复原有自然生态风貌为主，其中可搭建戏台等设施，为村民及游客提供休闲、集会及文化观演场所。②后仓河。利用后仓河末端水系形成小型滨水空间。规划将河岸周边应整治用地进行改造，形成环河绿地，为村民提供休闲场所。③天后宫。留天后宫前活动空间并进行完善，将现在停车空间规划为广场，将停车场所向外迁移。④南入口。南入口处以港内河为界分为南北两侧地块。南侧规划集中绿地，可兼顾村民停车需求；北侧将部分应整治居住用地规划为广场及绿地，形成入口展示空间，并规划街边绿地与天后宫广场进行串联。⑤东入口。东入口为规划新增入口，规划集中绿地作为景观空间，以内部步行路将游客及村民引入村内。

（6）水域及农林用地。规划保护水域文化特色，保留原有水系风貌，不进行河道线形改造和联通。可疏通部分淤积河道以保证船只航行通畅。规划基本保留耕地、林地及水塘，继续发展特色种养殖业，可拓展农业观光体验产业。

九、道路交通规划

（1）铁路及轨道交通规划。在建港尾铁路将紧邻古村建设用地西侧通过，目前已修建至埭尾行政村域东侧，北部笔架山隧道已打通。铁路采用高架形式，高度约 16 米。规划厦漳泉城际轻轨 R3 线将与港尾铁路并行建设，将于埭尾村设置埭美站，具体位置尚未确定。根据轻轨与道路走线关系，应将站点设置于对外交通干道沿线，便于交通换乘衔接。建议埭美站设置于顶詹自然村出村道路处，通过改造升级出村道路，加强村庄内部、各村及与东园镇区的交通联系，提升东园镇对外交通条件，为埭美村及周边区域旅游提供服务。对外交通用地宽度为 40 米，为铁路及轻轨规划建设预留空间。

（2）铁路影响分析及应对措施。铁路及轻轨高架高度较高，体量较大，紧邻村庄穿过，将对古村整体风貌产生较大的负面影响。为了最大限度降低港尾铁路及轻轨建设将对村庄整体风貌造成的负面影响，在对外交通用地之外采取隔离防护措施，东侧布局 15 米宽防护绿地，种植高大林木对铁路进行遮挡。通过村庄内人视角度分析，种植林木最佳高度为 14~15 米，可保证实现对铁路高架的遮挡，将铁路高架对村庄景观的负面影响减少至最低。

另外，通过从铁路车厢内人视角度分析，该林木高度未影响车厢内游客一览埭美村全貌，利于古村风貌的展示。由于未来该线路旅客通过量巨大，是埭美村绝好的广告宣传渠道。

（3）道路交通规划。为了保护和延续埭美村历史风貌与传统生活氛围，避免日益增加的车行交通干扰影响，将采用人车分流措施。保留现有南北向出村道路，将万丁河南侧在建通场路向西沿河延伸与道路进行连接形成整体，旧村内不规划车行路，从而将外来车行交通完全安排在旧村核心保护范围之外。东西方向将成为村庄对外交通主要方向，南北方向为次要方向。东西向通场路按路基宽 13 米、路面宽 10 米规划建设，路面为混凝土材质，远期可铺设为沥青路面。安置区内车行路按路面宽 5 米规划建设。

（4）步行交通规划。旧村内部道路规划为步行路，实现古村完全步行化，完善步行系统，在古村外通过步行路与车行交通连接。安置区及商业区步行路路面材质建议为红砖或石材为主，与古村传统街巷路面材质相协调。安置区中间大埕总宽 14 米，其中绿地宽 6 米，硬质路面宽 8 米。

（5）静态交通规划。停车场用地规划方面，针对村民与旅游车辆停放需求进行分开设置，避免相互干扰，形成和谐车行环境。为了满足旅游商业区的停车需求，在村庄东侧入口处设置一处大型旅游停车场，主要停放外来旅游大巴车及私家车。考虑占地需求较大及便于停车流线组织等因素，选址于进村道路通场路北侧水塘地块，通过土壤回填可进行停车场建设，便于旅游车辆入村后靠右侧直接进入停车场停放。规划规模可停放 86 辆私家车及 8 辆大巴车，占地面积约为 2.5 公顷。

村民车辆采取集中与分散相结合的停放方式，在新旧村之间临路规划一处集中停车场，于古村内南端、安置区东西两侧及街边绿地内灵活设置少量停车位，以满足村民停车需求。

十、产业发展规划

产业发展是实现埭美村未来可持续发展的基础条件。针对埭美村的区位条件和资源优势，提出多元化产业发展路径，形成“文化旅游主导、生态农业辅助”的产业发展导向。

（1）文化旅游发展。埭尾村旅游发展依托独特的历史文化资源及山水环境资源优势，以旧村范围为核心，整理完善各个旅游资源景点，凭借旅游展示主题规划、旅游路线组织及服务设施规划，大力发展休闲生态文化旅游。旧村内除文保单位外，其他民居可由村民经营为游客提供餐饮、民宿、手工体验等服务，避免人过量流失，保证旧村人气。依托埭美轻轨站及新建出村道路加强埭美景区对外交通条件，在入口处规划建设旅游接待中心、餐饮住宿商店等商业服务配套设施，并规划集中大型旅游停车场等交通设施，全面提升埭美村旅游服务环境和质量。埭美旅游应积极联合周边村庄景区、景点，形成更加完整的特色旅游线路，并融入厦门、漳州等区域大旅游路线体系中，成为区域旅游线路中的重要节点，从而提升旅游地位。

（2）生态农业发展。充分利用埭美村自然生态资源，大力发展养殖业、种植业及生态休闲农业。创新农业生产模式，延伸农业生产链条，加大农业企业和农民合作社等扶持力度。将养殖业、种植业等农业与休闲观光旅游紧密结合，注重农业的观赏性、参与性和体验性，通过游客参观新型农业、参与耕种养殖、品尝购买等方式增加游客的旅游体验种类，对文化旅游进行补充，延长旅游停留时间，扩大旅游收入。

十一、整治规划

（1）新旧村建设协调规划。①功能协调。旧村规划保持并完善生活功能，重点发展参观演示等服务功能；新村建设以补充旧村缺失功能为导向，重点发展村民安置及旅游商业服务等功能。全面满足历史文化名村关于村民生活、文化展示、旅游服务等职能发展要求。②风貌协调。强调新旧村整体风貌协调统一。旧村范围内实现建筑风貌高度统一，重点改造古村西侧及南侧住宅，严格按照统一格局规划建设。新村整体格局、建筑朝向、体量、色彩等与旧村相协调，绝对禁止异类风貌建筑建设。于新村北侧主路两侧布局旅游商业街及停车场，旅游车辆停放在停车场后，游客步行进入旧村进行参观活动或进入商业街进行食宿购娱等活动。商业建筑风貌以传统民居为主，建筑高度控制为1~2层，形成空间丰富多变的商业内街。安置房单栋建筑规划为左右两户拼接，层数为三层，一层为村民自营商业或农具储藏室，二、三层为居住。共为96户。③高度协调。在整体高度控制方面，采取逐渐过渡手法，由古村一层过渡至商业区一、二层进而过渡至安置区三层，由北至南建筑逐渐升高。④文化协调。新村单体建筑按照旧村闽南红砖建筑风貌建设，延续闽系文化特色。安置区核心地块按照4排9列“九宫”格局进行布局，延续旧村九宫建筑文化，使新村与旧村形成文化融合。

（2）埭美村其他建筑整治改造分述。①对于牲畜饲养建筑、简易棚户、建筑质量差的蘑菇房、核心保护区内重要历史街巷两侧的蘑菇房，全部采取拆除的措施，以期使村庄建筑景观风貌得到良好提升，拆除后的空间以恢复绿地、广场、街巷为主。②对于建筑质量较好且所处位置对村庄整体风貌影响较小的蘑菇房，采取改造的措施，保留建筑主体结构，改造建筑外立面，改造内部装饰及市政设施，使其建筑风貌与村庄整体风貌相协调，该类建筑改造原则多以功能置换为主，通过改造，为村民提供公共服务设施，如便利商店、公共厕所等。③对于核心保护区范围内的超过后祠堂建筑高度的一层带阳台建筑和二、三、四层建筑，采取以下两类措施：一是降低高度、改造外立面。该类主要针对一层带阳台建筑和二层建筑。改造后使其建筑风貌与古村相协调，高度严格控制，不能超过后祠堂高度。二是整体拆除改建或异地安置。该类针对三、四层建筑，该类建筑对村庄整体风貌影响较大，因此应整体拆除，拆除后改建一层传统样式建筑，或者拆除后改为绿地，将村民进行异地安置，从而对村庄南部区域进行彻底整治。④对于建设控制地带内，建筑质量较好、建设年代不长的其他建筑，采取整治改造的方式。该类建筑全部集中在村庄南部，港内河以南，原有进村路两侧，该区域多为村民近年修建的3~4层建筑，主要是由于旧村已经基本没有新的宅基地可用，因此于旧村外围修建了居住用房。由于该类建筑层高及风貌均按照现代建筑形式修建，对核心区的整体风貌构成一定影响，因此对这类建筑采取整治改造的方式，主要措施有降层、屋面平改坡及建筑外立面的改造等措施。

十二、重要空间节点整治

（1）天后宫空间节点整治设计。天后宫是村内最重要的庙宇，庙前五棵古榕沿河而立，绿荫如盖。庙前空地是目前村内大型祭祀等活动的重要场所，也兼做停车场使用。天后宫前广场作为村民日常休闲及大型集会活动场所。改造天后宫前广场铺装，保持古朴的风格便于村民开展传统民俗活动。

（2）莲花岛空间节点整治设计。天后宫东侧莲花岛四面环水，西北角有小桥与村庄相连，地势平整，原有建筑已经拆除。莲花岛规划定位为村民公共活动中心，布局绿地、场地、游船码头等。重点建设莲花岛公园，增设场地及设施，翻建公厕，为村民及游客提供休闲、观演场所。

（3）后仓河空间节点整治设计。后仓河平面呈”L”型，现在基本为自然驳岸，部分邻水人家建有临水硬质平台，沿河有部分待拆除建筑。现在沿河步道不连贯，无法环通。植物多为野生，有小块菜地，风貌较为杂乱。拆除临河杂乱建筑，依托基址改建为亲水休闲活动场地，进行绿化补植。

（4）头前河沿岸空间节点整治设计。头前河路长 150 米，紧邻头前河，沿岸以硬质驳岸为主，此处视线开阔，近可观河、远可望山，村落主要建筑前祠堂便坐落于此，可见此地山水环境极佳。建筑、大埕、驳岸、水系形成了条理清晰的景观结构。大埕有损毁现象，驳岸多为村民自行修建，在安全性及持久性方面有待加强，水系驳岸的植物聚落有待梳理，沿岸景观应以保持埭尾自然风光为前提，进行不留痕迹的提升。恢复前祠堂前三根古旗杆，修缮古码头及驳岸，进行河道清淤，提升沿岸植物景观。

十三、旅游发展规划

（一）旅游发展策略

（1）古建筑人文景观是一项可以重复利用但不可再生的旅游资源，切实保护是合理开发利用的前提，因此必须坚持“保护第一，开发第二”的指导思想。

（2）为了弘扬和宣传历史文化特色，使更多的人认识和了解埭美古村的历史文化价值，将埭美村纳入厦门、漳州等区域旅游发展规划，加强与周边村庄旅游资源的互动和联合，成为区域旅游线路中的重要节点。

（3）保护、建设埭美古村，“先看田园、后看家园”，组织便捷的游览线路串联起田园风光与建设风貌，注重旅游服务设施的建设。古村观光旅游重点应不断挖掘其特有的历史文化内涵，体现地方民俗文化特色。

（4）充分利用和挖掘保护资源，将埭美村特色进行全面展示。以村庄环境承载力为限制条件，控制利用强度。

（二）旅游主题规划

（1）演化主题“水上古民居、陈氏五百年”，展示埭美历史演变历程，包含聚落选址、演化变革、宗族延续、建造科学等多个方面，展现一幅鲜明、生动的埭美发展史。

（2）艺术主题“三山碧水、红砖大成”，以埭美建筑群全景风貌艺术为展示核心，以山水景观艺术、街巷风貌艺术、建筑形态及装饰艺术为主要展示内容，将埭美之精美艺术一一呈现。

（3）文化主题“开漳之源、理学之思、陈宗之脉、海丝之路”，以独特闽系文化为核心，融合开漳文化、理学文化、宗族文化、非遗文化、海丝文化等多种代表性传统文化，开展埭美文化体验之旅。

（三）旅游路线组织

为了弘扬和宣传埭美村的深厚文化内涵与历史文化特色，规划游线组织曲线形的文化旅游路线。

（1）步行游览路线：旅游服务区—陈氏祖墓—观景台—南入口文化广场—后仓河公园—尾厝古炮楼遗址—尾厝古学堂—天后宫—庙前古榕—莲花岛—红砖大埕—跨河古榕—村东古炮楼遗址—头前河古码头—古旗杆—前祠堂—后祠堂—龙舟棚—南溪古码头—陈大霞墓—观景台。

（2）水上游览路线：东入口码头（陈氏祖墓）—万丁河沿岸（天后宫、莲花岛、跨河古榕）—头前河沿岸（村东古炮楼遗址、头前河古码头、古旗杆、前祠堂、龙舟棚码头）—南溪古码头（陈大霞墓）。

两种游览路线可以通过码头进行灵活结合，为游客提供不同体验乐趣。

（四）旅游设施规划

服务设施本着结合主要景点和路线设置的原则，以满足游客休闲、游憩、娱乐为主要目标，结合村内现有建筑，更新原有建筑的配套设施与建筑功能。在古村外南侧建立旅游服务区，建设传统布局风格街巷，设立纪念品商店、旅游接待中心，特色餐饮、住宿、公厕等服务设施和一处停车场，满足旅游服务的需要。古村内点状设置旅游服务设施，利用闲置房屋改造为商店、公厕等。在主要路线节点处设置指引牌、垃圾箱等设施，风格应与古村风貌相协调。

（五）游客容量测算

以保护为核心，保证旅游发展与村庄保护相协调。综合埭美村村庄规模、主要景点环境容量、管理服务水平、市场需求等要素进行初步评估计算游客数量。按照科学合理的环境容量控制游客规模，满足游客的舒适、安全、卫生和方便等旅游需求，获得最佳经济效益，促进埭美村未来可持续发展。以面积计算法与游路计算法为主要测算方式，建议埭美村日接待游客量不宜超过 6000 人，适宜日接待游客量为 1800 人。

（六）区域旅游资源发展规划

埭美村作为一处古民居村落，规模有限，旅游资源类型较为单一。为了丰富旅游资源类型、提升地区旅游吸引力、促进乡村特色旅游整体发展，提出整合利用周边乡村旅游资源，建立以埭美村为核心的特色乡村旅游片区。

（1）区域范围。通过研究周边乡村旅游资源确定旅游发展片区范围，北至宝里村，东至鹅浪山，南至埭美村，西至南溪，涵盖埭美村、宝里村、邹岱村三个特色村庄及周边山水田园。

（2）发展结构。根据“一区四组团多线路”的旅游发展结构，其中四组团为埭美——中国历史文化名村、宝里——国家级美丽乡村、邹岱——山水田园乡村、现代农业示范基地，分别以独特的历史文化资源、整洁的宜人村貌、优美的山水岸线及新型的农业体验观光为核心展示内容。各旅游组团特色鲜明、类型迥异、互为补充。

（3）游线组织。针对该区域的资源条件，规划提出复合型旅游游线策略，共构建三种游线组织方式，以满足游客的多种通行方式要求。

车行游线：规划利用鹅浪山大道作为车行主线，升级改造与鹅浪山相连接的村庄道路。通过南北向鹅浪山大道及三条东西向主要村庄道路将四个旅游组团紧密联系，从而形成“三横一纵”车行旅游主要线路。

水上游线：由于旅游组团之间有河流相环绕，利于建立水上旅游线路。以埭美村头前河为起点，经邹岱村环社河、宝里村河至农业示范区，游线总长度约 3 公里。在各组团临河处各规划一处码头，便于游客上下船。

步行及自行车游线（绿道）：规划滨河环村旅游绿道，结合整治岸线建设适于骑行及步行的绿道。西部区域沿河岸一侧布局绿道，东部区域沿村路及田埂布局绿道。

十四、近期保护与整治规划

以历史建筑保护与修缮、环境整治、基础设施建设、安置区建设等方面为近期建设重点，按照“三完善二整治一建立”的要求，以“先易后难、先主要后次要”的原则，提出近期主要保护与整治项目。

（一）建筑保护与整治项目

（1）对文物保护单位（49 座明清古建筑）按照《中华人民共和国文物保护法》和《历史文化名城名镇名村保护条例》进行保护，重点修缮前祠堂、后祠堂等文物保护建筑。近期以修缮、保护为重点，共计修缮建筑 19 座。

（2）整治改造古村核心保护范围内的其他建筑。拆除简易棚、牲畜饲养设施及主体结构较差的蘑菇房，恢复为街巷空间、公共绿地。原址将 2~4 层建筑改为一层建筑。

（3）恢复尾厝古学堂作为展览建筑。利用节孝坊构件遗迹，恢复节孝坊古牌楼。

（4）建设村民安置区及旅游商业区一期项目。建设安置区居住地块合计 96 户民居、相关道路、旅游服务中心及停车场。

（5）改善古村东南部 20 户民宅外部建筑装饰及内部基础设施，使其具备民俗旅游接待能力。

（6）利用现有的展览馆及大霞、大笔、大川三座古厝，建成埭美历史文化综合展览区，其中三座古厝仍以居住建筑形式对外适当开放，展览馆则加强内部设施建设，升级展览设施，增加宣传力度。

（二）环境保护与整治项目

（1）整治天后宫广场空间节点。改造天后宫南侧的停车场，改造成以公共活动空间为主的文化广场。建设天后宫北侧以埭美传统宗族文化为主题的文化广场。恢复村内古榕树的树池自然风貌，材质以自然石材为主，祛除现有树池的现代化外观，并为古榕树建立保护标志。

（2）整治莲花岛公园节点。修复加固万丁河水系驳岸，恢复莲花岛原始形态，建设以自然生态为特色的莲花岛公园。恢复莲花岛古旗杆一根。

（3）整治后仓河空间节点。对后仓河水系进行河道清淤、驳岸修复加固，补植绿化植物，设置亲水休闲平台。

（4）整治头前河沿岸空间节点。恢复前祠堂门前三根古旗杆，恢复头前河古码头历史风貌，村庄西侧修建龙舟棚和游船码头，建设后仓河出口的仿古木板桥，对头前河进行河道清淤，修复加固头前河驳岸，补植绿化植物。

（5）建设古村内部的三处公共绿地。建设古村与安置新区之间港内河两侧的带状绿地。

（6）保护和恢复九龙江南溪古码头历史风貌。在港内河南侧绿地内建设一处观景台，其建筑风貌和建筑工艺均与埭美传统风貌一致，参照古炮楼风貌样式建设，高度宜为3~4层。

（7）建设港尾铁路东侧防护绿地。紧密结合港尾铁路的建设进度和相关征地范围，拆除港尾铁路征地范围内和铁路占地红线东侧15米范围内的建构筑物。区域建筑均以蘑菇房和牲畜饲养设施为主，在港尾铁路东侧通过平整土地、池塘回填等方式，梳理出铁路沿线的防护绿地空间，以种植树木、营造微地形等手段建成具有一定防护效果的防护绿带。

（三）基础设施项目

（1）在后仓河周边及南入口建设三座公共厕所。近期保留万丁河东侧公共厕所，对其建筑风貌进行改造，与埭美整体历史风貌相协调，中远期予以拆除并恢复绿地。在莲花岛新建1座公共厕所。

（2）修建由东园镇镇区通往埭美的进村道路，按路基13米，道路路面宽10米建设，同时相关市政配套也一并由东园镇镇区方向引入。在村庄东侧新建一座过河桥与新建进村道路相连接。改建加固村庄南出入口的过河桥。

（3）完善步行系统。在古村外围及内部建立一条环村绿道，宽 2~3 米。修补古村破损较为严重的红砖大埕。

（4）建设污水管道，疏导和修复雨水排水明沟，建设市政管线综合管沟。在安置区西南角建设市政设施管理用房及污水处理站。污水处理站为地埋式。

（5）规划近期，给水、电力、通信、移动、有线电视等市政设施由古村南部沿进村道路地下引入埭美古村。

（四）其他项目

（1）加强文化戏台、游船、闽南传统手工艺品制作等与旅游产业发展相关的文化设施及从业人员队伍建设，引导和加强村民开放旅游服务意识，健全服务保障体系。

（2）积极将埭美现有文物保护单位及其他具有一定价值但未被列入文物保护单位的相关建构筑物、历史环境要素等进行更高级别的文物保护单位申报。同时，加强对现状历史环境要素的保护，如古榕树、古墓、古街巷等。

（五）投资估算

根据《全国统一房屋修缮工程预算定额》、园林行业标准规范、建筑设计规范及当地建设投资价格等为估算依据，包括建筑整治与保护项目、环境整治与保护项目、基础设施项目约 20 项内容，近期项目总投资估算约为 6263 万元。

十五、规划实施措施

（一）分期实施

（1）近期实施重点。①保护和维护天后宫、前后祠堂等文保单位和建议核定历史建筑，保留并修缮传统风貌建筑。②初步开展蘑菇房、多层住宅等其他建筑的整治改造工作。③推进进村新路、公厕、停车场、市政设施及管线等基础设施建设。④开展天后宫广场、莲花岛、头前河沿岸、后仓河等重要景观节点整治工作。⑤推进旅游服务中心、安置房一期、观景台等重点项目建设。⑥总体保护并改善村庄风貌，提升生活和旅游服务水平，初步建立村庄旅游观光和服务体系。

（2）中期实施重点。①全面提升整体风貌，基本完成对其他建筑的整治改造。②完成旅游服务中心建设，开展旅游商业区项目建设。③完成安置房二期项目建设。④完成天后宫广场、莲花岛等重要景观节点整治工作。⑤加强旅游相关配套设施建设，发展水上游览、民宿体验、田园体验等旅游项目。⑥开展民居内部整修工程，进行民宿服务。⑦总体基本完成各类重要设施和项目建设，旅游产业进入快速发展时期。

（3）远期实施重点。①继续完善村庄整体环境整治工作和基础设施建设。②完成旅游商业区项目建设。③丰富村庄服务功能，发展多样旅游产业项目，吸引村民回流，使埭美村焕发新的活力，成为福建省乃至周边及全国知名的历史文化保护典范和旅游点。

（二）管理要点

根据《历史文化名城名镇名村保护条例》《中华人民共和国文物保护法》《中共中央办公厅国务院办公厅〈关于进一步加强非物质文化遗产保护工作的意见〉》，埭美村文化遗产保护与管理应在管理方面落实下列工作：

（1）深化文化遗产管理体制改革，加强文物管理委员会建设和职能配置。

（2）大力推进依法管理，加大执法力度。

（3）加大对于文化遗产综合保护的力度。

（4）加强对文化遗产保护工作的政策研究与制定工作。

（5）增加文化遗产保护、管理工作的科技含量。

（6）强化文物档案的收集整理工作。

（7）强化非物质文化遗产的普查、管理工作等。

（8）形成全体社会共同参与文化遗产保护工作的体制化服务意识。

（三）管理机构

（1）以管委会为核心，对古村落、历史建筑及区内其他物质与非物质文化遗产实施直接综合保护管理。任何新建和改建工作均需得到管委会与相关政府部门多方认可，方可实施。

（2）完善机构体系，尽快组建档案资料库、监测站、事业研究机构，并与地方相关专业机构合作。

（四）管理规章

根据《历史文化名城名镇名村保护条例》《中华人民共和国文物保护法》《中共中央办公厅国务院办公厅〈关于进一步加强非物质文化遗产保护工作的意见〉》，龙海区人民政府应制定并颁布埭美历史文化名村的保护管理条例，管理条例主要内容包括：

（1）保护范围与建设控制地带的划定，应包括四至边界、各项具体管理和环境治理要求。

（2）管理体制与经费，包括各级地方政府、行政管理机构的相关职责。

（3）根据规划内容制定保护管理内容及要求。

（4）制定对保护行为的奖励以及对破坏活动的处罚措施。

（五）管理人员

（1）建立、健全从业资格认定程序，严格筛选名村保护、文物与文化遗产保护从业者。

（2）完善专业培训机制。

（3）明确责任，完善奖惩机制。

（4）主要机构、主要人员应保持相对稳定，业务相对独立。

（六）日常管理

（1）各文物保护单位的日常管理应由埭美村文物管理委员会负责。

（2）日常管理工作的主要内容有：保证安全，及时消除隐患；记录、收集相关资料，做好业务档案；开展日常宣传教育工作。

（3）建立自然灾害、遗存本体与载体环境以及开放容量等监测制度。

（4）做好经常性保养维护工作，对可能造成的损伤采取预防性措施。

（5）建立定期巡查制度，及时发现并排除不安全因素。

（七）投资措施

（1）建筑拆迁、环境整治、基础设施建设等公益性项目，资金筹措以国家、省市专项补助资金、政府投资、民间捐款等方式为主。

（2）旅游开发等经营性项目，资金筹措以政府、企业、社会等多元化混合投资方式为主。

十六、保护规划实施成效

自《中国历史文化名村龙海埭美村保护规划（2014–2030）》实施以来，对埭美村历史文化资源、山水格局、风貌特色的保护起到重要的管控和引导作用，村庄安置区已经实施建成，旧村内部的市政基础设施得到相应的改善和提升，村庄环境品质和景观风貌不断提升，村庄旅游经济活力得到不断发展壮大，埭美村作为“闽南周庄”的形象正在不断清晰，历史文化名村保护规划的作用正在埭美村得到不断地凸显。

参考文献

[1] Avrami E, Masonr R, De la Torre M. Values and Heritage Conservation[M]. Los Angeles: The GettyConservation Institute, 2000.

[2] Illingworkth V. The penguin dictionary of physics[M]. Beijing: Foreign Language Press, 1996.

[3] Katapidi I. Heritage policy meets community praxis: widening conservation approaches in the traditional villages of central Greece[J]. Journal of Rural Studies, 2021, 81(1).

[4] KoTG. Development of a tourism sustainability assessment procedure: A conceptual pproach[J]. Tourism Management, 2005, 26(3).

[5] Little C E. Greenways for America[M]. Baltimore, M D: Johns Hopkins University Press, 1990.

[6] Pendlebury J. The conservation of historic areas in the UK–A case study of "Grainger Town", Newcastle upon Tyne[J]. Cities, 1996, 16(6).

[7] Poulios I. The Past in the Present: A Living Heritage Approach Meteora Greece[M]. London: Ubiquity Press Ltd. Gordon House, 2014.

[8] Skoot N, Gong K. Exploration and preservation of Petra[J]. Journal of Southeast University, 2006, 22(2).

[9] Whitehand JWR, Kat G. Extending the compass of plan analysis: a

Chinese exploration[J]. Urban Morphology，2007，11（2）.

［10］安显楼．基于历史文化名村建设的福建乡村旅游可持续发展研究 [J]．长春工程学院学报（社会科学版），2019（1）.

［11］曹昌智，邱跃．历史文化名城名镇名村和传统村落保护法律法规文件选编 [M]. 北京：中国建筑工业出版社，2015.

［12］常浩．福建历史文化名镇名村的发展对策 [J]．政协天地，2011（Z1）.

［13］陈宇．遗产活化视角下的考古遗址公园规划设计研究：以南昌汉代海昏侯国考古遗址公园为例 [D]. 北京：北京林业大学，2020.

［14］陈郁青．福建省历史文化名镇名村的空间分布特征及其影响因素研究 [J]．城市发展研究，2019（12）.

［15］陈政，王欢欢，吴晓宇．论传统村落的保护价值及路径——以山东章丘朱家峪为个案 [J]. 大众文艺：学术版，2016（12）.

［16］陈忠杰．闽南第一村：埭美古村落民主 [J]. 民主，2012（12）.

［17］仇保兴．对历史文化名城名镇名村保护的思考 [J]. 中国名城，2010（6）.

［18］仇保兴．中国城镇化：机遇与挑战 [M]．北京：中国建筑工业出版社，2004.

［19］戴书涵．金华市传统村落保护与发展路径研究 [D]. 西安：西安电子科技大学，2020.

［20］董一平，侯斌超．铁路建筑的保护与地区再生：以英国曼彻斯特两座历史火车站为例 [J]. 城市建筑，2011（8）.

［21］冯骥才．传统村落的困境与出路：兼谈传统村落是另一类文化遗产 [J]．传统村落，2013（1）.

［22］顾小玲．农村生态建筑与自然环境的保护与利用：以日本岐阜县白川乡合掌村为例 [J]. 建筑与文化，2013（3）.

［23］何峰，毛一民，章纪缘，等．张谷英村保护规划实施概况及效益评价 [J]. 建筑遗产，2019（2）.

［24］胡海胜，王林．中国历史文化名镇名村空间结构分析 [J]. 地理与地理信息科学，2008（3）.

［25］季诚迁．古村落非物质文化遗产保护研究 [D]. 北京：中央民族大学，2011.

［26］江燕鸿．古韵仕江春 [N]. 闽南日报，2019-09-04.

［27］李金城．闽南“西藏”和春村 [J]，红土地，2015（12）.

［28］李丽娜．体验经济视角下历史文化名村旅游的发展 [J]. 农业考古，2015（4）.

［29］李亮，刘晓晓，鲁宇．四渡赤水长征文化遗产线性保护利用模式研究 [J]. 怀化学院学报，2019（7）.

［30］李明烨，汤爽爽．法国乡村复兴过程中文化战略的创新经验和启示 [J]. 国际城市规划，2018（6）.

［31］李昕，刘星．法国名镇普罗万发展和保护启示 [J]. 城乡建设，2019（11）.

［32］李昕蒙．基于文化生态理论下的传统村落保护 [J]. 文物鉴定与鉴赏，2021（21）.

［33］李枝秀．古村落保护模式研究：以江西为例 [J]. 江西社会科学，2012（1）.

［34］李仲才．福建历史文化名镇创造性转化和创新性发展的实践思考 [J]. 福建省社会主义学院学报，2020（5）.

［35］梁伟，李菡丹，王碧清．文化遗产保护的经验与启示 [J]. 中华儿女，2017（15）.

［36］林立英．乡村振兴背景下福建黄田传统村落保护利用研究 [J]. 农业与技术，2022（4）.

[37] 刘万柳 . 湖南传统村落的保护与利用研究：以岳阳张谷英村为例 [D]. 长沙：湖南农业大学，2017.

[38] 刘小蓓. 日本乡村景观保护公众参与的经验与启示 [J]. 世界农业，2016（4）.

[39] 刘益明 . 乡村振兴战略下传统村落保护研究 [J]. 核农学报，2021（9）.

[40] 卢易红. 基于旅游吸引力的古村落旅游开发初探：以湖南张谷英村为例 [J]. 中国市场，2018（17）.

[41] 罗・范・奥尔斯，韩锋，王溪 . 城市历史景观的概念及其与文化景观的联系 [J]. 中国园林，2012（5）.

[42] 罗帅鹏 . 基于有机更新理论的传统村落保护与发展研究：以宝丰县马街村为例 [D]. 开封：河南大学，2020.

[43] 骆纯 . 云南山地型历史文化村镇空间形态研究 [D]. 昆明：昆明理工大学，2017.

[44] 吕勤，黄敏 . 国内古镇旅游研究综述 [J]. 北京第二外国语学院学报，2012（1）.

[45] 吕群超，谢新丽，谢新暎，等. 快速城镇化背景下国家级历史文化名村旅游产业发展模式研究：以福建省为例 [J]. 山西农业大学学报：社会科学版，2015（10）.

[46] 南风 . 古风古韵上洋村 [N]. 闽南日报，2020–06–23.

[47] 聂姹 . 将文化置于可持续发展的核心地位：《杭州宣言》凝聚可持续发展共识 [J]. 文化交流，2013（7）.

[48] 聂真 . 历史街区保护与更新的类型学方法应用研究 [D]. 重庆：西南交通大学，2008.

[49] 齐若宁. 传统村落的文化遗产价值传播：以宏村为例 [J]. 城市建筑，2021（15）.

［50］邱扶东，马怡冰．传统村落文化遗产保护研究综述与启示 [J]. 中国名城，2016（8）.

［51］任艳敏 . 基于网络文本分析的实景演出游客体验感知研究：以《宏村·阿菊》为例 [J]. 合肥师范学院学报，2021（7）.

［52］［英］史蒂文·蒂耶斯德尔，蒂姆·希思［土］塔内尔·厄奇 . 城市历史街区的复兴 [M]. 张玫英，董卫译 . 北京：中国建筑工业出版社，2006.

［53］单霁翔 . 城市化发展与文化遗产保护 [M]. 天津：天津大学出版社，2006.

［54］单霁翔．从“功能城市”走向“文化城市”[M]. 天津：天津大学出版社，2007.

［55］沈建聪 . 依山傍水山河村 [J]. 红土地，2017（1）.

［56］时少华，梁佳蕊 . 传统村落与旅游：乡愁挽留与活化利用［J］. 长白学刊，2018（4）.

［57］舒铭华 . 登高望远再出发：写在西递、宏村成功申报世界文化遗产 20 周年之际 [N]. 黄山日报，2020-11-30.

［58］宋林飞．中国特色新型城镇化道路与实现路径 [J]．甘肃社会科学，2014（1）.

［59］汤菲 . 浅谈古镇宏村的规划和建筑 [J]. 绿色科技，2013（12）.

［60］田里．旅游经济学 [M]．北京：高等教育出版社，2006.

［61］屠李．试论传统村落保护的理论基础 [J]．城市发展研究，2016（10）.

［62］王景慧．文化遗产保护的新进展 [J]．北京规划建设，2011（3）.

［63］王宇 . 历史文化名镇名村保护与开发策略研究：以福州市阳岐村为例 [D]. 沈阳：沈阳建筑大学，2020.

［64］王中．国外乡村康养产业发展经验对我国的借鉴 [J]．经济师，

2020（11）.

［65］位文通，肖智中. 浅谈历史文化名村的新型文旅开发：以安徽宏村为例 [J]. 信阳农林学院学报，2021（2）.

［66］魏明璐 . 历史村镇非物质文化遗产可持续发展研究 [J]. 长江丛刊，2018（11）.

［67］吴必虎 . 基于乡村旅游的传统村落保护与活化 [J]. 社会科学家，2016（2）.

［68］吴宏雄 . 让传统村落“活”起来 [N]. 福建日报，2019–04–10.

［69］吴文智. 旅游地的保护和开发研究：安徽古村落（宏村、西递）实证分析 [J]. 旅游学刊，2002（6）.

［70］吴泽荣 . 实践、困境与突破：乡村振兴背景下民族地区传统村落的发展策略与路径选择：以广东为例 [J]. 广西民族研究，2020（2）.

［71］西村幸夫 . 再造魅力故乡：日本传统街区重生故事 [M]. 北京：清华大学出版社，2007.

［72］谢东 . 漳州历史建筑 [M]. 福州：海风出版社，2005.

［73］谢志平，郭建东，彭建国. 张谷英古村的特色空间探析 [J]. 湖南城市学院学报：自然科学版，2007（3）.

［74］徐明飞 . 基于遗产活化利用视角下的传统村落保护和传承 [J]. 文物鉴定与鉴赏，2019（15）.

［75］许冰镔 . 中国古村落保护方式探索 [J]. 中国商界（下半月），2010（6）.

［76］许婵 . 基于文化生态学的历史文化名城保护研究：以大理古城为例 [J]. 安徽农业科学，2008（28）.

［77］许青 . 湖南国家级历史文化名镇开发利用研究 [D]. 长沙：湖南师范大学，2019（11）.

［78］闫觅，郭绘宇，李青淼 . 系列遗产视角下的秦皇岛港工业遗产

保护研究 [J]. 建筑与文化，2020（5）.

［79］杨玲 . 世界遗产白川乡的保护与发展策略 [J]. 产业与科技论坛，2020（11）.

［80］姚雅欣，李小青 .“文化线路”的多维度内涵 [J]. 文物世界，2006（1）.

［81］矣艳晖 . 乡村振兴视角下传统村落保护发展研究 [J]. 全国流通经济，2019（13）.

［82］余向恒 . 陕西名村古镇保护与开发研究 [D]. 西安：西安建筑科技大学，2011.

［83］余永定，杨博涵 . 中国城市化和产业升级的协同发展 [J]. 经济学动态，2021（10）：3–18.

［84］张丽，王福刚，吉燕宁 . 新型城镇化建设进程中传统村落的保护与活化探究［J］. 沈阳建筑大学学报（社会科学版），2016（3）.

［85］张强．模糊评判历史文化名村的价值及保护策略：以张谷英村为例 [J]. 求索，2012（8）.

［86］张姗 . 世界文化遗产日本百川乡合掌造聚落保存发展之道 [J]. 云南民族大学学报（哲学社会科学版），2012（1）.

［87］张松．城市文化遗产保护国际宪章与国内法规选编 [M]．上海：同济大学出版社，2007.

［88］张艳玲 . 历史文化村镇评价体系研究 [D]. 广州：华南理工大学，2011.

［89］张雨朦 . 张谷英古村落文化遗产保护研究 [J]. 现代园艺，2014(10).

［90］章玉兰 . 系列遗产概念定位及其申报路径分析 [J]. 中国文化遗产，2017（3）.

［91］漳州历史文化名城保护规划（2013–2030 年）[Z]. 2014.

［92］漳州市城乡规划局 . 漳州城市总体规划（2012–2030 年）[Z].

2014.

[93] 漳州市规划局名城办 . 漳州特色古村落规划拾粹 [M]. 2014(12).

[94] 诏安县地方志编纂委员会 . 诏安县志 [M]. 北京：方志出版社，2017.

[95] 赵勇．我国历史文化名城名镇名村保护的回顾与展望 [J]．建筑学报，2012（6）.

[96] 赵中枢，胡敏，徐萌 . 加强城乡聚落体系的整体性保护 [J]. 城市规划，2016（1）.

[97] 政协云霄县委员会 . 云霄村社要览 [M]. 2015.

[98] 中共南靖县委党史和地方志研究室 . 南靖县志（1991—2007）[M]. 上海：上海人民出版社，2020.

[99] 中共平和县委党史和地方志研究室 . 平和县志 [M]. 北京：方志出版社，2020.

[100] 中共漳州市龙文区委党史和地方志研究室 . 龙文区志 [M]. 北京：方志出版社，2020.

[101] 中国城市规划设计研究院 . 漳州市历史文化资源保护与文旅融合发展专题研究 [Z]. 2021（4）.

[102] 朱亚斓 . 城市历史景观角度下的我国城市更新途径 [J]. 城市管理与科技，2013（4）.

后　　记

历史文化名村因其深厚的文化积淀和浓郁的历史文化风貌，历经沧桑巨变而留存至今，它是中华文化的物质载体和见证，有着重要的历史价值、文化价值以及科研价值。让历史文化名村的文化价值得以保存并传承下去，是历史文化名村保护的基本目的与意义。本书选取漳州历史文化名村作为研究对象，系统性开展市域范围内历史文化名村的调查摸底，整合碎片化的资料，综合运用经济学、社会学、公共政治学等理论对漳州历史文化名村保护传承与利用进行评价，详细概括漳州历史文化名村的分类特色，借鉴国内外历史名村保护与开发经验，最终提出了漳州历史文化名村保护传承与利用总体策略，制定了健全的名村保护传承与利用保障机制。

本书的资料收集、编辑整理，得到漳州市自然资源局总工办周金龙主任、漳州国家历史文化名城保护中心陈惠祥主任、《漳州广播电视报》朱盛的帮助支持，在此，一并致以诚挚的谢意！

历史文化名城保护传承与利用研究是一项系统、复杂、循序渐进的工程，涉及面广、跨越时间长，本人虽然多次走访调查，实地开展研究，查阅多方资料，但由于自身能力和知识有限，书本所述难免有不全、不妥之处，恳请广大读者给予批评指正。本书旨在抛砖引玉，希望为历史文化名村研究提供新的视野，引发更广泛、更系统的讨论。本人坚信，随着人们保护意识的提高、政策措施的落地、乡村振兴的推进，一定能够探索出一条可持续的历史文化名村保护与发展之路，使我国历史文化名村再续辉煌！